左传

【春秋】左丘明◎著

蔡践◎解译

全鉴

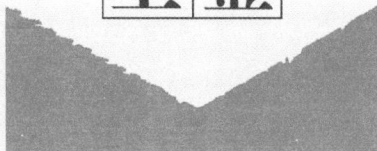

中国纺织出版社

内 容 提 要

《左传》相传为鲁国史官左丘明所著，大约成书于战国初期。该书仿照春秋体例，按照鲁国君主即位次序，记载了自鲁隐公元年至鲁悼公十四年间春秋霸主逐步演变的历史，在史学上占有极其重要的地位。本书对其原典进行了精准的注释和翻译，力求将经典内容原汁原味地呈现在读者面前。

图书在版编目（CIP）数据

左传全鉴：珍藏版 /（春秋）左丘明著；蔡践解译 . —北京：中国纺织出版社，2017. 7

ISBN 978 - 7 - 5180 - 3640 - 0

Ⅰ . ①左… Ⅱ . ①左… ②蔡… Ⅲ . ①中国历史－春秋时代－编年体②《左传》－注释③《左传》－译文
Ⅳ . ① K225.04

中国版本图书馆 CIP 数据核字（2017）第 119210 号

策划编辑：陈希尔　　　　　　　　　　责任印制：储志伟

中国纺织出版社出版发行
地址：北京市朝阳区百子湾东里A407号楼　邮政编码：100124
销售电话：010－67004422　传真：010－87155801
http://www.c-textilep.com
E-mail：faxing@c-textilep.com
中国纺织出版社天猫旗舰店
官方微博 http://weibo.com/2119887771
北京佳信达欣艺术印刷有限公司印刷　各地新华书店经销
2017年7月第1版第1次印刷
开本：710×1000　1/16　印张：20
字数：239千字　定价：68.00元

《左传》原名《左氏春秋》，后改名为《春秋左氏传》，和《春秋公羊传》《春秋榖梁传》合称"《春秋》三传"。《春秋》从严格意义上来说，并不是真正的编年体史书，更多的只是史官按照时间和年份所记录的自然现象和历史事件。《春秋》文体简略，语意晦涩，随着时间的发展，后世人对它的理解也越来越模糊，于是便渐渐出现了解读《春秋》的传、说、记。上述三者便是当时最为盛行的《春秋》解读本，只是到了隋朝时期，《春秋公羊传》和《春秋榖梁传》渐渐衰微，只盛行《左传》。

《左传》相传为鲁国史官左丘明所著，以鲁国君主即位次序为时间线，以《春秋》经文为底本，记述了春秋霸主递嬗的历史故事，有着很重要的史学地位。梁启超更是将《左传》的问世称为"商周以来史界之革命"。

《左传》一经问世，便流行起来，直至今日。《左传》上至鲁隐公元年（公元前722年），下至鲁哀公二十七年（公元前468年），在这二百多年的时间里，中国的分封制、宗法制的政治体制开始慢慢瓦解，周王朝衰败，诸侯征战，礼乐破败，战乱频繁。根据统计，《左传》一书总共记载了四百八十三次军事作战行动，如楚庄王侵随、秦晋之战、城濮之战等，四百五十次诸侯会盟，如葵丘之盟、黄池会盟等，内容丰富、记述详细，脱离了刻板无趣的史官记录特点，情节生动，形象鲜明，故事性比较强，塑造了一大批性格鲜明的人物，如石碏大义灭亲、晋灵公不灵、荀息的忠贞等，堪称一部具有叙事性质的文学巨作，价值永恒。

此次《左传》编著，参考了大量古籍资料，以中华书局版《左传》为原文底本，并精选现今权威《左传》书籍论著，作为此书编著的参考书籍，择善选择最具有代表性、史料价值的段落、历史事件，编成了这部约二十万字的《左传全鉴》。不过令人遗憾的是，因篇幅限制，很多名篇未能选入。

《左传》原本只有纪年，并没有篇目，为了让读者更好地理解春秋这个诸侯争霸的纷乱时代，本书编写了篇目，正文分为三个板块：原文、注释、译文，并对生僻字词注音。因本书是节选，所以在编写过程中，对于一些概念模糊或者是初次提到的人、事，都用注释或者括号注的形式做了解释。

经典著作一直是人们津津乐道的话题，译注版本也是层出不穷，对于《左传》这一经典书籍篇目的筛选，自然也是仁者见仁、智者见智。本书的篇目筛选在参考书籍的基础上，也加入了自己的见解，难免会有不妥之处，还望读者指正，我们将不胜感激。

本书平装本自出版以来，广受读者欢迎和喜爱。为满足大家的收藏、馈赠需要，现特以精装形式推出，敬请品鉴。

解译者

2017 年 6 月

目录

卷三　庄公

卷四　闵公

卷五　僖公

卷六　文公

卷七　宣公

卷八　成公

卷九　襄公

卷十　昭公

卷十一　定公

卷十二　哀公

卷一　隐公

郑伯克段于鄢（隐公元年）

【原文】

初，郑武公娶于申，曰武姜，生庄公及共叔段。庄公寤生①，惊姜氏，故名曰"寤生"，遂恶之。爱共叔段，欲立之。亟请于武公，公弗许。及庄公即位，为之请制②。公曰："制，岩邑也，虢叔死焉③，佗邑唯命。"请京，使居之，谓之京城大叔④。祭仲曰⑤："都，城过百雉⑥，国之害也。先王之制：大都，不过参国之一；中，五之一；小，九之一。今京不度，非制也，君将不堪。"公曰："姜氏欲之，焉辟害？"对曰："姜氏何厌之有⑦？不如早为之所，无使滋蔓⑧！蔓，难图也。蔓草犹不可除，况君之宠弟乎？"公曰："多行不义，必自毙，子姑待之。"

【注释】

①寤（wù）生：逆生（难产）。胎儿出生的时候，脚部先出来。②制：制邑，地名。西周时期属于东虢，春秋时期属于郑国。③虢（guó）叔：周武王的叔叔，西周时期封地于东虢。④京城大叔：大通"太"，京城太叔。⑤祭（zhài）仲：郑国大夫。⑥百雉：春秋时期国君的特权，指的是城墙的长度达到三百丈。雉，计量单位，一雉为三丈长一丈高。⑦厌：满足。⑧滋蔓：比喻祸患滋生蔓延。

【译文】

当初，郑武公娶了申国君主的女儿，名为武姜，并生下了庄公和共叔段。庄公出生时脚先出来，吓到了武姜，所以给他起名为"寤生"，并因此而厌恶他。（武姜）偏爱共叔段，想要立共叔段为太子。她屡次向郑武公请求此事，郑武公都没有答应。等到郑庄公（寤生）继承郑国国君之位，（武姜）又为共叔段请求将制邑作为封地。郑庄公说："制邑，城邑险要，东虢的虢叔便死在了那里，如果换成其他城邑我都可以听从。"（武姜）又请封于京城，（庄公）便让共叔段住在那里，称之为"京城太叔"。大夫祭仲说："凡是属国的城邑，城墙长度超过了三百丈，就是国家的祸害。先王定下来的制度：大城邑，不能超过国都的三分之一；中等城邑，不能超过国都的五分之一；小城邑，不能超过国都的九分之一。而今京城的城墙并不符合法度，也不符合祖宗制度，您将无法忍受啊。"郑庄公说："姜氏想要的，我该怎样躲避这种祸害呢？"（祭仲）回答说："姜氏什么时候满足过？不如早早做些打算，以免滋生事端让祸患蔓延！祸患一旦蔓延，就很难再对付了。野草蔓延还不容易去除，更何况是君主宠溺的弟弟呢？"郑庄公说："做多了不义的事情，必定会自取灭亡，您姑且等着看吧。"

【原文】

既而大叔命西鄙、北鄙贰于己①。公子吕曰②："国不堪贰，君将若之何？欲与大叔，臣请事之；若弗与，则请除之。无生民心。"公曰："无庸，将自及。"大叔又收贰以为己邑，至于廪延。子封曰："可矣，厚将得众。"公曰："不义不暱，厚将崩。"

大叔完聚，缮甲兵，具卒乘③，将袭郑，夫人将启之。公闻其期，曰："可矣！"命子封帅车二百乘以伐京。京叛大叔段，段入于鄢，公伐诸鄢。五月辛丑，大叔出奔共。

书曰："郑伯克段于鄢④。"段不弟，故不言弟；如二君，故曰克；称郑伯，讥失教也；谓之郑志。不言出奔，难之也。

【注释】

①西鄙、北鄙：西边的边邑、北边的边邑。②公子吕：郑武公的弟弟。③乘（shèng）：车马。④克：战胜。

【译文】

不久后共叔段便命令郑国西边的边邑、北边的边邑也听命于自己。公子吕（对郑庄公）说："一个国家无法忍受两个君王，您将如何处理这件事？您想要将郑国让给京城太叔，臣请命去侍奉他；如若不答应，那么臣请命除去他。不要动摇了民心。"郑庄公说："不用，他将会自食其果。"太叔又收了两个城邑据为己有，封邑一直扩张到廪延。公子吕说："可以动手了，城池多了将会得到百姓的支持。"郑庄公说："不义于君王不亲于兄弟，城池再多也将会崩溃。"

太叔修城郭、聚粮草，修缮兵甲武器，整顿士兵车马，将要袭击郑庄公，夫人（武姜）将要为其打开城门以做内应。郑庄公知道了他们叛乱的日期，说："可以了！"于是便命令公子吕率领二百乘车骑讨伐京城。京城的人背叛了太叔共叔段，共叔段逃亡到鄢城，郑庄公又讨伐鄢城。五月二十三日，太叔又出逃到了共国。

《春秋》一书中说："郑伯克段于鄢。"共叔段的作为不像个弟弟，所以没有称他为弟弟；他们二人就好比两位君主争斗，所以说为战胜；称郑庄公为郑伯，是讥笑他没有对弟弟尽到教诲的责任；这些记载也说明了郑庄公的本意。不说逃亡，也是因为史官下笔为难罢了。

【原文】

遂置姜氏于城颍①，而誓之曰："不及黄泉，无相见也。"既而悔之。

颍考叔为颍谷封人，闻之，有献于公，公赐之食，食舍肉②。公问之，对曰："小人有母，皆尝小人之食矣，未尝君之羹，请以遗之③。"公曰："尔有母遗，繄我独无④！"颍考叔曰："敢问何谓也？"公语之故，且告之悔。对曰："君何患焉？若阙地及泉，隧而相见，其谁曰不然？"公从之。公入而赋："大隧之中，其乐也融融！"姜出而赋："大隧之外，其乐也洩洩⑤！"遂为母子如初。

君子曰："颍考叔，纯孝也，爱其母，施及庄公。《诗》曰：'孝子不匮⑥，永锡尔类⑦。'其是之谓乎！"

【注释】

①城颍：地名，春秋时期郑国的城邑。②舍：放着。③遗（wèi）：送。④繄（yī）：语气助词，惟，只。⑤洩洩（yì yì）：舒畅和乐。⑥匮：穷尽。⑦锡：通"赐"。

【译文】

于是（郑庄公）将姜氏安置在了城颍，并且发誓说："不到黄泉，不再相见。"不久后却又后悔了。

颍考叔是当时管理颍谷的地方官员，听说了这件事，便向郑庄公进献礼物，郑庄公赏赐给他食物，他却将食物中的肉挑出来放在一边。郑庄公问他原因，颍考叔回答说："小人还有母亲，小人的食物她都已经品尝过，只是还从没有吃过君主的羹肴，请允许我送给她吃。"郑庄公说："你有母亲可以送，只有我没有呀！"颍考叔说："敢问为何这样说呢？"郑庄公便告诉了他其中的缘由，并且告诉颍考叔内心的悔意。颍考叔回答说："君主有何疑虑啊？只要挖地见水，并在隧道中相见，谁又能说这不是黄泉相见呢？"郑庄公听从了颍考叔的话。郑庄公进入隧道并作赋说："在隧道里面相见，其乐融融！"姜氏从隧道中出来并作赋说："在隧道之外相见，多舒畅和乐啊！"于是郑庄公和姜氏母子二人和好如初。

君子说："颍考叔，是纯孝之人，爱他的母亲，并推及郑庄公。《诗经》中说：'孝子的孝心不穷尽，就能够永远影响你的同类。'说的就是这类的情况吧！"

周、郑交质（隐公三年）

【原文】

郑武公、庄公为平王卿士。王贰于虢，郑伯怨王，王曰："无之。"故周、郑交质。王子狐为质于郑，郑公子忽为质于周。王崩，周人将畀虢公政①。四月，郑祭足帅师取温之麦。秋，又取成周之禾②。周、郑交恶。

君子曰："信不由中，质无益也。明恕而行③，要之以礼，虽无有质，谁能间之？苟有明信，涧、溪、沼、沚之毛，蘋、蘩、蕰、藻之菜，筐、筥、錡、釜之器④，潢污、行潦之水⑤，可荐于鬼神，可羞于王公，而况君子结二国之信。行之以礼，又焉用质？《风》有《采蘩》、《采蘋》，《雅》有《行苇》、《泂酌》⑥，昭忠信也。"

【注释】

①畀（bì）：给予。②成周：地名，现今河南洛阳。③明恕：明察宽厚。④筥（jǔ）、錡（qí）、釜：筥，圆形的竹筐。錡、釜，炊具。⑤潢（huáng）污：不流动的水，代指低洼中的积水。⑥《泂（jiǒng）酌》：诗名，《诗经·雅·大雅·生民之什》中的一篇。

【译文】

郑武公、郑庄公都是周平王的卿士。周平王私下又将政事交予虢公，郑庄公对周平王有些怨念，周平王说："没有这种事。"所以周国、郑国交换人质。周国王子狐前往郑国做人质，郑国公子忽则在周国为人质。周平王驾崩后，周国人想要把政权交给虢公打理。四月，郑国大夫祭足率领士兵将温地（属于周地范畴）的麦子收割了。秋天，又将周地的嘉谷收割了。周国、郑国由此而相互憎恨。

君子说："如若不发自内心地讲诚信，即便有人质也没有什么好处。明察宽厚地做事，并且要用礼仪加以约束，即便没有人质，谁又能够离间他们呢？只要有诚信，山涧溪流、水坑里的野草，类似于水草、蕰藻的菜，圆筐炊具类的一般器具，低洼和路边的积水，都可以用来祭祀鬼神，可以进献给王公，更何况君子建构两个国家之间的信用。遵照礼仪办事，又哪用得上人质呢？《国风》中有《采蘩》《采蘋》《大雅》中有《行苇》《泂酌》，都宣扬了忠诚和信用。"

石碏大义灭亲（隐公三、四年）

【原文】

卫庄公娶于齐东宫得臣之妹，曰庄姜，美而无子，卫人所为赋《硕人》也①。又娶于陈，曰厉妫，生孝伯，早死。其娣戴妫生桓公②，庄姜以为己子。

公子州吁，嬖人之子也③，有宠而好兵，公弗禁，庄姜恶之。石碏谏曰④："臣闻爱子，教之以义方，弗纳于邪。骄、奢、淫、泆，所自邪也。四者之来，宠禄过也。将立州吁，乃定之矣，若犹未也，阶之为祸。夫宠而不骄，骄而能降，降而不憾，憾而能眕者⑤，鲜矣。且夫贱妨贵，少陵长，远间亲，新间旧，小加大，淫破义，所谓六逆也。君义，臣行，父慈，子孝，兄爱，弟敬，所谓六顺也。去顺效逆，所以速祸也。君人者将祸是务去，而速之，无乃不可乎？"弗听。其子厚与州吁游，禁之，不可。

桓公立，乃老⑥。（隐公三年）

四年春，卫州吁弑桓公而立。

【注释】

①《硕人》：《诗经·国风·卫风》中的一篇，描写的是齐国女庄姜嫁给卫庄公的故事。②娣：陪嫁的妹妹。③嬖（bì）人：丈夫宠爱的侧室，这里指的是卫庄公的爱妾。④石碏（què）：卫国贤臣。⑤眹（zhěn）：抑制。⑥老：退休。

【译文】

卫庄公迎娶了齐国太子得臣的妹妹，名为庄姜，（庄姜）貌美却没有生下自己的儿子，卫国人为其作赋曰《硕人》。卫庄公又迎娶了陈国的女子，名为厉妫，生下了孝伯，（孝伯）却在很小的时候就死了。厉妫的陪嫁妹妹戴妫生下了桓公，庄姜便将他看成自己的儿子。

公子州吁，是卫庄公爱妾所生的孩子，受宠并喜好武力，卫庄公对此也不禁止，庄姜却很厌恶州吁。卫国贤臣石碏谏言说："我听说爱子，就要教给他道义，不要将他引入邪道。骄纵、奢侈、淫荡、放纵，就是产生邪的原因所在。之所以会产生这四点，是因为宠溺和俸禄过头了。想要立州吁，就要尽早确定下来，如若还没有确定，就会逐渐引导他走向祸端。那些受宠而不骄横，骄横而又能接受地位下降，地位下降而不憎恨，憎恨而又能够克制的人少有。而低贱的人妨碍富贵的人，年幼的人欺凌年长的人，疏远的人离间亲近的人，新人离间旧人，势力小的压迫势力大的，邪恶的毁坏正义的，这就是所说的六逆。君主仁义，臣子受命，父亲慈爱，儿子孝顺，兄长有爱，兄弟相敬，这就是所说的六顺。去掉六顺而效仿六逆，就会加速祸患的到来。君主的任务就是要除去祸患，而今却加快了祸患的到来，恐怕不妥当吧？"卫庄公不听。石碏的儿子石厚和州吁交好，石碏禁止过，却没有效果。桓公即位后，（石碏）便退休了。（隐公三年）

隐公四年春，卫国州吁杀了桓公自己做了君主。

【原文】

宋殇公之即位也，公子冯出奔郑①，郑人欲纳之。及卫州吁立，将修先君之怨于郑，而求宠于诸侯，以和其民，使告于宋曰："君若伐郑以除君害②，君为主，敝邑以赋与陈、蔡从，则卫国之愿也。"宋人许之。于是，陈、蔡方睦于卫，故宋公、陈侯、蔡人、卫人伐郑，围其东门，五日而还。

公问于众仲曰③："卫州吁其成乎？"对曰："臣闻以德和民，不闻以乱。以乱，犹治丝而棼之也④。夫州吁，阻兵而安忍。阻兵无众，安忍无亲，众叛亲离，难以济矣⑤。夫兵犹火也，弗戢⑥，将自焚也。夫州吁弑其君而虐用其民，于是乎不务令德，而欲以乱成，必不免矣。"

秋，诸侯复伐郑。宋公使来乞师，公辞之。羽父请以师会之，公弗许，固请而行。故书曰"翚帅师⑦"，疾之也。诸侯之师败郑徒兵，取其禾而还。

州吁未能和其民，厚问定君于石子。石子曰："王觐为可。"曰："何以得觐？"曰："陈桓公方有宠于王，陈、卫方睦，若朝陈使请，必可得也。"厚从州吁如陈。石碏使告于陈曰："卫国褊小⑧，老夫耄矣，无能为也。此二人者，实弑寡君，敢即图之。"陈人执之而请莅于卫。九月，卫人使右宰丑莅杀州吁于濮，石碏使其宰獳羊肩莅杀石厚于陈⑨。

君子曰："石碏，纯臣也，恶州吁而厚与焉。'大义灭亲'，其是之谓乎！"（隐公四年）

【注释】

①公子冯：宋穆公的儿子。宋穆公是宋宣公的弟弟，宋宣公传位于宋穆公，宋穆公为报恩，又将王位传给了宋宣公的儿子与夷，是为宋殇公。②君害：指的是公子冯。③公：鲁隐公。④棼（fén）：纷乱。⑤济：成功。⑥戢（jí）：停止。⑦翚（huī）：人名，即羽父。⑧褊（biǎn）小：地方狭小。⑨獳（nòu）羊肩：卫国石氏的管家。

【译文】

宋殇公即位后，公子冯逃亡到郑国，郑国人想要将他送回宋国。到了卫国州吁为君，想要向郑国报复先君留下来的怨恨，于是便讨好于各诸侯，以使百姓和睦，并派遣使者告诉宋国说："君王如若征讨郑国以除去公子冯，就以您为主帅，敝国可以提供兵力并和陈国、蔡国一起作为从属，这是卫国的愿望。"宋国应允了。这一时期，陈国、蔡国和卫国交好，所以宋殇公、陈桓公、蔡国人、卫国人联手征讨郑国，包围了郑国都城的东门，五天之后撤军。

鲁隐公问众仲说："卫国州吁能够成功吗？"众仲回答说："我听说要用德行和睦百姓，没有听说过要用战乱（和睦百姓）的。用战乱的方式，就好比要理清乱丝却越理越乱。州吁，依恃武力而安于残忍。依恃武力就不会得众，安于残忍便没有亲人，众叛亲离，很难成功的。用兵如用火，不能停止，终将自焚呀。州吁杀掉了他的君王并虐待他的百姓，不务实于美德的建立，却想要以战乱的方式成功，一定避免不了祸乱啊。"

秋天，诸侯又征讨郑国。宋殇公派人前来请求出兵，鲁隐公推辞了。公子羽父请缨带兵会师，隐公不允许，羽父固执地请兵而去。所以《春秋》上记载"翚帅师"，意思是厌恶他的不听命令。诸侯的军队打败了郑国的步兵，收割了那里的嘉谷后返回。

州吁没能和睦百姓，石厚向石碏询问安定君位的方法。石碏说："朝见周王就可以了。"石厚说:"怎样才能够朝见呢?"石碏说:"陈桓公现在深得周王宠信,陈国、卫国现在交好,如果朝见陈桓公并让他代为请使,就一定可以成功。"石厚跟随州吁去见陈桓公。石碏派遣使者告诉陈桓公说:"卫国地方狭窄,我老了,无能为力了。这两个人,杀害了我们国家的君主,冒昧请求您除掉他们。"陈国人便将二人抓住并请卫国人处置。九月份,卫国人派遣右宰丑在陈国濮地杀掉了州吁,石碏则派遣他的家臣獳羊肩在陈国杀掉了石厚。

君子说:"石碏,忠臣啊,憎恶州吁并连石厚一起杀掉。'大义灭亲',指的就是石碏这样的事情吧!"(隐公四年)

臧僖伯谏观鱼(隐公五年)

【原文】

五年春,公将如棠观鱼者。臧僖伯①谏曰:"凡物不足以讲大事,其材不足以备器用,则君不举焉。君将纳民于轨物者也。故讲事以度轨量谓之轨,取材以章物采谓之物,不轨不物谓之乱政。乱政亟行,所以败也。故春蒐、夏苗、秋狝、冬狩②,皆于农隙以讲事也。三年③而治兵,入而振旅,归而饮至④,以数军实。昭文章,明贵贱,辨等列,顺少长,习威仪也。鸟兽之肉不登于俎⑤,皮革齿牙、骨角毛羽不登于器,则公不射,古之制也。若夫山林川泽之实,器用之资,皂隶之事⑥,官司之守,非君所及也。"

公曰:"吾将略地焉⑦。"遂往,陈鱼而观之。僖伯称疾,不从。书曰"公矢鱼于棠⑧",非礼也,且言远地也。

【注释】

①臧僖伯：鲁孝公的儿子。②春蒐（sōu）、夏苗、秋狝（xiǎn）、冬狩：四季打猎活动的称呼。蒐：指的是猎杀没有怀胎的兽类；苗：祸害庄稼的兽类；狝：猎杀兽类；狩：围猎，所有的兽类。③三年：每三年。④饮至：古时候的典礼仪式。祭祀祖先，宴请臣子。⑤俎：器物。⑥皂隶：古时候官府里的差役。⑦略地：巡视边境。⑧矢：通"施"。陈设的意思。

【译文】

隐公五年春天，隐公想要前往棠地看人捕鱼。臧僖伯进谏说："凡是不足以运用到祭祀、军事上的事物，它的材料就不足以当作礼器和军用物资，那么君主就不能够对其有所行动。君主要把百姓引入到法度和礼制上。所以讲习大事以正法度称之为'轨'，选取材料以制器物称之为'物'，不轨不物就称之为乱政。乱政如若几次发生，国家便由此衰败了。所以春蒐、夏苗、秋狝、冬狩等四季狩猎方式，都是在农业空闲时所讲习的大事。每三年进行一次军事演习，走入都城后就要整顿军马，出征归来就要举行'饮至'的典礼，宴请臣下并清点捕获的物资。（举行这些活动的时候）文彩（车马、服饰、旗子等）要鲜艳，要有贵贱之别，等级分明，顺应长幼次序，讲习威仪。鸟兽的肉不盛放在祭祀的器具里，皮革牙齿、骨头羽毛不放到祭祀的礼器上，那么君主就不可以射猎它，这是古时候留下的制度。至于山林川泽间的事物，一般的器用物资，这是官府里衙役的事情，是官吏的职守，并不是君主所要涉及的。"

鲁隐公回答说："我是要去巡视边境啊。"于是便前往棠地，并让渔民捕鱼供他观赏。僖伯称自己生病了，没有随从前往。《春秋》一书中说"隐公在棠地陈设捕鱼"，这是因为鲁隐公的行为并不符合礼数，并且说（隐公）去的地方和国都离得很远。

郑庄公攻许（隐公十一年）

【原文】

郑伯将伐许，五月甲辰，授兵于大宫①。公孙阏与颍考叔争车②，颍考叔挟辀以走③，子都拔棘以逐之，及大逵④，弗及，子都怒。

秋七月，公会齐侯、郑伯伐许。庚辰，傅于许，颍考叔取郑伯之旗蝥弧以先登⑤。子都自下射之，颠。瑕叔盈又以蝥弧登，周麾而呼曰："君登矣！"郑师毕登。壬午，遂入许。许庄公奔卫。

齐侯以许让公。公曰："君谓许不共，故从君讨之。许既伏其罪矣，虽君有命，寡人弗敢与闻。"乃与郑人。

【注释】

①大宫：太宫，郑国的祖庙。②公孙阏（è）：郑国大夫。③辀（zhōu）：车辕，现泛指车。④大逵：大路。⑤蝥弧：春秋时期郑伯旗名。

【译文】

郑庄公将征讨许国，五月二十四日，在郑国祖庙内分发兵器。郑国大夫公孙阏和颍考叔争抢兵车，颍考叔挟起车辕就跑，公孙阏拿起一支戟就追，到了大路上，没有追上，公孙阏很是生气。

秋七月，鲁隐公会和齐僖公、郑庄公征讨许国。初一，开始进攻许国，颍考叔拿着郑庄公旗帜蝥弧率先登城。公孙阏从下面射他，（颍考叔）摔下来。瑕叔盈又拿着蝥弧登城，并对周围挥舞旗帜而大喊道："君主登城了！"郑国的士兵全部登上了城墙。初三，（郑庄公）便进入了许国国都。许庄公逃亡到卫国。

齐僖公将许国让给了鲁隐公。鲁隐公说："君主称许国不交纳贡品，所以我才跟随君主征讨他。许国既然已经认罪，虽然君主有命，但我也不敢再管这件事情了。"于是便（将许国）让给了郑庄公。

【原文】

郑伯使许大夫百里奉许叔以居许东偏①，曰："天祸许国，鬼神实不逞于许君②，而假手于我寡人。寡人唯是一二父兄不能共亿③，其敢以许自为功乎？寡人有弟，不能和协，而使糊其口于四方，其况能久有许乎？吾子其奉许叔以抚柔此民也，吾将使获也佐吾子④。若寡人得没于地，天其以礼悔祸于许，无宁兹许公复奉其社稷。唯我郑国之有请谒焉，如旧昏媾⑤，其能降以相从也。无滋他族实逼处此，以与我郑国争此土也。吾子孙其覆亡之不暇⑥，而况能禋祀许乎⑦？寡人之使吾子处此，不唯许国之为，亦聊以固吾圉也⑧。"

乃使公孙获处许西偏，曰："凡而器用财贿，无置于许。我死，乃亟去之。吾先君新邑于此⑨，王室而既卑矣，周之子孙日失其序。夫许，大岳之胤也，天而既厌周德矣，吾其能与许争乎？"

君子谓："郑庄公于是乎有礼。礼，经国家，定社稷，序民人，利后嗣者也。许无刑而伐之⑩，服而舍之，度德而处之，量力而行之，相时而动，无累后人，可谓知礼矣。"

郑伯使卒出豭⑪，行出犬鸡⑫，以诅射颍考叔者。君子谓："郑庄公失政刑矣。政以治民，刑以正邪，既无德政，又无威刑，是以及邪。邪而诅之，将何益矣！"

【注释】

①许叔：名郑，谥号桓公。②不逞：不满。③共亿：相安。④获：郑国大夫，公孙获。⑤如旧昏媾：好比旧时的姻亲，有亲近之意。⑥覆亡：挽救危亡。⑦禋（yīn）祀：祭天礼仪的一种。⑧圉（yǔ）：边陲。⑨先君：指郑武公。⑩无刑：不法。⑪卒、豭（jiā）：卒，一百个人为卒；豭，公猪。⑫行：二十五人为一行，属于军队编制。

【译文】

郑庄公派遣许国大夫百里侍奉许叔居住在许国都城的东面，说："天降祸患给许国，鬼神实在不满意许国的君主，而假借寡人的手惩戒他。寡人都无法相安于一两个父老兄弟，又岂敢将征讨许国看作自己的功劳呢？寡人有个兄弟，无法和睦相处，而让他奔走四方以求糊口之路，况且我怎么可能永久占领许国呢？您应该帮助许叔来安抚这里的子民，我将会派遣公孙获前来辅佐您。如果寡人能够得以善终，上天能够依照礼数撤掉许国的祸患，我愿意让许公重新治理他的国家。只要我郑国对其有所请求，就好比旧时的姻亲一样，许国能够降格而同意。不要让其他国家逼近此处，以来和我郑国抢夺这片土地。我的子孙忙着挽救危亡而自顾不暇，哪还能帮助许国祭祀上天呢？寡人之所以让你住在这个地方，不单单是为了许国而做的，也是为了巩固我国的边陲。"

于是便派遣公孙获住在许国都城的西边，说："凡是你的器具财物，都不要放在许国。我死了，你就要赶快离开这里。我先君新建的城邑就在这里，周王室已经渐渐衰败，周国的子孙也日渐失去了事业。许国，四岳的后代，上天既然厌恶了周国的德行，我又哪能和许国相争呢？"

君子说："郑庄公的做法

是合乎礼仪的。礼是治理国家，平定社稷，稳定百姓秩序，利于后代子孙的做法。许国不符合法度所以征讨它，服从之后便饶恕它，量度着德行来处置他，考量着力量来做这件事，选择适当的时机行动，不连累后人，可称得上知礼了。"

郑庄公让每一百个人带着一头公猪，每二十五个人带着一条狗和一只鸡，以此来诅咒射杀颍考叔的人。君子说："郑庄公丢弃了政令和刑罚。政令得以治民，刑罚得以匡正邪，既没有仁德的政令，又没有威严的刑罚，所以才有了邪恶。已经发生的邪恶再去诅咒它，又能够得到什么好处！"

卷二　桓公

臧哀伯劝谏（桓公二年）

【原文】

二年春，宋督攻孔氏^①，杀孔父而取其妻^②。公怒，督惧，遂弑殇公。

君子以督为有无君之心，而后动于恶，故先书弑其君。会于稷，以成宋乱，为赂故，立华氏也。

宋殇公立，十年十一战^③，民不堪命。孔父嘉为司马，督为大宰，故因民之不堪命，先宣言曰："司马则然。"已杀孔父而弑殇公，召庄公于郑而立之^④，以亲郑。以郜大鼎赂公^⑤，齐、陈、郑皆有赂，故遂相宋公。

【注释】

①宋督：宋国大夫，名督，也称华父督。②孔父：宋国大夫正考父的儿子，孔子的祖先。时任宋国司马，掌管军事事宜。③宋殇公立，十年十一战：宋殇公是一个好战之人，他在位十年，发起了十一场战争。④庄公：宋穆公的儿子。⑤郜（gào）：地名，现今山东省成武县。

【译文】

鲁桓公二年春天，宋国大夫华父督攻打孔氏，杀死了孔父并霸占了他的妻子。宋殇公震怒，华父督很是恐惧，于是又杀死了宋殇公。

君子认为华父督心中早就没有君主，而后才做出了杀人的恶行，所以《春秋》一书中先记录了他弑君的事情。（桓公、齐僖公、陈桓公、郑庄公）诸侯在稷地会面，以商讨平定宋国叛乱的方法，因接受（华父督）贿赂的原因，便确立了华父督的执政地位。

宋殇公继承王位后，在位十年发起了十一场战争，百姓无法忍受这种生活。孔父嘉时任司马，华父督为大宰，（华父督）故意因百姓无法忍受这种生活为由，率先宣言说："实际上这都是司马做的。"于是先杀掉孔父又杀掉宋殇公，并从郑国迎回公子冯立为新君主，以此来向郑国示好。又用部地的大鼎贿赂鲁桓公，齐国、陈国、郑国也都有贿赂，所以（华父督）才坐上了宋国的宰相。

【原文】

夏四月，取部大鼎于宋。戊申，纳于大庙。非礼也。臧哀伯谏曰①："君人者，将昭德塞违，以临照百官②，犹惧或失之。故昭令德以示子孙。是以清庙茅屋，大路越席，大羹不致，粢食不凿③，昭其俭也。衮、冕、黻、珽④，带、裳、幅、舄⑤，衡、纮、紞、綖⑥，昭其度也。藻、率、鞞、鞛⑦，鞶⑧、厉、游、缨，昭其数也。火、龙、黼、黻，昭其文也。五色比象⑨，昭其物也。锡⑩、鸾、和、铃，昭其声也。三辰旂旗⑪，昭其明也。夫德，俭而有度，登降有数⑫。文、物以纪之，声、明以发之，以临照百官，百官于是乎戒惧，而不敢易纪律。今灭德立违，而置其赂器于大庙，以明示百官，百官象之，其又何诛焉？国家之败，由官邪也。官之失德，宠赂章也。部鼎在庙，章孰甚焉⑬？武王克商，迁九鼎于雒邑⑭，义士犹或非之，而况将昭违乱之赂器于大庙，其若之何？"公不听。

周内史闻之曰⑮："臧孙达其有后于鲁乎⑯！君违不忘谏之以德。"

【注释】

①臧哀伯：鲁国大夫，臧僖伯的儿子。②临照：临。③粢（zī）食：古时候祭祀时所用的饭食，以黍、稷为主。④珽（tǐng）：古时候君王使用的玉笏（hù）。⑤舄（xì）：鞋。⑥綖（yán）：古时候在冠冕上加的装饰物。⑦鞞（bǐng）、鞛（běng）：鞞，刀柄上的装饰；鞛，刀鞘上的装饰。⑧鞶（pán）：古时候的人所佩戴的皮带。⑨五色比象：五色，黑、白、黄、青、赤；比象，用五种颜色绘出来的华、龙、山、虫等各色物象，泛指衣服的纹饰。⑩锡（yáng）：马头上的装饰物，多为金属制成。⑪三辰旂（qí）旗：三辰，日、月、星；旂旗，总称，总共有九种旗帜。

⑫登降：增减。⑬焉：于是。⑭雒（luò）邑：地名，今河南洛阳。⑮内史：官名。⑯臧孙达：臧哀伯。

【译文】

夏四月，（鲁桓公）从宋国拿来了郜地的大鼎。初九，（鲁桓公）将大鼎置于太庙中。鲁桓公的做法并不符合礼制。臧哀伯进谏说："作为人君，应该宣扬道德仁义而杜绝邪恶的产生，以此来为百官作表率，（即便这样）还依然担心会有所过错。所以又宣扬道德以教导子孙。所以用茅草建造太庙的屋顶，用蒲席铺就祭天大车，不用五味调和肉羹，不用细舂充当祭祀的饭食，以此来宣扬节俭。礼服、礼帽、蔽膝、玉笏、绅带、下衣、绑腿、鞋、横笄、填绳、冕弁、冠冕装饰，是为了宣扬法度。缫籍、佩巾、刀柄装饰、刀鞘装饰、皮带、革带、旌旗饰物、马鞍，是为了宣扬各个等级规格的数量。火、龙、黼、黻等图案，是为了宣扬纹饰。用五色绘出来各种事物，是为了宣扬其色彩。钖、鸾、和、铃，是为了宣扬其声音。旌旗上有日、月、星三辰，是为了宣扬其光明。行为准则，节俭而有法度，增减而有数量。纹饰、色彩得以记录它，声音、光明得以发扬它，以此来明确展示给百官，于是百官才会警戒惧怕，而不敢违反纪律。而今却丢弃美德而改立邪恶，并将贿赂的器具放在太庙中，将它展现在百官面前，百官效仿，又该如何惩戒呢？国家之所以衰败，就是因为官员的行为比较邪恶。官员之所以失德，是因为受宠贿赂的缘故。郜地的大鼎在鲁国的太庙里，哪还有比这更加明显的贿赂呢？周武王战胜商纣，将九鼎迁到了洛阳，（这样）还

有些义士不赞同他的做法，更何况是将宣扬违乱的贿赂器具放在太庙里，这又该如何是好呢？"鲁桓公不听。

周国内史听说了这件事说："臧哀伯的后人在鲁国应该永久地享有禄位！君主违反礼数而他并没有忘记用美德来加以进谏。"

郑伯自救（桓公五年）

【原文】

王夺郑伯政①，郑伯不朝。

秋，王以诸侯伐郑，郑伯御之。

王为中军；虢公林父将右军②，蔡人、卫人属焉；周公黑肩将左军，陈人属焉。

郑子元请为左拒以当蔡人、卫人③，为右拒以当陈人，曰："陈乱，民莫有斗心，若先犯之，必奔。王卒顾之，必乱。蔡、卫不枝④，固将先奔，既而萃于王卒，可以集事。"从之。曼伯为右拒⑤，祭仲足为左拒，原繁、高渠弥以中军奉公，为鱼丽之陈⑥，先偏后伍，伍承弥缝。战于繻葛⑦，命二拒曰："旝动而鼓⑧。"蔡、卫、陈皆奔，王卒乱，郑师合以攻之，王卒大败。祝聃射王中肩，王亦能军。祝聃请从之。公曰："君子不欲多上人，况敢陵天子乎！苟自救也，社稷无陨，多矣。"

夜，郑伯使祭足劳王⑨，且问左右。

【注释】

①王夺郑伯政：郑庄公为周王卿士，掌控朝政大权。后周桓王任命虢公忌父为右卿士，郑庄公为左卿士，共同治理朝政。再后来周桓王

夺掉郑庄公的职权，不让他再参与朝政了。②虢公林父：周王的卿士。③子元：郑公子。④枝：通"支"，抵挡的意思。⑤曼伯：郑公子忽。⑥陈（zhèn）：同"阵"。⑦繻葛：郑国城邑，今河南长葛市。⑧旝（kuài）：指挥作战的旗子。⑨劳（lào）：慰劳。

【译文】

周桓王夺去郑庄公的政权，郑庄公从此不再上朝了。

秋天，周桓王带领诸侯征讨郑国，郑庄公率军抵抗。

中军为周桓王率领；右军为虢公林父带领，蔡国军队、卫国军队都听从他的指挥；左军由周公黑肩率领，陈国军队归属于他指挥。

郑国子元建议用左方阵来抵挡蔡国军队、卫国军队，用右方阵来抵挡陈国军队，说："陈国内乱，百姓们都没有斗志，如果先攻打陈国军队，他们肯定会四处逃亡的。周桓公的兵力还要顾及陈国，也一定会混乱。蔡国、卫国抵挡不住，也必将先后逃亡，这样我们就可以集中所有的力量对付周桓王的军队，可以成功。"郑庄公听从了他的建议。右方阵为曼伯率领，左方阵由祭仲足率领，而中军则由原繁、高渠弥率领以接应郑庄公，摆成名为鱼丽的阵形，前面是兵车后面为士兵，士兵弥补兵车的空隙。（郑庄公和周桓王）在繻葛交战，（郑庄公）命令两个方阵说："指挥的旗子一旦挥动就立刻击鼓进攻。"蔡国军队、卫国军队、陈国军队都四处逃亡，周桓王的士兵也混乱不堪，郑庄公的军队合力围攻，周桓王的军队大败。郑国大将祝聃射中了周桓王的肩膀，不过周桓王还能够指挥军队。祝聃请命前去追击。郑庄公说："君子不想过多凌驾于人之上，哪敢欺凌天子呢！我只是自救，无损于社稷，这样就足够了。"

到了夜里，郑庄公让祭足慰劳周桓王，并且也慰劳了（周桓王）左右的臣子。

楚武王侵随（桓公六年）

【原文】

楚武王侵随①，使薳章求成焉②。军于瑕以待之③。随人使少师董成④。斗伯比言于楚子曰⑤："吾不得志于汉东也，我则使然。我张吾三军而被吾甲兵，以武临之，彼则惧而协来谋我，故难间也。汉东之国，随为大，随张，必弃小国，小国离，楚之利也。少师侈，请羸师以张之。"熊率且比曰⑥："季梁在⑦，何益？"斗伯比曰："以为后图，少师得其君。"王毁军而纳少师⑧。

【注释】

①楚武王：楚国国君。②薳（wěi）章：楚国大夫。③瑕：随地，今河北随州。④少师：官名。⑤斗伯比：楚国大夫。⑥熊率且比：楚国大夫。⑦季梁：随国贤臣。⑧毁军：让军队故作疲惫之态。

【译文】

楚武王攻打随国，派遣楚国大夫薳章前去谈判。军队则驻扎在瑕地等待消息。随国派遣少师来主持此次和谈。楚国大夫斗伯比对楚武王说："我们在汉水以东不得志，是我们自身的原因。我们扩大自己的军队整顿自己的兵甲，并且用武力来胁迫周边国家，他们因为惧怕而团结起来对付我们，因此很难离间（他们）。汉水以东的国家，最大的就是随国，随国狂妄自大，必然会舍弃周边的小国，小国有贰心，对楚国有利。少师这个人很是骄奢，请君主让我军故作羸弱之态以此来助长他的狂妄自大之气。"楚国大夫熊率且比说："随国有贤臣季梁，（如此做）有何好处呢？"

斗伯比回答："这是为了图谋以后，少师肯定能够得到君心的。"（于是）楚武王在接待少师的时候故意让军队作出疲惫之态。

【原文】

少师归，请追楚师，随侯将许之。季梁止之曰："天方授楚①，楚之羸，其诱我也，君何急焉？臣闻小之能敌大也，小道大淫。所谓道，忠于民而信于神也。上思利民，忠也；祝史正辞②，信也。今民馁而君逞欲，祝史矫举以祭，臣不知其可也。"公曰："吾牲牷肥腯③，粢盛丰备，何则不信？"对曰："夫民，神之主也。是以圣王先成民而后致力于神。故奉牲以告曰'博硕肥腯'，谓民力之普存也，谓其畜之硕大蕃滋也，谓其不疾瘯蠡也④，谓其备腯咸有也。奉盛以告曰'洁粢丰盛'，谓其三时不害而民和年丰也。奉酒醴以告曰'嘉栗旨酒'，谓其上下皆有嘉德而无违心也。所谓馨香，无谗慝也⑤。故务其三时，修其五教⑥，亲其九族，以致其禋祀。于是乎民和而神降之福，故动则有成。今民各有心，而鬼神乏主，君虽独丰，其何福之有！君姑修政而亲兄弟之国，庶免于难。"随侯惧而修政，楚不敢伐。

【注释】

①授楚：降福给楚国。代指楚国国力强盛。②祝史正辞：祝史，主持祭祀的人；正辞，言辞正直不虚伪。③牷（quán）、腯（tú）：牷，纯色的牲口；腯，肥壮。④瘯蠡（cù luǒ）：牲畜疾病。⑤谗慝（tè）：邪恶奸佞。⑥五教：父义、母慈、兄友、弟恭、子孝。

【译文】

少师回去之后，请求出兵追击楚国军队，随侯想要答应。季梁制止他说："上天降福给楚国，楚国的羸弱，是他在引诱我们，君主又何必着急呢？我听说小国之所以能够抵抗大国，是因为小国得道而大国淫乱。所说的道，是忠于百姓而取信于神灵。君主要思考利于百姓的事，这是忠；主持祭祀的人言辞要正直，这是信。而今百姓挨饿而君主却逞私欲，祝史祭祀的时候不诚实，我不知道这样还可以成事的。"随侯说："我们祭祀的牲畜都是纯色而又肥壮的，祭祀的饭食都是丰盛而又完备的，为何不取信于神明？"季梁回答说："百姓，是神灵的主宰。所以圣明的君主都会先安定百姓再致力于神明。所以在贡献牲畜的时候会祝告说'牲畜大而肥壮'，这是说百姓的财力大都富裕，是说百姓的牲畜肥壮而又繁殖力强，是说牲畜不受疾病之苦，是说牲畜健壮而又品种多样。奉献谷物的时候祝告说'粮食洁净丰盛富足'，是说百姓春夏秋三季都没有受到灾害而百姓年年丰收。奉献酒的时候祝告说'美酒又好又清'，是说百姓自上而下都有美好的品德而无贰心。所说的馨香，是因为没有邪恶奸佞之人。所以他们在春夏秋三季时忙于农活，修其五教，亲近他们的族人，以此来祭祀神灵。于是百姓顺和而神灵降福，所以不管做什么事情都会成功。而今百姓各有其心思，而鬼神也没了主人，君主自己的祭祀虽然丰盛，但又有什么福泽可言呢！君主暂且要修明政事而亲近周边的兄弟国家，或许能够避免这场灾难。"随侯恐惧而开始修明朝政，楚国不敢征讨。

申繻论取名（桓公六年）

【原文】

九月丁卯，子同生，以大子生之礼举之：接以大牢，卜士负之，士妻食之。公与文姜、宗妇命之①。

公问名于申繻②。对曰："名有五，有信，有义，有象，有假，有类。以名生为信③，以德命为义，以类命为象④，取于物为假，取于父为类。不以国，不以官，不以山川，不以隐疾，不以畜牲，不以器币。周人以讳事神，名，终将讳之。故以国则废名，以官则废职，以山川则废主，以畜牲则废祀，以器币则废礼。晋以僖侯废司徒，宋以武公废司空，先君献、武废二山，是以大物不可以命。”公曰：“是其生也，与吾同物⑤，命之曰同。”

【注释】

①文姜、宗妇：文姜，鲁桓公的夫人；宗妇，同宗的妇女，一般指有威望的妇女。②申繻：鲁国大夫。③以名生：用和出生有关的特征来取名。④以类命：以相似的事物取名。⑤物：六物，指岁、时、日、月、星、辰。

【译文】

九月二十四日，鲁桓公的儿子同出生，以太子出生的规格举行了仪式：鲁桓公用太牢礼仪接见了他，用占卜的方式选择抱他的士人，用占卜的方式选择为他喂奶的士人妻子。鲁桓公、文姜、同宗有威望的妇女为他取名。

鲁桓公向申繻询问取名字的事情。申繻回答说：“取名字有五种方法，有信、有义、有象、有假、有类。信是以出生的某一特征来命名，义是用祥瑞的字词来取名，象是以类似的事物来取名，假是借其他事物的名字来取名，类则是用和父亲有关的字眼来取名。取名不能以国家的名字，不能以官名，不能用山川的名字，不能用疾病的名字，不能用牲畜的名字，不能用器币的名字。周国人用避讳来侍奉神灵，名字，死之后也要避讳。所以用国名取名就要废除人名，以官名取名就要变更官名，用山川取名就要修正山川名，以牲畜命名就要废除祭祀，用器具取名则要废除礼仪。晋国因为齐僖公的缘故而修改司徒官名，宋国因宋武公的原因而废掉司空的官名，我们国家也因为前代献公、武公而将两座山的名字改掉，所以说大的事物是不能用来取名字的。”鲁桓公说：“孩子出生，和我在同一天，就取名为同吧。”

卷三　庄公

齐襄公之死（庄公八年）

【原文】

齐侯使连称、管至父戍葵丘①。瓜时而往②，曰："及瓜而代。"期戍，公问不至。请代，弗许。故谋作乱。

僖公之母弟曰夷仲年③，生公孙无知，有宠于僖公，衣服礼秩如适④。襄公绌之⑤。二人因之以作乱。连称有从妹在公宫，无宠，使间公，曰："捷，吾以女为夫人。"

冬十二月，齐侯游于姑棼⑥，遂田于贝丘⑦。见大豕，从者曰："公子彭生也⑧。"公怒曰："彭生敢见！"射之，豕人立而啼⑨。公惧，队于车⑩，伤足丧屦⑪。反，诛屦于徒人费。弗得，鞭之，见血。走出，遇贼于门⑫，劫而束之。费曰："我奚御哉！"袒而示之背，信之。费请先入，伏公而出，斗，死于门中。石之纷如死于阶下。遂入，杀孟阳于床⑬。曰："非君也，不类。"见公之足于户下，遂弑之，而立无知。

初，襄公立，无常。鲍叔牙曰⑭："君使民慢，乱将作矣。"奉公子小白出奔莒⑮。乱作，管夷吾、召忽奉公子纠来奔。

【注释】

①连称、管至父：都是齐国大夫。②瓜时：瓜熟的时候，指的是夏历七月。③母弟：同母的弟弟。④适：同"嫡"。⑤绌：通"黜"，贬低。⑥姑棼（fén）：齐国地名，今山东博兴县东北。⑦田、贝丘：田，猎；贝丘，地名，山东博兴县南。⑧公子彭生：齐国大夫。鲁桓公曾经带着夫人文姜前去齐国拜见。文姜和齐襄公偷情，被鲁桓公得知。后，齐襄公派遣公子

彭生杀害了鲁桓公，最后又在鲁国人的请求下，将罪名归于公子彭生的身上，并杀掉了公子彭生。⑨人立：身体直立，指的是像人一样站起来。⑩队：同"坠"。⑪屦（jù）：单层底的鞋子。⑫贼：指作乱的人。⑬孟阳：人名，冒充襄公躺在床上，被作乱者杀死。⑭鲍叔牙：齐国大夫。⑮公子小白：齐桓公，春秋五霸之首。

【译文】

齐襄公派遣连称、管至父守卫葵丘。（齐襄公）瓜熟时节前去，并对他们说："等下一次瓜熟的时候我让人来接替你们。"（连称、管至父）守卫了一年，齐襄公还没有派人来接替。（连称、管至父）请求让人来替代，（齐襄公）不允许。二人便谋划着叛乱。

齐僖公的同母弟弟名为夷仲年，生了公孙无知，齐僖公非常宠爱他（公孙无知），他的衣服、礼仪等都和嫡子一样。齐襄公降低了公孙无知的待遇规格。于是，连称、管至父两人便利用公孙无知而起兵叛乱。连称的堂妹在齐襄公的后宫，并不得宠，（公孙无知）便让她去监视齐襄公的一举一动，并说："胜利之后，我把你立为夫人。"

冬十二月，齐襄公前往姑棼游玩，并在贝丘这个地方狩猎。（齐襄公）看到一头大野猪，跟随的人说："这是公子彭生。"齐襄公发怒道："公子彭生胆敢出

现！"于是便拿箭射他，野猪像人一样站立起来并大声啼哭。齐襄公有些害怕，从车上掉了下来，丢掉鞋子伤了自己的脚。回去之后，齐襄公派遣内侍费去寻找他的鞋子。鞋子没有找到，齐襄公便用鞭子抽打他，打出了血。费出来后，在门外遇到了作乱的人，他便被作乱的人劫持捆绑了起来。费说："我怎么会抵抗你们！"并解开衣服露出自己的背部（上有被鞭打的伤痕），作乱的人相信了。费（向作乱的人）请求先进去查探情况，费进去将齐襄公藏好后出来，和作乱的人搏斗，死在了门中。石之纷如也战死在了台阶下。于是作乱的人进入宫中，将躺在床上的内侍孟阳杀死，并说："这不是君主，长得不像他。"后又看到齐襄公的脚从门下露了出来，于是便将他杀掉，而改立公孙无知。

刚开始，齐襄公即位时，政令反复无常。鲍叔牙说："君主放纵百姓懈怠，将要发生战乱了。"于是便侍奉着公子小白逃到了莒国。战乱发生后，管夷吾、召忽侍奉公子纠逃到了鲁国。

齐桓公即位（庄公八、九年）

【原文】

初，公孙无知虐于雍廪①。（庄公八年）

九年春，雍廪杀无知。

公及齐大夫盟于蔇②，齐无君也。

夏，公伐齐，纳子纠。桓公自莒先入。

秋，师及齐师战于乾时，我师败绩，公丧戎路，传乘而归。秦子、梁子以公旗辟于下道，是以皆止③。

鲍叔帅师来言曰："子纠，亲也，请君讨之。管、召，仇也，请受而甘心焉。"乃杀子纠于生窦④，召忽死之。管仲请囚，鲍叔受之，乃堂阜而税之⑤。归而以告曰："管夷吾治于高傒，使相可也。"公从之。（庄公九年）

【注释】

①雍廪：葵丘大夫。②蔇：通"暨"。③止：俘虏。④生窦：鲁国地方，今山东菏泽市北面。⑤堂阜、税：堂阜，齐地，今山东蒙阴县西北面；税（tuō）：通"脱"，释放、解开。

【译文】

当初，公孙无知曾经虐待过雍廪。（庄公八年）

九年春季，雍廪杀掉了公孙无知。

鲁庄公和齐国大夫会盟于暨地，是因为齐国处于无君状态。

夏季，鲁庄公带兵征讨齐国，想要立公子纠为君主。齐桓公（公子小白）率先从莒国回到了齐国，并做了齐国的君主。

秋季，鲁国军队和齐国军队在乾时交战，鲁国军队打了败仗，鲁庄公丢掉兵车，而换乘轻便的战车回国。秦子、梁子拿着鲁庄公的旗帜躲在小路上，最后被齐国军队俘虏。

鲍叔牙带兵前来（对鲁庄公）说：“公子纠，是齐国君主的亲人，请君主代为诛杀。管仲、召忽，是齐国的仇人，请交给我们处置我们才甘心。”于是（鲁庄公）在生窦这个地方杀掉了公子纠，召忽自杀而亡。管仲请求把他囚禁起来，鲍叔牙答应了，走到堂阜这个地方便将其（管仲）释放了。鲍叔牙回去告诉齐桓公说：“管夷吾治理才能比高傒还好，可以让他做齐国的国相。”齐桓公听从了他的建议。

曹刿论战（庄公十年）

【原文】

十年春，齐师伐我。公将战，曹刿请见①。其乡人曰：“肉食者谋之，又何间焉。”刿曰：“肉食者鄙②，未能远谋。”乃入见。

问何以战。公曰：“衣食所安，弗敢专也，必以分人。”对曰：“小惠未遍，民弗从也。”公曰：“牺牲玉帛，弗敢加也，必以信。”对曰：“小信未孚③，神弗福也。”公曰：“小大之狱，虽不能察，必以情。”对曰：“忠之属也，可以一战，战则请从。”

公与之乘，战于长勺。公将鼓之，刿曰：“未可。”齐人三鼓，刿曰：“可矣。”齐师败绩。公将驰之。刿曰：“未可。”下视其辙，登轼而望之，曰：“可矣。”遂逐齐师。

　　既克，公问其故。对曰："夫战，勇气也，一鼓作气，再而衰，三而竭。彼竭我盈，故克之。夫大国难测也，惧有伏焉。吾视其辙乱，望其旗靡，故逐之。"

【注释】

①曹刿（guì）：鲁国人。②鄙：见识短浅。③孚：信任。

【译文】

　　鲁庄公十年春天，齐国率兵征讨鲁国。鲁庄公将要迎战，曹刿请求朝见鲁庄公。曹刿的同乡人说："有达官贵人谋划这件事情，你何必去参与。"曹刿回答说："达官贵人见识比较短浅，未必能够有长远的谋略。"于是便进宫拜见鲁庄公。

　　曹刿问鲁庄公依靠什么和齐国作战。鲁庄公说："衣服食物这些安身立世的东西，我不敢独享，必定会分给其他人。"曹刿回答说："这些小惠并不能遍及每一个人，百姓不会跟随您的。"鲁庄公说："祭祀用的牲畜玉帛，我不敢谎报数量，一定会诚实相告。"曹刿回答说："小信用无法取得神灵信任，神灵不会降福的。"鲁庄公说："大大小小的牢狱案件，虽然不能一一体察，但一定会办得合情合理。"曹刿回答

说："这是忠诚于百姓的表现，可以一战，作战的时候我请求跟从。"

鲁庄公和曹刿乘一辆车，和齐国在长勺交战。鲁庄公想要击鼓进攻，曹刿说："还不可以。"等齐国人击了三次鼓，曹刿说："可以了。"最后齐国军队大败。鲁庄公想要乘胜追击。曹刿说："还不可以。"曹刿下车，看齐军车轮的印迹，又登上车轼观察，说："可以了。"于是便出兵追击齐国军队。

鲁国军队胜利后，鲁庄公问曹刿胜利的原因。曹刿回答说："作战，凭借的是勇气，第一次击鼓是为了激发将士们的勇气，第二次击鼓时将士们的勇气就有所衰退了，第三次击鼓将士们的勇气就会消耗殆尽。敌方士兵勇气衰竭而我方勇气充盈，所以能够战胜。大国作战高深莫测，恐怕会有埋伏。我看齐军车轮混乱，又望见他们的旗子倒下，所以才追击他们。"

卷四　闵公

卫懿公好鹤（闵公二年）

左传
全鉴
珍藏版

【原文】

冬十二月，狄人伐卫①。卫懿公好鹤②，鹤有乘轩者。将战，国人受甲者皆曰③："使鹤，鹤实有禄位，余焉能战！"公与石祁子玦④，与宁庄子矢⑤，使守，曰："以此赞国，择利而为之。"与夫人绣衣，曰："听于二子。"渠孔御戎，子伯为右，黄夷前驱，孔婴齐殿。及狄人战于荧泽，卫师败绩，遂灭卫。卫侯不去其旗，是以甚败。狄人囚史华龙滑与礼孔以逐卫人。二人曰："我大史也，实掌其祭。不先，国不可得也。"乃先之。至则告守曰："不可待也⑥。"夜与国人出。狄入卫，遂从之，又败诸河。

【注释】

①狄人：古时候北方的少数民族。②卫懿公：卫国第十八代国君。③受甲：接受铠甲和武器，指将要出战的人。那个时候，兵器属于国家，发生战事时，再分发给士兵，战争结束后，再收回。④石祁子：卫国大夫。⑤宁庄子：卫正卿。⑥待：抵御。

【译文】

冬十二月，北方少数民族狄人征讨卫国。卫国君主卫懿公爱好鹤，有的鹤享受的待遇和大夫一样。快要作战的时候，卫国接受铠甲武器的士兵都说："派遣鹤去，鹤有俸禄和官位，我们哪能作战呀！"卫懿公给了石祁子一块玉佩，给了宁庄子令箭，派遣他们前去守卫，并且说："用这些来辅助国家，选择有利的事情去做。"又把绣衣交给夫人，说："听命于他们二人。"派遣渠孔驾驶兵车，车右为子伯，前锋为黄夷，后军则交由孔婴齐指挥。在荧泽和狄人交战，卫国军队惨败，于是狄人灭了卫国。卫懿公不愿意丢弃自己的旗帜，所以输得很是惨烈。狄人将史官华龙滑和礼孔囚禁并继续追击卫国人。（华龙滑和礼孔）二人说："我们是太史，掌管着祭祀事宜。如若我们不回去，卫国你们不可能得到。"于是（狄人）便让他们二人先行回去。到了都城后他们告诉守城的人说："不可以再抵御了。"夜里和国都的人一起撤退。狄人进入卫国国都，又跟随追击，在黄河边上再次将卫国打败。

【原文】

初，惠公之即位也少①，齐人使昭伯烝于宣姜②，不可，强之。生齐子、戴公、文公、宋桓夫人、许穆夫人。文公为卫之多患也，先适齐。及败，宋桓公逆诸河，宵济③。卫之遗民男女七百有三十人，益之以共、滕之民为五千人，立戴公以庐于曹。许穆夫人赋《载驰》④。齐侯使公子无亏帅车三百乘、甲士三千人以戍曹。归公乘马，祭服五称，牛羊豕鸡狗皆三百，与门材。归夫人鱼轩⑤，重锦三十两。

【注释】

①惠公：卫国第十六位国君，卫宣公的儿子。②齐人、昭伯、烝（zhēng）：齐人，齐僖公；昭伯，卫惠公的庶出兄弟。烝，一般指迎娶父亲或兄长的妻妾。③宵济：连夜过河。④《载驰》：选自《诗

经·墉风》。⑤鱼轩：用鱼皮做装饰的车，为贵族女性专用。

【译文】

当初，卫惠公即位的时候还很年幼，齐国人便让卫惠公的庶出哥哥昭伯迎娶卫惠公的母亲宣姜，昭伯不同意，齐国人便强迫于他。后生下了齐子、戴公、文公、宋桓夫人、许穆夫人。文公因卫国多祸患，而先行去了齐国。等卫国战败后，宋桓公在黄河岸边迎接卫国败军，并连夜过河。卫国遗留下来的男女民众有七百三十人，加上共、滕两个地方的百姓总共为五千人，立戴公为君主并暂住在曹地。许穆夫人作《载驰》赋。齐桓公派遣公子无亏率领三百辆战车、三千兵甲来守卫曹地。（齐桓公）送给戴公出乘的马车，五套祭服，牛、羊、猪、鸡、狗各三百只，还送给了他建筑用的材料。又赠送给夫人一辆用鱼皮做装饰的车子，三十匹上等的细锦。

卷五　僖公

屈完辩齐桓公（僖公四年）

【原文】

四年春，齐侯以诸侯之师侵蔡。蔡溃，遂伐楚。楚子使与师言曰①："君处北海，寡人处南海，唯是风马牛不相及也。不虞君之涉吾地也②，何故？"

管仲对曰③："昔召康公命我先君大公曰④：'五侯九伯⑤，女实征之⑥，以夹辅周室。'赐我先君履：东至于海，西至于河，南至于穆陵，北至于无棣⑦。尔贡包茅不入⑧，王祭不共⑨，无以缩酒⑩，寡人是征；昭王南征而不复⑪，寡人是问。"对曰："贡之不入，寡君之罪也，敢不共给。昭王之不复，君其问诸水滨。"师进，次于陉⑫。

【注释】

①楚子：楚成王。②虞：料想。③管仲：管夷吾，齐国国相。④召（shào）康公：周朝的太保。⑤五侯九伯：五侯，指公、侯、伯、子、男五种爵位；九伯，九州之长，指天下的诸侯。⑥女：同"汝"，你。⑦无棣：齐国地名，今山东无棣县。⑧贡：进贡的物品。⑨共：同"供"。⑩缩酒：祭祀仪式。⑪昭王：周昭王。⑫次、陉：次，驻扎；陉，地名，在河南郾城南面。

【译文】

四年春天，齐桓公率领诸侯之师攻打蔡国。蔡国溃败，于是又征讨楚国。楚成王派遣使者来到军中（对齐桓公）说："君主地处北海，寡人地处南海，这是风马牛不相及的事情。不料您却要涉及我们的土地，是为何呢？"

管仲回答说："昔日召康公命令我们先君太公说：'五侯九伯，你都可以去征讨，以此来辅助周王朝。'并赐给我先君征讨的领土范围：东到大海，西到黄河，南到穆陵，北到无棣。你们应当进贡的苞茅没有进贡，致使周王的祭祀无法供应，没办法缩酒，寡人是来问罪的；周昭王南巡却没有回去，寡人是来问责的。"楚国使者回答说："贡品没有送去，的确是我们君主的罪过，我们不敢不供给。周昭王没有回去，还请君主责问黄河边上的人吧。"诸侯大军继续前进，驻扎在陉地。

【原文】

夏，楚子使屈完如师①。师退，次于召陵。

齐侯陈诸侯之师②，与屈完乘而观之。齐侯曰："岂不穀是为？③先君之好是继。与不穀同好，如何？"对曰："君惠徼福于敝邑之社稷，辱收寡君④，寡君之愿也。"齐侯曰："以此众战，谁能御之？以此攻城，何城不克？"对曰："君若以德绥诸侯⑤，谁敢不服？君若以力，楚国方城以为城⑥，汉水以为池，虽众，无所用之。"

屈完及诸侯盟。

【注释】

①屈完：楚国大夫。②陈：排列。③不穀：不善，对于自己的谦称。④辱：谦辞，没有实在的意义。⑤绥：安抚。⑥方城：山名，今河南叶县南面。

【译文】

夏季，楚成王派遣大夫屈完到了诸侯联军驻扎的地方谈判。诸侯联军撤退，驻扎在召陵。

齐桓公把诸侯军队摆开成阵，和屈完乘车观看。齐桓公说："难道是为了我个人吗？是为了继承先君建立的友好关系。你们和我们国家友好，怎么样呢？"屈完回答说："您光临敝国并为敝国社稷求得福祉，愿意接纳我们的君主，是我们君主的愿望啊。"齐桓公说："以这些军队去作战，

41

谁又能抵抗得了？以这样的军队去攻城，什么城池攻不破？"屈完回答说："君主如若用美德来安抚诸侯，有谁敢不服从呢？君主如若使用武力，楚国将方城山当作城墙，以汉水当作护城河，你的军队虽然多，但却没有什么用。"

屈完代楚国和诸侯国结了盟。

骊姬之乱（僖公四、五、六年）

【原文】

初，晋献公欲以骊姬为夫人①，卜之②，不吉；筮之③，吉。公曰："从筮。"卜人曰："筮短龟长④，不如从长。且其繇曰⑤：'专之渝，攘公之羭⑥。一薰一莸⑦，十年尚犹有臭。'必不可。"弗听，立之。生奚齐，其娣生卓子。及将立奚齐，既与中大夫成谋⑧，姬谓大子曰⑨："君梦齐姜⑩，必速祭之。"大子祭于曲沃⑪，归胙于公⑫。公田⑬，姬置诸宫六日。公至，毒而献之。公祭之地，地坟。与犬，犬毙。与小臣⑭，小臣亦毙。姬泣曰："贼由大子⑮。"大子奔新城。公杀其傅杜原款。或谓大子⑯："子辞，君必辩焉⑰。"大子曰："君非姬氏，居不安，食不饱。我辞，姬必有罪。君老矣，吾又不乐。"曰："子其行乎！"大子曰："君实不察其罪，被此名也以出，人谁纳我？"

十二月戊申，缢于新城。姬遂谮二公子曰⑱："皆知之。"重耳奔蒲⑲，夷吾奔屈⑳。（僖公四年）

【注释】

①骊姬：晋献公的宠妃。②卜：指用龟甲占卜。③筮：用蓍（shī）

草占卜。④短：不准，不灵验。⑤繇（zhòu）：占卜的文辞。⑥攘、瑜：攘，夺去；瑜（yú），公羊。⑦薰、莸（yóu）：薰，香草；莸，臭草。⑧中大夫：晋国官名。⑨大子：太子申生。⑩齐姜：申生死去的生母。⑪曲沃：晋国旧都，今山西闻喜县东面。⑫胙（zuò）：古时祭祀时使用的酒肉。⑬田：同"畋"，狩猎。⑭小臣：近侍，官名。⑮贼：阴谋，加害。⑯或：有人。⑰辩：通"辨"，辨别，分辨。⑱谮（zèn）：诬陷。⑲重耳：晋文公，春秋五霸之一。⑳夷吾：晋献公的儿子，后为晋惠公。

【译文】

起初，晋献公想要立骊姬为夫人，便用龟甲占卜，不吉利；又用蓍草占卜，吉利。晋献公说："就依蓍草占卜的结果吧。"占卜的人说："蓍草不灵验龟甲灵验，不如根据灵验的来。并且它的文辞上说：'过分专宠会引发坏心，会夺去您的公羊。香草臭草混合在一起，十年后尚且还有臭味。'肯定不可以。"晋献公不听，将骊姬立为夫人。骊姬生下奚齐，她的妹妹生下卓子。等到（晋献公）想要将奚齐立为太子时，（骊姬）便与中大夫想好了谋略，骊姬对太子申生说："君主梦到了您的母亲齐姜，你要快去祭祀她。"太子申生在曲沃祭祀母亲，回来的时候给晋献公带来了祭祀的酒肉。晋献公狩猎未归，骊

姬便将酒肉放在宫中六天。晋献公回来后，（骊姬）在酒肉中下了毒并且呈献给晋献公。晋献公用酒祭祀土地，地面凸起。将肉给狗吃，狗死了。又把酒肉给近侍吃，近侍也死了。骊姬哭着说："这是太子申生要加害您。"太子申生逃亡到新城。晋献公便杀了他的老师杜原款。有人对太子说："如果您辩解，君主肯定能够分辨是非的。"太子申生说："君主如果没有骊姬，便睡不安稳，食不下咽。我申辩的话，骊姬肯定会获罪。君主已经老了，我却没有办法让他快乐。"这个人又说："那你赶快逃走吧！"太子申生说："君主现在还没有体察我的罪过，背着这样的名声出逃，谁又能接纳我呢？"

十二月二十七日，（申生）在新城自缢。骊姬又诬陷其他两位公子（重耳和夷吾）说："他们都参与了申生下毒的事。"于是重耳逃亡到蒲城，夷吾逃亡到屈城。（僖公四年）

【原文】

初，晋侯使士蒍为二公子筑蒲与屈①，不慎②，置薪焉。夷吾诉之，公使让之。士蒍稽首而对曰③："臣闻之，无丧而戚，忧必雠焉。无戎而城④，仇必保焉。寇仇之保，又何慎焉！守官废命不敬⑤，固仇之保不忠，失忠与敬，何以事君？《诗》云：'怀德惟宁⑥，宗子惟城。'君其修德而固宗子，何城如之？三年将寻师焉⑦，焉用慎？"退而赋曰："狐裘尨茸⑧，一国三公⑨，吾谁适从？"及难，公使寺人披伐蒲。重耳曰："君父之命不校⑩。"乃徇曰："校者吾仇也。"逾垣而走，披斩其袪⑪，遂出奔翟⑫。（僖公五年）

六年春，晋侯使贾华伐屈⑬。夷吾不能守，盟而行。将奔狄，郤芮曰⑭："后出同走，罪也。不如之梁，梁近秦而幸焉。"乃之梁。（僖公六年）

【注释】

①士蒍（wěi）：晋国卿大夫。②不慎：不小心，不认真。③稽（qǐ）首：古时候的跪拜礼，也是九拜中最为隆重的礼仪。④戎：战争。⑤废

命：指不奉君主的命令。⑥怀德：心怀仁德。⑦寻师：用兵。⑧龙（méng）茸：蓬松。⑨三公：晋献公、重耳、夷吾。⑩校（jiào）：违抗。⑪袪（qū）：袖口，衣袖。⑫翟：指狄国。⑬贾华：晋国大夫。⑭郤芮（xì ruì）：晋国大夫。

【译文】

当初，晋献公派遣士蒍为两位公子建筑蒲城和屈城，士蒍不认真，将木柴加入到城墙里面。夷吾将这件事告诉晋献公，晋献公让人责问士蒍。士蒍行稽首礼并回答说："我听说，没有悲伤的事情却整日忧心忡忡，那么忧愁必定会到来。没有战事却建筑城墙，内部的敌人一定会凭此保守。敌人的屏障，又何必那么慎重呢！在官位而不尊奉君命是为不敬，巩固敌人的城墙是为不忠，没有了忠和敬，又拿什么来侍奉君主呢？《诗经·大雅·板》中说：'心怀仁德就可以安定百姓，宗室子弟便是坚固的城墙。'君主修养美德而加固宗室子弟的地位，什么城墙能够比得上它呢？三年之内就要用兵，又哪用得着慎重呢？"士蒍退下后作赋说："狐裘蓬松，一国有三位君主，我该听从谁的呢？"等到灾难（指骊姬之乱）发生，晋献公派遣寺人披进攻蒲城。重耳说："君主、父亲的命令不可违抗。"于是便宣告说："违抗的人就是我的仇人。"而后爬墙逃走，寺人披只斩下了他的一段衣袖。于是（重耳）逃亡到狄国。（僖公五年）

六年春，晋献公派遣贾华攻打屈城。夷吾无法守住，只好和屈城人结盟后逃走。夷吾想要逃往狄国，郤芮说："后出逃的和先出逃的都逃到了狄国，这就等于你承认了自己的罪过。不如前往梁国，梁国紧挨秦国并能够得到秦国的帮助。"于是（夷吾）便逃往梁国。（僖公六年）

晋献公克虞（僖公五年）

【原文】

晋侯复假道于虞以伐虢①。宫之奇谏曰②："虢，虞之表也。虢亡，虞必从之。晋不可启，寇不可玩③，一之谓甚，其可再乎？谚所谓'辅车相依，唇亡齿寒'者④，其虞、虢之谓也。"公曰："晋，吾宗也，岂害我哉？"对曰："大伯、虞仲，大王之昭也。大伯不从⑤，是以不嗣。虢仲、虢叔⑥，王季之穆也，为文王卿士，勋在王室，藏于盟府。将虢是灭，何爱于虞？且虞能亲于桓、庄乎⑦？其爱之也，桓、庄之族何罪，而以为戮，不唯逼乎？亲以宠逼，犹尚害之，况以国乎？"

【注释】

①假：借。②宫之奇：虞国大夫。③玩：掉以轻心，忽视。④辅车相依，唇亡齿寒：辅、车相互依存，没有了嘴唇牙齿会感到寒冷。泛指两者利害、密切关系。⑤不从：不跟随君主身边。⑥虢仲、虢叔：王季的儿子。⑦桓、庄：桓，桓叔，晋献公的曾祖父；庄，庄伯，晋献公的祖父。

【译文】

晋献公又向虞国借道以攻打虢国。虞国大夫宫之奇谏言说："虢国，是虞国的外围屏障。虢国灭亡，虞国必定跟着毁灭。晋国的野心万不可被打开，也不能对晋国的这支部队掉以轻心，借道一次就已经很过分了，哪能再借第二次呢？谚语中所说的'辅车相依，唇亡齿寒'，指的就是虞国、虢国的关系。"虞公说："晋国，我的同宗，岂能害我呢？"宫之奇回答说："太伯、虞仲，都是君主的儿子。太伯不跟随他的父亲，所以没有继承他的王位。虢仲、虢叔，是王季的儿子，都做过周文王的卿士，在王室里是有功的人，盟府中还藏有他们的封赏记录。晋国都想要灭掉虢国，他对虞国又有什么不舍的呢？况且（对于晋献公来说）虞国还能比桓叔、庄伯更加亲近吗？如果晋献公真的爱惜同宗的人，桓叔、庄伯的后代又有什么罪？他们却被全部杀掉，难道不是因为威胁到了晋献公吗？亲近、得宠的人一旦威胁到晋献公，（晋献公）尚且还能够将他们杀害，更何况一个国家呢？"

【原文】

公曰："吾享祀丰洁，神必据我①。"对曰："臣闻之，鬼神非人实亲，惟德是依。故《周书》曰：'皇天无亲，惟德是辅。'又曰：'黍稷非馨，明德惟馨。'又曰：'民不易物，惟德繄物。'如是，则非德，民不和，神不享矣。神所冯依②，将在德矣。若晋取虞而明德以荐馨香，神其吐之乎？"弗听，许晋使。宫之奇以其族行③，曰："虞不腊矣④，在此行也，晋不更举矣⑤。"

【注释】

①据：保佑。②冯依：依靠。③以其族行：带着族人离开。指宫之奇率领他的族人离开了虞国，以此来避开祸端。④腊：祭祀的一种。⑤更举：再次举兵。

【译文】

虞公说："我每年的祭祀物品既丰盛又洁净，神灵一定会保佑我的。"宫之奇回答说："我听说，鬼神并不会亲近某一个固定的人，它只护佑有德行的人。所以《周书》上说：'皇天并没有亲人，他只辅助有德行的人。'书中又说：'祭祀的谷物并不馨香，只有修明的德行才会馨香。'书中又讲：'百姓不变换祭祀的物品，只有德行才算是祭品。'如此说来，如若没有美德，百姓就不会和顺，神明也不会享用祭品。神明所依靠的，就是在于有美德的人。如果晋国攻占了虞国然后再发扬明德的馨香以此祭祀神明，神明难道会吐出来吗？"虞公不听，答应晋国借道的请求。宫之奇为避开祸端带着自己的族人离开了虞国，并说："虞国撑不到腊祭的时候了，这一次之后，晋国就不必再举兵了。"

【原文】

八月甲午，晋侯围上阳。问于卜偃曰①："吾其济乎？"对曰："克之。"公曰："何时？"对曰："童谣云：'丙之晨，龙尾伏辰，均服振振，取虢之旂。鹑之贲贲②，天策焞焞③，火中成军，虢公其奔。'其九月、十月之交乎。丙子旦，日在尾，月在策，鹑火中，必是时也。"

冬十二月丙子朔，晋灭虢，虢公丑奔京师。师还，馆于虞④，遂袭虞，灭之，执虞公及其大夫井伯，以媵秦穆姬⑤。而修虞祀，且归其职贡于王⑥。

故书曰："晋人执虞公。"罪虞，且言易也。

【注释】

①卜偃：晋国的卜官。②贲贲（bēn bēn）：好比柳宿的形状。③焞（tūn）：（星光）暗淡。④馆：暂住。⑤媵（yìng）：随嫁的人。⑥职贡：贡品。

【译文】

八月十七日，晋献公攻打上阳。问卜官说："我能够成功吗？"卜官回答说："能够攻克。"晋献公说："什么时候？"卜官回答说："童谣中说：'丙子日的早晨，龙尾星伏辰，军装威武，一定能够拿下虢国的旗帜。鹑火星犹如柳宿一般，天策星暗淡，鹑火星居中时便可出师成功，虢公逃亡。'日子大约就在九月底、十月初吧。丙子日早上，日在尾星，月在策星，鹑火星居中，便是虢国被灭的时候了。"

冬季的十二月初一，晋国灭掉虢国，虢公丑逃亡到京师。晋国军队返回，暂住在虞国，于是便袭击虞国，虞国灭亡，并逮捕了虞公和虞国大夫井伯，并把井伯当作晋献公女儿秦穆姬（嫁给了秦穆公，故为秦穆姬）的陪嫁奴隶。（晋国）修缮虞国的祭祀之地，并将虞国的贡品全部进献给周王。

所以《春秋》一书中说："晋人执虞公。"把罪过归结于虞国身上，并且表明晋国占领虞国是很容易的事情。

葵丘之盟（僖公九年）

【原文】

夏，会于葵丘^①，寻盟，且修好，礼也。

王使宰孔赐齐侯胙^②，曰："天子有事于文武^③，使孔赐伯舅胙。"齐侯将下拜。孔曰："且有后命。天子使孔曰：'以伯舅耋老，加劳^④，赐一级^⑤，无下拜'"。对曰："天威不违颜咫尺，小白余敢贪天子之命无下拜？恐陨越于下，以遗天子羞。敢不下拜？"下，拜；登，受。

秋，齐侯盟诸侯于葵丘，曰："凡我同盟之人，既盟之后，言归于好。"宰孔先归，遇晋侯曰："可无会也。齐侯不务德而勤远略^⑥，故北伐山戎，南伐楚，西为此会也。东略之不知，西则否矣。其在乱乎。君务靖乱，无勤于行。"晋侯乃还。

左传全鉴珍藏版

【注释】

①葵丘：地名，今河南民权东北面。②王、宰孔：王，周襄王；宰孔，周公仔，周王室的太宰。③事：祭祀。④加劳：加上功劳。⑤赐一级：将礼遇提高一等。⑥略：征战。

【译文】

夏季，各诸侯在葵丘会面，延续之前的同盟关系，并且要重修于好，这是合乎礼仪的。

周襄王派遣太宰将祭祀的酒肉赏赐给齐桓公，说："天子祭祀周文王、周武王，并派遣我将祭祀的酒肉赏赐给伯舅（周王对异姓诸侯的称呼）。"齐桓公刚要下拜，宰孔又说："后面还有命令。天子派遣宰孔说：'因伯舅年事已高，再加上您的功劳，便将您的礼遇提高了一级，不需要下阶跪拜。'"齐桓公回答说："天子的威仪就在臣面前，小白哪敢贪图天子之命而不行下拜之礼呢？我担心会跌下台阶，而让天子蒙羞。我哪敢不下阶拜见呢？"齐桓公下阶，行下拜礼；后又登上台阶，接受了酒肉赏赐。

秋季，齐桓公在葵丘和诸侯结盟，说："凡是我们一起结盟的人，既经结盟之后，都要重归于好。"宰孔先行回去，遇到了晋献公说："可以不用会盟了。齐桓公不致力于德政却勤于远征，所以向北攻打山戎，向南征讨楚国，向西则举行了这一次的会盟。向东征讨目前还不知道，向西肯定是不会征战了。晋国的灾祸恐怕就是内乱了。您应该致力于平定内乱，而不是忙着去会盟。"于是晋献公便回去了。

荀息之忠贞（僖公九年）

【原文】

九月，晋献公卒，里克、丕郑欲纳文公①，故以三公子之徒作乱。

初，献公使荀息傅奚齐②，公疾，召之，曰："以是貌诸孤辱在大夫③，其若之何？"稽首而对曰："臣竭其股肱之力，加之以忠贞。其济，君之灵也④；不济，则以死继之。"公曰："何谓忠贞？"对曰："公家之利，知无不为，忠也。送往事居⑤，耦俱无猜⑥。贞也。"及里克将杀奚齐，先告荀息曰："三怨将作⑦，秦、晋辅之，子将何如？"荀息曰："将死之。"里克曰："无益也。"荀叔曰："吾与先君言矣，不可以贰⑧。能欲复言而爱身乎？虽无益也，将焉辟之？且人之欲善，谁不如我？我欲无贰而能谓人已乎？"

冬十月，里克杀奚齐于次⑨。书曰："杀其君之子。"未葬也。荀息将死之，人曰："不如立卓子而辅之⑩。"荀息立公子卓以葬。十一月，里克杀公子卓于朝，荀息死之。

君子曰："《诗》所谓'白圭之玷，尚可磨也；斯言之玷，不可为也，'荀息有焉。"

【注释】

①里克、丕郑：晋国大夫。②荀息：晋国大夫。③辱：谦辞，指让对方受辱了。④灵：福。⑤往：指逝去的人。⑥耦：泛指两方面，这里指死去的和活着的。⑦三怨：三位公子（申生、重耳、夷吾）方面的怨恨。⑧贰：违背，改变。⑨次：操办丧事的茅草屋。⑩卓子：晋献公的儿子。

【译文】

九月，晋献公逝世，晋国大夫里克、丕郑想要接纳重耳回国，所以便让三位公子的党羽发动叛乱。

当初，晋献公派遣荀息辅佐奚齐（骊姬的儿子），晋献公生病的时候，将他召到床前，说："将这个弱小的孤儿托付给你，你该如何做呢？"荀息叩首回答说："我一定竭尽全力，加上我的忠诚。如果事情得以成功，那就是君主的在天之灵护佑；如若不成功，我将会继之以死。"晋献公说："什么是忠贞？"荀息回答说："国家的利益，凡是知道的就没有不做的，这是忠。送走逝去的君主而侍奉新君，让这两方面都没有猜忌，这是贞。"等到里克想要杀死奚齐的时候，事先（把这件事）告诉给荀息说："三位公子那边的怨恨将要发作，秦国、晋国的百姓都会辅助他们，你想要怎么做呢？"荀息说："我将以死继之。"里克说："（这样做）没有任何好处。"荀息说："我和先君有言在先，不可以违背。哪能又想要实现诺言又要爱惜自己身体的？虽然没有什么好处，我又能够躲到哪里去呢？况且人想要做善事，谁又不像我一样呢？我想要不违背诺言而要对别人说不要那样做（指百姓对三位公子的诺言）吗？"

冬十月，里克在操办丧事的茅草屋里杀死了奚齐。《春秋》中记载："杀掉了他君主的儿子。"这是因为当时晋献公还没有入葬的缘故。荀息想要以死继之，有人说："不如立卓子（骊姬的妹妹和晋献公的孩子）为君主并辅助他。"荀息安葬了晋献公并立公子卓为君主。十一月，里克在朝中将公子卓杀死，荀息自杀。

君子说："《诗》中所说的'白圭中的污点，尚且可以抹掉；言语中的污点，却没有办法改变了。'荀息便是这样。"

秦、晋之战（僖公十五年）

【原文】

晋侯之入也①，秦穆姬属贾君焉②，且曰："尽纳群公子③。"晋侯烝于贾君，又不纳群公子，是以穆姬怨之。晋侯许赂中大夫，既而皆背之。赂秦伯以河外列城五④，东尽虢略，南及华山，内及解梁城⑤，既而不与。晋饥，秦输之粟；秦饥，晋闭之籴⑥，故秦伯伐晋。

卜徒父筮之⑦，吉："涉河，侯车败⑧。"诘之，对曰："乃大吉也，三败必获晋君。其卦遇《蛊》，曰：'千乘三去，三去之余，获其雄狐。'夫狐蛊，必其君也。《蛊》之贞，风也；其悔，山也。岁云秋矣⑨，我落其实而取其材，所以克也。实落材亡，不败何待？"

【注释】

①晋侯：晋惠公，夷吾。②秦穆姬、属：秦穆姬，晋献公的女儿，秦穆公的夫人；属，嘱托。③群公子：晋献公的儿子们，晋惠公的兄弟们。④秦伯：秦穆公。⑤解梁城：晋国地名，今山西永济市。⑥籴（dí）：购买粮食。⑦卜徒父：秦国卜官。⑧侯车：诸侯所乘的车。徒父认为其是晋惠公的战车，所以称之为大吉；而秦穆公则以为是自己的车，所以会诘问。⑨岁：时令。

【译文】

晋惠公从秦国返回晋国的时候，秦穆姬嘱托他好好照顾贾君（申生的夫人），并且说："要尽快将那些在外的公子们接回国。"晋惠公和贾君私通，又不愿接纳在外的公子们，所以秦穆姬非常怨恨他。晋惠公曾经许诺给秦国中大夫的礼物，不久后也都背弃了。（晋惠公）答应将黄河以外的五座城市送给秦穆公，东到虢略，南到华山，内到解梁城，后来也不给了。晋国闹饥荒的时候，秦国给他输送粟米；秦国闹饥荒的时候，晋国不让秦国购买粮食，所以秦穆公率兵讨伐晋国。

秦国徒父用蓍草占卜，大吉："秦军渡过黄河，侯车一定会战败。"秦穆公细问卦的事情，徒父回答说："是大吉之兆，打败他们三次肯定能够捕获晋惠公。卦中得到《蛊》，说：'千乘之师追赶三次，三次之后，便能够捕获那只雄狐。'雄狐，必定就是他们的君主了。《蛊》的内卦，为风；外卦，为山。如今时节已经是秋天，我们的风可吹落他们的果实而拿来他们的木材，所以能够战胜。果实掉落、木材丢失，不打败仗还要等待什么呢？"

【原文】

三败及韩①。晋侯谓庆郑曰②："寇深矣，若之何？"对曰："君实深之，可若何？"公曰："不孙③。"卜右④，庆郑吉，弗使。步扬御戎⑤，家仆徒为右，乘小驷，郑入也。庆郑曰："古者大事⑥，必乘其产，生其水土而知其人心，安其教训而服习其道⑦，唯所纳之⑧，无不如志。今乘异产，以从戎事，及惧而变，将与人易。乱气狡愤⑨，阴血周作⑩，张脉偾兴⑪，外强中干。进退不可，周旋不能，君必悔之。"弗听。

【注释】

①韩：地名，韩原，今山西韩城市西南方向。②庆郑：晋国大夫。③孙：同"逊"，恭逊。④卜右：用占卜的方式决定车右。古时候的战车，国君居中，左面是御者，右面是车右。⑤步扬：晋国大夫。⑥大事：古时候的人将战争和祭祀当作大事，这里代指战争。⑦服习：熟习。⑧纳：收容，接纳。⑨乱：紊乱。⑩阴血：体内的血液。⑪张、偾：张，同"胀"，膨胀，胀大；偾，同"坟"，凸起。

【译文】

晋国打了三次败仗，退守到了韩原。晋惠公对大夫庆郑说："敌人已经深入进来，我们该如何做呢？"庆郑回答说："实在是君主使他们深入进来的，还能怎么办呢？"晋惠公说："（这话说得）傲慢无礼。"于是便用占卜的方式决定车右的人选，庆郑为吉，但晋惠公不用。大夫步扬驾驶战车，车右为家仆徒，让小驷拉车，这是郑国进贡的马匹。庆郑说："古时候遇到战事，必定会让本国出产的马拉车，因为它是本土生长并能够熟知本国人的心思，能够听从国人调教而熟悉本国道路，不管把它放在哪里，没有不如意的地方。而今却用他国产的马拉车，用以战事，等到它遇到恐惧的事情而变化常态时，将会和人的意愿相左。气息紊乱暴躁易怒，体内血液四处转动，血脉膨胀凸起，外表看起来强壮而内部早已枯竭。进退两难，无法旋转，君主一定会后悔的。"晋惠公不听。

【原文】

九月，晋侯逆秦师①，使韩简视师②，复曰："师少于我，斗士倍我③。"公曰："何故？"对曰："出因其资，入用其宠，饥食其粟，三施而无报，是以来也。今又击之，我怠秦奋，倍犹未也。"公曰："一夫不可狃④，况国乎。"遂使请战，曰："寡人不佞⑤，能合其众而不能离也，君若不还，无所逃命。"秦伯使公孙枝对曰⑥："君之未入，寡人惧之，入而未定列⑦，犹吾忧也。苟列定矣⑧，敢不承命。"韩简退曰："吾幸而得囚⑨。"

【注释】

①逆：迎。②韩简：晋国大夫。③斗士：指的是士气昂扬的战士。④狃（niǔ）：轻慢。⑤不佞：不才。⑥公孙枝：秦国大夫。⑦定列：巩固君主位置。⑧苟：假如。⑨幸而得囚：意思是能够成为俘虏也是幸运的。

【译文】

九月，晋惠公迎战秦国军队，派遣大夫韩简窥察敌情，回来后说：“秦国军队比我们少，士兵志气却是我们的一倍。”晋惠公说：“是什么缘故呢？”韩简回答说：“您逃亡的时候得到过秦国的资助，回到晋国也是因为秦国的帮助，闹饥荒时吃的是他们送来的粟米，秦国的三次帮助都没有得到回报，所以他们才攻打过来了。如今我们还要还击，我们的军队懈怠而秦国的军队振奋，战士的斗志相差一倍或许都不止。”晋惠公说：“一个匹夫尚且还不可轻慢，更何况是一个国家。”于是便让韩简向秦国请战，说：“寡人不才，能够聚合众人却无法遣散他们，君主如果还不回去，我也无法逃避战争的命令了。”秦穆公派遣大夫公孙枝回答说：“您没有回到晋国的时候，我替您担忧，您回到晋国而君位还未巩固的时候，我也为您担忧。假如您的君位已经稳定了，我不敢不迎接作战命令。”韩简回去时说：“能够活着做俘虏就是我的幸运。”

【原文】

壬戌，战于韩原，晋戎马还泞而止①。公号庆郑②。庆郑曰：“愎谏违卜③，固败是求，又何逃焉？”遂去之。梁由靡御韩简，虢射为右，辂秦伯④，将止之⑤。郑以救公误之，遂失秦伯。秦获晋侯以归。晋大夫反首拔舍从之⑥。秦伯使辞焉，曰：“二三子何其戚也？⑦寡人之从晋君而西也⑧，亦晋之妖梦是践⑨，岂敢以至。”晋大夫三拜稽首曰：“君履后土而戴皇天，皇天后土实闻君之言，群臣敢在下风⑩。”

穆姬闻晋侯将至，以太子罃、弘与女简璧登台而履薪焉⑪，使以免服衰绖逆⑫，且告曰：“上天降灾，使我两君匪以玉帛相见，而以兴戎。若晋君朝以入，则婢子夕以死⑬；夕以入，则朝以死。唯君裁之⑭。”乃舍诸灵台。

【注释】

①泞：泥泞。②号：呼叫，求救。③愎谏：不听劝谏。④辂（yà）：同"迓"，迎战。⑤止：俘获。⑥反首、拔舍：反首，让头发从面部垂直而下，代指有哀伤之意；拔舍，拔掉营帐。⑦戚：忧伤。⑧从晋君：跟随晋君。⑨妖梦：晋国大夫狐突在曲沃的时候，曾遇到申生附在巫者身上，告诉他，上天要降罪于晋惠公，让他在韩原连败三次。妖梦代指这件事情。⑩敢在下风：在下面听从秦穆公的吩咐。⑪太子䓨（yīng）、弘、简璧：都是秦穆姬的孩子，䓨、弘为儿子，简璧是女儿。⑫免服、衰绖（dié）：指丧服。⑬婢子：谦称，指秦穆姬。⑭裁：考量，考虑。

【译文】

九月十四日，秦晋两国在韩原交战，晋国的战马在泥泞中打转无法出来。晋惠公求救于庆郑。庆郑说："您固执地不听劝谏而违背占卜的指示，您这是自求失败，又有何可逃的呢？"于是便离开了。梁由靡为韩简驾驭战车，车右为虢射，以此迎战秦穆公，想要把他抓住。庆郑让韩简去救晋惠公而耽误了时机，秦穆公趁机跑掉了。最后秦穆公俘虏了晋惠公而返回秦国。晋国大夫披散着头发拔掉营帐在后跟随。秦穆公让人安抚他们，说："你们这些人何必悲伤呢？寡人跟随晋军向西而行，也是因为让晋国的妖梦实现罢了，哪敢太过分。"晋国大夫三拜叩首说："君主脚踩后土而头顶皇天，皇天后土也都听到了君主的话，我们都在下面听从君主的吩咐。"

秦穆姬听说晋惠公被抓回来，便带着太子䓨、弘和女儿简璧登上了高台并且站在了一堆木柴上面，并让人带着丧服去迎接秦穆公，而且告诉他说："上天降下了灾祸，让我的两个君主无法以玉帛相见，却以战事相向。如若晋惠公早上被押解回都城，那么婢子我晚上便去死；如若晋惠公晚上被押解回来，那么我早上就去死。请君主好好考虑。"于是秦穆公只能把晋惠公安置在灵台（都城之外的一个宫室）。

【原文】

大夫请以入①。公曰："获晋侯，以厚归也②。既而丧归，焉用之？大夫其何有焉？且晋人戚忧以重我，天地以要我。不图晋忧，重其怒也；我食吾言，背天地也。重怒难任，背天不祥，必归晋君。"公子絷曰③："不如杀之，无聚慝焉④。"子桑曰："归之而质其大子，必得大成⑤。晋未可灭而杀其君，只以成恶。且史佚有言曰⑥：'无始祸，无怙乱⑦，无重怒。'重怒难任，陵人不祥。"乃许晋平。

【注释】

①请以入：请求（秦穆公）将晋惠公押进都城。②厚：丰厚。③公子絷（zhí）：秦国大夫。④聚慝（tè）：聚集罪恶。⑤大成：和解满意。⑥史佚：周武王的史官。⑦怙（hù）乱：依仗祸乱。

【译文】

秦国大夫请求秦穆公将晋惠公押进都城。秦穆公说："俘虏了晋惠公，并带回了丰厚的战利品。如若（因此事）发生丧事，又有什么用呢？大夫们又有何好处呢？更何况晋国人用他们的忧伤打动了我，以皇天后土来约束我。如果不顾及晋国人的忧愁，他们肯定会加倍憎恨我；如若我违背了自己的诺言，便是违背了对天地的承诺。我担当不起晋国人加倍的愤怒，背弃天地承诺也会引来不详，所以一定要把晋惠公放回去。"大夫公子絷说："不如把晋惠公杀掉，不要让他回去聚集对秦国的罪恶。"大夫子桑回答说："将晋惠公放回去并且让晋国太子作为人质，一定能够得到最好的和解方法。晋国还没有灭亡便杀掉了他们的君主，只能成就恶果。况且史佚曾经说过：'不要挑起祸端，不要依仗祸乱，不要加重怨怒。'怨怒加深而难以承担，欺凌他人而不祥瑞。"于是秦穆公便答应和晋国和解。

【原文】

晋侯使郤乞告瑕吕饴甥①，且召之。子金教之言曰："朝国人而以君命赏，且告之曰：'孤虽归，辱社稷矣。其卜贰圉也②。'"众皆哭。晋于是乎作爰田③。吕甥曰："君亡之不恤，而群臣是忧，惠之至也④。将若君何？"众曰："何为而可？"对曰："征缮以辅孺子⑤，诸侯闻之，丧君有君，群臣辑睦，甲兵益多，好我者劝，恶我者惧，庶有益乎！"众说⑥。晋于是乎作州兵⑦。

【注释】

①郤乞、瑕吕饴（yí）甥：郤乞，晋国大夫；瑕吕饴甥，晋国大夫，又为吕甥。②卜、贰、圉（yǔ）：卜，占卜；贰，继承者；圉，晋惠公的儿子，太子圉。③爱田：改变田税制度。④惠：仁爱。⑤孺子：太子圉。⑥说：通"悦"，高兴。⑦作州兵：变革兵制。一州为两千五百家，州兵属于地方武装。

【译文】

晋惠公派遣大夫郤乞（将这件事）告诉吕甥，并将他召到秦国。吕甥教给郤乞说："你把国人召来并以君主的名义奖赏他们，并且告诉他们说：'我虽然要回来了，但是却有辱于社稷。还是占卜一个好日期让太子圉继承君位吧。'"众人听后都哭了。于是晋国开始改变田税制度，把公家的税收奖励给众人。吕甥说："君主不顾及自己流亡在外，却忧虑国内群臣，这是最大的仁爱了。我们将如何对待君主呢？"众人说："如何对待才算可以呢？"吕甥回答说："征收赋税修缮武备以此来辅助太子圉，诸侯听说，我们虽然失去了君主却又有了新君，朝臣和睦，兵甲装备众多，和我们交好的国家会勉励我们，厌恶我们的国家会惧怕我们，这样或许会有好处吧！"众人听了都非常开心。于是晋国开始建立地方军事武备。

【原文】

十月，晋阴饴甥会秦伯①，盟于王城②。

秦伯曰："晋国和乎？"对曰："不和。小人耻失其君而悼丧其亲，不惮征缮以立圉也，曰：'必报仇，宁事戎狄。'君子爱其君而知其罪，不惮征缮以待秦命，曰：'必报德，有死无二。'以此不和。"秦伯曰："国谓君何③？"对曰："小人戚，谓之不免。君子恕，以为必归。小人曰：'我毒秦④，秦岂归君？'君子曰：'我知罪矣，秦必归君。贰而执之⑤，服而舍之，德莫厚焉，刑莫威焉。服者怀德，贰者畏刑。此一役也，秦可以霸。纳而不定，废而不立，以德为怨，秦不其然。'"秦伯曰："是吾心也。"改馆晋侯⑥，馈七牢焉⑦。

蛾析谓庆郑曰⑧："盍行乎？"对曰："陷君于败⑨，败而不死，又使失刑，非人臣也。臣而不臣，行将焉入？"十一月，晋侯归。丁丑，杀庆郑而后入。

是岁，晋又饥，秦伯又饩之粟⑩，曰："吾怨其君而矜其民。且吾闻唐叔之封也，箕子曰：'其后必大。'晋其庸可冀乎！姑树德焉以待能者。"于是秦始征晋河东，置官司焉。

【注释】

①阴饴甥：吕甥。②王城：秦国地名，今陕西大荔县东面。③国谓君何：晋国人对晋军的命运有何看法。④毒秦：伤害秦国人。⑤贰：叛离，这里指晋军和秦君想法不一样。⑥改馆晋侯：改变之前的态度并将晋惠公安置在了客馆。⑦七牢：礼遇之礼，指牛、猪、羊、米、薪、禾、刍。⑧蛾（yǐ）析：晋国大夫。⑨陷君于败：指当时庆郑不救晋惠公，而又耽误韩简捕获秦穆公的事情。⑩饩（xì）：赠送粮食。

【译文】

十月，晋国大夫吕甥拜会秦穆公，并在王城结盟。

秦穆公说："晋国现在和睦吗？"吕甥回答说："不和睦。下层百姓耻于君主失去而又哀于亲人战死，不忌惮征收赋税修缮武备而且还立太子圉，说：'一定要报仇，哪怕是侍奉戎狄（西北部的两个部族）。'贵族则爱戴他们的君主并知道他的罪过，也不忌惮征收赋税修缮武备以此来等候秦国的命令，说：'一定要报答秦国的恩德，即便死也不会有贰心。'国人因为这些而不和睦。"秦穆公说："晋国人对于晋惠公的命运有何看法？"吕甥回答说："百姓们都很忧伤，以为秦国不会赦免晋惠公。贵族都很宽容，认为秦国一定会把晋惠公放回来。下层百姓说：'我们伤害了秦国人，秦国岂会把君主放回来？'上层贵族说：'既然我们知道罪过了，秦国一定会把君主放回来的。心怀贰心所以才抓捕他，服从之后就会放了他，再也没有比这更丰厚的仁德了，再也没有比这更威严的刑罚了。认罪的人会心怀秦国的仁德，有贰心的人会畏惧秦国的刑罚。这一场战争，秦国可以称霸。（起初）秦国将晋惠公送回国却又不让他安于君位，废掉他而又没有另立新君，让过往的恩德变成了怨恨，秦国不会这么干的。'"秦穆公说："是我的心声啊。"于是便将晋惠公安置在客馆里，并赠送给他七牢做礼物。

晋国大夫蛾析对庆郑说："为何不逃走呢？"庆郑回答说："我当初把君主陷于溃败的境地，战败后也没有殉国，（如果我要逃走）又要让君主的刑罚失效，这不是人臣做的事。臣不像臣，又将逃到哪里去呢？"十一月，晋惠公回来。二十九日，晋惠公杀了庆郑而后才进入晋国都城。

这一年，晋国再次闹饥荒，秦穆公又赠送给他们粮食粟米，说："我怨恨他们的君主而怜悯他们的百姓。并且我听说唐叔（晋国始封之君）受封的时候，箕子说：'唐叔的后代一定会强大。'晋国的未来难道没有希望吗？我还是多建树仁德以等待有能的人出现。"于是秦国开始征收晋国河东的赋税，设置负责管理的官吏。

鲁僖公轻敌（僖公二十二年）

左传
全鉴
珍藏版

【原文】

邾人以须句故出师①。公卑邾，不设备而御之②。臧文仲曰③："国无小，不可易也。无备，虽众不可恃也。《诗》曰：'战战兢兢，如临深渊，如履薄冰。'又曰：'敬之敬之，天惟显思，命不易哉！'先王之明德，犹无不难也，无不惧也，况我小国乎！君其无谓邾小。蜂虿有毒④，而况国乎？"弗听。

八月丁未，公及邾师战于升陉⑤，我师败绩。邾人获公胄，县诸鱼门⑥。

【注释】

①邾（zhū）人以须句故出师：须句，国名，今山东东平县东面。僖公二十一年，邾国灭掉须句，因此鲁国攻打邾国，收复了须句，并且恢复了须句的君主位。②不设备：没有设下防备。③臧文仲：鲁国大夫。④蜂虿（chài）：蜂、蝎之类的有毒物体。⑤升陉：鲁国地名。⑥鱼门：邾国都城的大门。

【译文】

邾国人因鲁国收复须句并恢复须句君主位为由出兵攻打鲁国。鲁僖公轻视邾国，没有设下任何防备便前去迎战。臧文仲说："国家没有大小，不可以轻视。没有防备，虽然人多但也不可以依靠啊。《诗》中说：'战战兢兢，如临深渊，如履薄冰。'又说：'敬之敬之，天惟显思，命不易哉！'以先王的明德，犹且还没有免于困难，没有免于戒惧，更何况是我们这样的小国呢！君主您不可以认为邾国弱小啊。蜂虿这样的小虫都有毒，更何况是一个国家呢？"鲁僖公不听。

八月初八，鲁僖公在升陉和邾国军队交战，鲁国大败。邾国得到了鲁僖公的头盔，悬挂在邾国的城门上。

宋襄公论战（僖公二十二年）

【原文】

楚人伐宋以救郑。宋公将战①，大司马固谏曰②："天之弃商久矣③，君将兴之，弗可赦也已④。"弗听。

冬十一月己巳朔，宋公及楚人战于泓⑤。宋人既成列，楚人未既济⑥。司马曰："彼众我寡，及其未既济，也请击之。"公曰："不可。"既济而未成列，又以告。公曰："未可。"既陈而后击之，宋师败绩。公伤股，门官歼焉。

国人皆咎公。公曰："君子不重伤⑦，不禽二毛。古之为军也，不以阻隘也。寡人虽亡国之余，不鼓不成列。"子鱼曰⑧："君未知战。勍敌之人⑨，隘而不列，天赞我也。阻而鼓之，不亦可乎？犹有惧焉。且今之勍者，皆吾敌也。虽及胡耇⑩，获则取之，何有于二毛？明耻教战，求杀敌也，伤未及死，如何勿重？若受重伤，则如勿伤；爱其二毛，则如服焉。三军以利用也⑪，金鼓以声气也。利而用之，阻隘可也；声盛致志，鼓儳可也⑫。"

【注释】

①宋公：宋襄公。②固：公孙固，宋国大司马。③商：指殷商。宋

国是殷商的后代。④赦：宽恕。⑤泓：泓水，今河南柘城西北方向。⑥既济：渡过河。⑦重（chóng）伤：重复伤害。意为伤害已经受伤的人。⑧子鱼：鲁国宗室，公子鱼。⑨勍（qíng）：强大。⑩胡耇（gǒu）：长寿的意思，代指老人。⑪以利用：利用有利条件。⑫儳（chán）：不整齐。

【译文】

楚国人攻打宋国以支援郑国。宋襄公准备迎战，大司马公孙固进谏说："上天抛弃商朝已经很久了，君主想要复兴它，恐怕不会被上天宽恕啊。"宋襄公不听。

冬十一月初一，宋襄公和楚国人在泓水交战。宋国人摆好了阵列，楚国人却还没有渡过河。大司马又说："楚国军队多而我们军队少，趁着他们还没有全部渡过河，还请君主下令攻打他们。"宋襄公说："不可以。"楚国人渡过河还没有摆开阵列，司马又劝宋襄公进攻。宋襄公说："还不可以。"楚国人摆开阵列后宋国才发动攻击，宋国军队大败。宋襄公伤了大腿，亲兵也被楚军全部歼灭了。

宋国人都怪罪宋襄公。宋襄公说："君子不会伤害已经受伤的人，不会擒获老年人。古时候率军征战，不以险要的地方阻击敌人。寡人虽然是殷商的后代，但也不会攻打没有摆开阵列的敌军。"子鱼说："君主并不知道如何作战。强大的敌人，因地势险要而没有摆开阵列，这正是上天在辅助我们。击鼓阻击他，不也可以吗？（即便这样）也要担心能不能取胜。而且今天的强国，都是我们的敌人。即便是老年人，也应该把他们俘虏带回来，为何要管头发白不白呢？（让士兵）明白耻辱教其战术，只求杀死敌人，受伤还没有死的，又为何不能重复伤害呢？如果您不愿伤害已经受伤的人，那么不如一开始就不要伤害他们；您爱惜老年人，就不如顺服他们。三军作战要利用有利条件，击鼓是为了鼓舞士气。利用有利的条件，在狭隘的地方阻击敌人；鼓声大作可以鼓舞士气，攻打还没来得及整顿的敌军也是可以的。"

重耳回国（僖公二十三、二十四年）

【原文】

九月，晋惠公卒。怀公立①，命无从亡人②。期，期而不至，无赦。狐突之子毛及偃从重耳在秦③，弗召。冬，怀公执狐突，曰："子来则免。"对曰："子之能仕，父教之忠，古之制也。策名委质④，贰乃辟也。今臣之子，名在重耳，有年数矣。若又召之，教之贰也。父教子贰，何以事君？刑之不滥，君之明也，臣之愿也。淫刑以逞，谁则无罪？臣闻命矣。"乃杀之。

卜偃称疾不出，曰："《周书》有之：'乃大明服。'己则不明而杀人以逞，不亦难乎？民不见德而唯戮是闻，其何后之有⑤？"

【注释】

①怀公：晋怀公，太子圉。②亡人：指公子重耳。③狐突：晋国大夫。④委质：献上礼物。⑤何后之有：又有什么后代呢？

【译文】

九月，晋惠公去世。晋怀公即位，下令不能跟随在外逃亡的公子重耳等人。限定流亡者的回国期限，到期不回的，不会赦免。晋国大夫狐突的儿子狐毛和狐偃跟着公子重耳在秦国，狐突不愿把他们召回。冬天，晋怀公逮捕了狐突，说："你的儿子回来就可以赦免你。"狐突回答说："儿子出任官职，做父亲的要教给他们忠诚，这是古时候就有的制度。（初当官时）把名字写在简册上并献给他的主人，如果有贰心就是罪过。如今我的儿子，名字在重耳的简册上，已经有好多年了。如果又将他们召回，就是教导他们有贰心。父亲教给儿子贰心，又如何侍奉君主呢？刑罚之所以不被滥用，是因为君主的贤明，也是我的愿望。滥用刑罚以满足自己的私欲，谁又能没有罪过呢？我只有听命了。"于是晋怀公杀掉了他。

大夫卜偃称病不出门，说："《周书》中有记载：'贤明的君主才会使百姓信服。'自己不贤明却以杀人来满足私欲，不也很难维持吗？百姓看不到仁德而只听说杀戮，又哪里能有后代呢？"

【原文】

晋公子重耳之及于难也，晋人伐诸蒲城①。蒲城人欲战。重耳不可，曰："保君父之命而享其生禄，于是乎得人。有人而校②，罪莫大焉。吾其奔也。"遂奔狄。从者狐偃、赵衰、颠颉、魏武子、司空季子③。狄人伐廧咎如④，获其二女：叔隗、季隗，纳诸公子。公子取季隗，生伯鯈、叔刘⑤，以叔隗妻赵衰，生盾。将适齐⑥，谓季隗曰："待我二十五年，不来而后嫁。"对曰："我二十五年矣，又如是而嫁，则就木焉⑦。请待子。"处狄十二年而行。

【注释】

①蒲城：重耳的封地。②校：同"较"，较量，对抗。③狐偃、赵衰（cuī）、颠颉、魏武子、司空季子：狐偃，狐突的儿子，重耳的舅父；赵衰，晋国卿士；颠颉，晋国大夫；魏武子，晋国大夫；司空季子，晋国大夫。④廧咎如（qiáng gāo rú）：狄族的一支，重耳的母亲就是狄人。⑤鯈：读chóu。⑥适：前往。⑦木：棺材。

【译文】

晋国公子重耳遭遇祸乱的时候，晋献公的士兵攻打重耳的封地蒲城。浦城人想要出城迎战。重耳不答应，说："依仗父亲的命令才得以享受生存的俸禄，于是才得到了人们的拥护，得到百姓拥护却又要对抗（自己的父亲），真是莫大的罪过啊。我要逃走了。"于是便出逃狄国。狐偃、赵衰、颠颉、魏武子、司空季子五个人跟随。狄人征讨廧咎如，俘虏了两个女人：叔隗、季隗，并送给了公子重耳。公子重耳娶了季隗，生下伯偹、叔刘，赵衰娶了叔隗，生下盾。准备前往齐国的时候，重耳对季隗说："等我二十五年，我不回来你就改嫁。"季隗回答说："我已经二十五岁了，再过二十五年又再改嫁，就要进棺材了。请让我等你。"重耳在狄国住了十二年之后而离开。

【原文】

过卫。卫文公不礼焉。出于五鹿①，乞食于野人②，野人与之块③，公子怒，欲鞭之。子犯曰："天赐也。"稽首，受而载之。

及齐，齐桓公妻之④，有马二十乘⑤，公子安之。从者以为不可，将行，谋于桑下。蚕妾在其上⑥，以告姜氏⑦。姜氏杀之，而谓公子曰："子有四方之志，其闻之者吾杀之矣。"公子曰："无之。"姜曰："行也。怀与安，实败名。"公子不可。姜与子犯谋，醉而遣之。醒，以戈逐子犯。

及曹，曹共公闻其骈胁⑧，欲观其裸。浴，薄而观之⑨。僖负羁之妻曰⑩："吾观晋公子之从者，皆足以相国⑪。若以相，夫子必反其国。反其国，必得志于诸侯。得志于诸侯而诛无礼，曹其首也。子盍蚤自贰焉⑫。"乃馈盘飧⑬，置璧焉。公子受飧反璧。

及宋，宋襄公赠之以马二十乘。

【注释】

①五鹿：卫国地名，今河南濮阳县。②野人：乡下人。③块：土块。④妻之：指齐桓公把女儿嫁与重耳为妻。⑤乘（shèng）：四马一车是一乘。⑥蚕妾：养蚕的女奴。⑦姜氏：齐桓公的女儿。⑧骈：连接。⑨薄：同"迫"，逼近。⑩僖负羁：曹国大夫。⑪相国：辅助朝政。⑫盍：何不。⑬飧（sūn）：泛指熟食。

【译文】

重耳一行路过卫国。卫文公并不以礼待他。从五鹿出来，向乡下人乞讨食物，乡下人给了重耳一个土块，公子重耳很是恼怒，想要抽打他。狐偃说道："这是上天赐给我们的土地啊。"重耳稽首，接受了土块并将其放在车上。

重耳一行到达齐国，齐桓公将女儿嫁给重耳为妻，并给了他二十乘马车，重耳安于这种生活。跟随重耳的人认为这样不可以，准备离开，便在桑树下商讨对策。养蚕的女奴在树上听到了他们的对话，便将此告诉给了姜氏。姜氏把女奴杀掉，并对公子重耳说："你志向远大，听到你们说话的人我已经杀掉了。"公子重耳说："没有的事。"姜氏说："你走吧。留恋妻室乐于安逸，确实败坏前程。"公子重耳不愿意。姜氏便和狐偃合谋，将重耳灌醉后送走。重耳酒醒后，拿着长戈追打狐偃。

重耳一行来到曹国，曹共公听说重耳腋下的肋骨都是连接成片的，便想要观看他的裸体。等到重耳沐浴的时候，曹共公逼近前去观看。僖负羁的妻子说："我观察晋国公子重耳的随从，都足可以辅助朝政。如果让他们辅助朝政，重耳一定能够回国为君。他成了国家君主，一定能够称霸于诸侯。称霸诸侯就会征讨对他无礼的国家，曹国首当其冲啊。你何不早点证明自己的不同呢。"于是便赠送给重耳一盘熟食，里面放了一块玉璧。公子重耳接受了熟食送回了玉璧。

之后到达宋国，宋襄公赠送给他们二十乘马。

【原文】

及郑，郑文公亦不礼焉①。叔詹谏曰②："臣闻天之所启，人弗及也。晋公子有三焉，天其或者将建诸，君其礼焉。男女同姓，其生不蕃③。晋公子，姬出也，而至于今，一也。离外之患，而天不靖晋国，殆将启之，二也。有三士足以上人而从之④，三也。晋、郑同侪⑤，其过子弟，固将礼焉，况天之所启乎？"弗听。

【注释】

①郑文公：郑厉公的儿子，郑国君主。②叔詹：郑国大夫。③蕃：兴盛。④上人：才智超乎常人。⑤同侪：地位相等。

【译文】

重耳一行来到郑国，郑文公也不礼遇他们。郑国大夫叔詹进谏说："我听说上天所护佑的人，其他人是无法赶上的。晋国公子具备三个条件，上天或许要把他立为君主，您还是要以礼对待他们比较好。同姓的男女，他们的后代肯定不会兴盛。晋国公子重耳，父母都为姬姓，而他却活到今天，这是第一条。遭受外逃的祸患，而上天却不让晋国国内平定，恐怕是准备让他来平定了，这是第二点。有三个才智超乎常人的人跟随他，这是第三点。晋国、郑国地位相等，三个国家的子弟也经常往来，应该以礼招待他们，更何况是上天所扶持的人呢？"郑文公不听。

【原文】

及楚，楚子飨之①，曰："公子若反晋国，则何以报不穀②？"对曰："子女玉帛则君有之③，羽毛齿革则君地生焉。其波及晋国者④，君之余也，其何以报君？"曰："虽然，何以报我？"对曰："若以君之灵，得反晋国，晋、楚治兵，遇于中原，其辟君三舍⑤。若不获命，其左执鞭弭、右属櫜鞬⑥，以与君周旋。"子玉请杀之⑦。楚子曰："晋公子广而俭，文而有礼。其从者肃而宽，忠而能力。晋侯无亲⑧，外内恶之。吾闻姬姓，唐叔之后，其后衰者也，其将由晋公子乎。天将兴之，谁能废之。违天必有大咎^⑨。"乃送诸秦。

【注释】

①楚子、飨（xiǎng）：楚子，楚成王；飨，以酒食招待。②不穀（gǔ）：诸侯自身的谦称。③子女：男女奴隶。④波：同"播"，散播。⑤辟：通"避"，退避。⑥弨、属、櫜（gāo）、鞬（jiàn）：弨，弓；属（zhǔ），佩；櫜，箭囊；鞬，弓器。⑦子玉：楚国令尹。⑧晋侯：晋惠公。⑨咎：祸患。

【译文】

重耳来到了楚国，楚成王以酒食招待他，说："公子如若返回晋国为君，你要用什么来报答我呢？"重耳回答说："男女奴隶、玉帛您都有了，羽毛齿革是您国家的特产。那些散播到晋国土地的，是您剩余的，该如何报答您呢？"楚成王说："即便如此，你用什么报答我？"重耳回答说："如若得您护佑，我能够返回晋国，晋国、楚国交战，相遇于中原，我向后退避九十里。如若还没有得到您的退兵命令，那我只能左手拿着鞭子、弓箭，右侧挂着箭囊、弓器，以便和君主您周旋。"楚国令尹请求楚成王杀掉重耳。楚成王说："晋国公子有远大的志向并且生活节俭，言辞雅致而彬彬有礼。跟随他的人严肃而宽厚，忠诚而有能力。晋献公没有人亲近，内外的人都讨厌他。我听说姬姓中，唐叔的后代，是最后衰亡的人，或许就是要让晋国公子来振兴的吧。上天想要让他兴盛，谁又能让他衰败呢？违抗天意肯定会有大祸患。"于是便将他们送到了秦国。

【原文】

秦伯纳女五人，怀嬴与焉^①。奉匜沃盥^②，既而挥之。怒曰："秦、晋匹也^③，何以卑我！"公子惧，降服而囚。

他日，公享之^④。子犯曰："吾不如衰之文也。请使衰从。"公子赋《河水》，公赋《六月》。赵衰曰："重耳拜赐。"公子降，拜，稽首，公降一级而辞焉。衰曰："君称所以佐天子者命重耳，重耳敢不拜。"（僖公二十三年）

【注释】

①怀嬴：秦穆公的女儿。②奉匜沃盥（guàn）：奉，捧着；匜，洗手的器具；沃，浇；盥，洗手。③匹：同等。④享：宴请，招待。

【译文】

秦穆公给公子重耳五个女子作为姬妾，其中便有秦穆公的女儿怀嬴。（有一次，怀嬴）捧着盛满水的器具给重耳洗手，重耳洗完之后便驱逐怀嬴离开。怀嬴生气地说："秦国、晋国的地位相等，为什么要轻视我！"公子重耳有些害怕，便脱掉代表身份的衣服以此来拘禁自己。

有一天，秦穆公摆设酒食宴请重耳。子犯（对重耳）说："我不像赵衰那般有文采，还是派遣赵衰跟随吧。"（宴会上）公子重耳作了《河水》这首赋，秦穆公则作了《六月》这首赋。赵衰说："重耳起来拜谢恩赐。"公子重耳下阶，叩拜，稽首，秦穆公也走下一级台阶辞谢。赵衰说："君王用辅助天子的事情命令公子重耳，重耳岂敢不拜谢。"（僖公二十三年）

【原文】

二十四年春，王正月，秦伯纳之，不书①，不告入也。

及河，子犯以璧授公子，曰："臣负羁绁从君巡于天下②，臣之罪甚多矣。臣犹知之，而况君乎？请由此亡③。"公子曰："所不与舅氏同心者④，有如白水⑤。"投其璧于河。

济河，围令狐⑥，入桑泉⑦，取臼衰⑧。二月甲午，晋师军于庐柳⑨。秦伯使公子絷如晋师，师退，军于郇⑩。辛丑，狐偃及秦、晋之大夫盟于郇。壬寅，公子入于晋师。丙午，入于曲沃⑪。丁未，朝于武宫⑫。戊申，使杀怀公于高梁⑬。不书，亦不告也。

【注释】

①不书：指的是重耳回国这件事并没有记载在《春秋》一书中。②羁绁（xiè）：羁，马络头；绁，马缰绳。③亡：离开。④所不与舅氏同心者：所，如果；舅氏，指子犯，子犯是重耳的舅父。⑤有如白水：河神鉴之，古时人们发誓时的习惯用语。⑥令狐：晋国地名，在今山西临猗（yī）县。⑦桑泉：晋

国地名，今山西临猗县临晋镇东北方向。⑧白衰：晋国地名，今山西运城市。
⑨晋师：指晋怀公派军攻打重耳的军队。⑩郇（xún）：晋国地名，今山西临
猗县西南方向。⑪曲沃：晋国地名，今山西闻喜县东面。⑫武宫：重耳祖父
晋武公的庙。⑬高梁：晋国地名，今山西临汾东北方向。

【译文】

二十四年春，周历的正月，秦穆公将公子重耳送回了晋国，这件事情
并没有被《春秋》一书记载，是因为晋国并没有告诉鲁国这件事情。

到达黄河，子犯把玉璧交给公子重耳，说："臣随侍您巡走于天下间，
臣的罪过很多。臣尚且都知道，更何况是君主您呢？请允许臣从这里离
开。"公子重耳说："如果不能和舅父同心，有河神做见证。"于是（重耳）
便把玉璧投入黄河中。

重耳一行渡过黄河后，围攻令狐，又进入桑泉，夺取了白衰。二月四
日，晋怀公的军队在庐柳驻扎。秦穆公派遣公子絷前往晋军营中交涉，晋
军退兵，驻扎在郇地。二月十一日，狐偃以及秦、晋两国的大夫在郇地会
盟。二月十二日，公子重耳前往晋国军队。二月十六日，重耳到达曲沃。
二月十七日，重耳在晋武公的庙中朝见百官。二月十八日，重耳让人在高
梁杀死了晋怀公。这件事情也未被记载在《春秋》一书中，也是因为晋国
没有向鲁国通报这件事情的原因。

【原文】

吕、郤畏逼①，将焚公宫而弑晋侯②。寺人披请见③，公使让之，且
辞焉，曰："蒲城之役，君命一宿，女即至。其后余从狄君以田渭滨④，
女为惠公来求杀余，命女三宿，女中宿至。虽有君命，何其速也。夫祛
犹在，女其行乎。"对曰："臣谓君之入也，其知之矣。若犹未也，又将
及难。君命无二，古之制也。除君之恶，唯力是视。蒲人、狄人，余何有
焉。今君即位，其无蒲、狄乎？齐桓公置射钩而使管仲相⑤，君若易之⑥，
何辱命焉？行者甚众，岂唯刑臣。"公见之，以难告。三月，晋侯潜会秦
伯于王城⑦。己丑晦，公宫火，瑕甥、郤芮不获公，乃如河上，秦伯诱而

杀之。晋侯逆夫人嬴氏以归⑧。秦伯送卫于晋三千人，实纪纲之仆⑨。

【注释】

①吕、郤：吕甥，郤芮，都是晋国大夫。②公宫：君主居住的庭院。③寺人：宦官。④田：狩猎。⑤射钩：指管仲用箭射齐桓公的事情。公子小白和公子纠争夺君位的时候，管仲辅助公子纠，为了让公子纠登上君位，曾经用箭射过齐桓公。后来齐桓公听从鲍叔牙的建议，不计前嫌，让管仲做了晋国的国相。⑥易之：改变齐桓公的做法。⑦潜会：秘密相见。⑧逆：迎接。⑨纪纲：管理门户的事情。

【译文】

吕甥、郤芮恐惧祸乱临近，想要烧掉晋文公的住所并杀掉晋文公。宦官披请求朝见，晋文公派人斥责他，并且拒绝接见他，说："蒲城一战，君主下令让你第二天到达，你即刻就到来了。后来我跟随狄国君主在渭水边上狩猎，你为了晋惠公的命令来杀我，晋惠公命令你过三个晚上到达，你在第二个晚上就到了。虽然有君主的命令，可你的速度为何那么快。被你割断的袖子还保留着，你还是离开吧。"披回答说："臣认为君主回国之后，应该知道为君之道了。如若还没有了解，又将会面临灾祸了。执行君主命令决不能有二心，这是古时候的制度。除去君主所厌恶的，就要尽到自己全部的力量。蒲人、狄人，对我来说有什么关系呢。如今君主即位，心里也没有蒲人、狄人吧？齐桓公没有计较管仲射他的事情而让管仲当了齐国的国相，君主如果改变齐桓公的做法，（我会自行离开）何必再让您下命令呢？离开的人会有很多，哪会只有我一个受刑的人。"晋文公接见了他，披便把吕甥、郤芮的阴谋告诉了晋文公。三月，晋文公在王城和秦穆公秘密相见。三十日，晋文公的宫殿起火，吕甥、郤芮没有抓到晋文公，于是便去黄河边上寻找，秦穆公将他们骗过去并杀了他们。晋文公迎接夫人怀嬴回到晋国。秦穆公将三千卫士赠送给晋国，都是一些掌管门户之事的得力干将。

【原文】

初，晋侯之竖头须①，守藏者也②。其出也③，窃藏以逃，尽用以求纳之④。及入，求见，公辞焉以沐。谓仆人曰："沐则心覆⑤，心覆则图反，宜吾不得见也。居者为社稷之守⑥，行者为羁绁之仆⑦，其亦可也，何必罪居者？国君而仇匹夫，惧者甚众矣。"仆人以告，公遽见之⑧。

狄人归季隗于晋，而请其二子⑨。文公妻赵衰⑩，生原同、屏括、楼婴。赵姬请逆盾与其母，子余辞。姬曰："得宠而忘旧，何以使人？必逆之！"固请，许之，来，以盾为才，固请于公以为嫡子，而使其三子下之，以叔隗为内子，而己下之。（僖公二十四年）

【注释】

①竖头须：竖，指童仆；头须，童仆的名字。②守藏：保管库藏财务。③其出：晋文公流亡的时候。④求纳：想方设法让重耳回国。⑤沐则心覆：弯腰洗头则心就会向下颠覆。⑥居者：在国内留守的人。⑦行者：跟随出行的人。⑧遽：立刻。⑨请其二子：请求将季隗生的两个儿子留下。⑩妻：以女嫁。指的是下文中的赵姬。

【译文】

当初，晋文公的童仆里面有个叫头须的人，负责看管库藏财物。晋文公流亡的时候，头须盗窃了所有财物出逃，并倾尽财物以设法让晋文公回国。等到晋文公回国之后，

头须请求觐见，晋文公以洗头为由而拒绝见他。头须对仆人说："弯腰洗头则心就会向下颠覆，心若向下颠覆那么考虑问题时就会颠倒，所以我是见不到他了。在国内留守的人是为了国家社稷，跟随出行的人是为了随身服侍，这也都是可以的，为何要怪罪在国内留守的人呢？君主如若仇视普通人，那么恐惧的人就多了。"仆人把头须的话告诉晋文公，晋文公便立刻接见了头须。

狄人将季隗送回晋国，并请求将季隗的两个儿子留在狄国。晋文公将女儿嫁给赵衰为妻，生下了原同、屏括、楼婴。赵姬请求将盾和他的母亲叔隗迎回国，赵衰拒绝了。赵姬说："得到了新宠而忘记了旧人，还用什么派遣他人？一定要迎回来！"（赵姬）坚持请求，赵衰答应了，盾和其母亲回来后，（赵姬）认为盾很有才能，便固执地请求赵衰将赵盾立为嫡子，而让自己的三个儿子位于赵盾之下，并把叔隗立为赵衰的嫡妻，而自己位于她之下。（僖公二十四年）

介子推不言禄（僖公二十四年）

【原文】

晋侯赏从亡者，介子推不言禄①，禄亦弗及。推曰："献公之子九人，唯君在矣。惠、怀无亲，外内弃之。天未绝晋，必将有主。主晋祀者，非君而谁？天实置之，而二三子以为己力②，不亦诬乎？窃人之财，犹谓之盗，况贪天之功以为己力乎？下义其罪，上赏其奸，上下相蒙，难与处矣！"其母曰："盍亦求之，以死谁怼？"对曰："尤而效之，罪又甚焉，且出怨言，不食其食。"其母曰："亦使知之若何？"对曰："言，身之文也。身将隐，焉用文之？是求显也。"其母曰："能如是乎？与女偕隐。"遂隐而死。晋侯求之，不获，以绵上为之田③，曰："以志吾过，且旌善人。"

【注释】

①介子推：晋国贤臣，随重耳流亡的人之一。②二三子：指的是跟随重耳流亡的人。③绵上：地名，今山西介休县介山下面。

【译文】

晋文公封赏那些跟随自己流亡的人，介子推没有说俸禄的事情，俸禄赏赐也没有提到介子推。介子推说："晋献公有九个儿子，如今只有君主一个人在世了。晋惠公、晋怀公没有亲近的人，内外都丢弃了他们。上天没有灭绝晋国，就一定会有新的君主。主持晋国祭祀任务的，不是君主又将会是谁呢？这是上天要将他立为君主，而随从流亡的人却认为是自己的功劳，不也是诬陷吗？窃取他人的财物，犹且称之为盗，更何况是把上天的功劳贪为自己的力量呢？下臣将这种罪过当成道义，君主还赏赐这种罪过，上下相互欺蒙，很难再和他们相处了。"介子推的母亲说："你为何不去求赏，这样死去又能怨恨谁呢？"介子推回答说："明知道是错的而要去效仿，罪过就更大了，况且我已经说出了怨言，不能再吃他的俸禄了。"他的母亲说："也让他知道如何？"介子推回答说："言辞，是自身的纹饰。身体将要隐退，又何必再用纹饰呢？只不过是为了求得显露罢了。"他的母亲说："你可以这样做吗？我和你一起归隐。"于是便隐居至死。晋文公寻找他们，没有找到，便把绵上这个地方作为介子推的封田，说："以此来记载我的过错，并且要表彰好人。"

周襄王伐郑（僖公二十四年）

【原文】

郑之入滑也^①，滑人听命。师还，又即卫。郑公子士、泄堵俞弥帅师伐滑^②。王使伯服、游孙伯如郑请滑。郑伯怨惠王之入而不与厉公爵也，又怨襄王之与卫滑也^③，故不听王命而执二子。王怒，将以狄伐郑。

富辰谏曰^④："不可。臣闻之，大上以德抚民，其次亲亲以相及也。昔周公吊二叔之不咸^⑤，故封建亲戚以蕃屏周。管、蔡、郕、霍、鲁、卫、毛、聃、郜、雍、曹、滕、毕、原、酆、郇^⑥，文之昭也。邘、晋、应、韩^⑦，武之穆也。凡、蒋、邢、茅、胙、祭^⑧，周公之胤也^⑨。召穆公思周德之不类^⑩，故纠合宗族于成周，而作诗曰：'常棣之华^⑪，鄂不韡韡^⑫，凡今之人，莫如兄弟。'其四章曰：'兄弟阋于墙^⑬，外御其侮。'如是，则兄弟虽有小忿，不废懿亲^⑭。"

【注释】

①郑之入滑也：郑国攻入滑国。②公子士、泄堵俞弥：公子士，郑文公的儿子；泄堵俞弥，郑国大夫，泄堵寇。③卫滑：卫国、滑国。④富辰：周国大夫。⑤二叔：指管叔和蔡叔。⑥管、蔡、郕（chéng）、霍、鲁、卫、毛、聃、郜（gào）、雍、曹、滕、毕、原、酆（fēng）、郇：管，管叔鲜的封国，今河南郑州；蔡，蔡叔度的封国，今河南上蔡县；郕，叔武封国，今河南范县；霍，叔处封国，今山西霍州市的西南方向；鲁，周公旦封国，今山东曲阜；卫，康叔封国，今河南淇县；毛，叔郑封国，今陕西扶风；聃，季载封国，今湖北荆门市东南方向；郜，文王第十二个儿

子的封国，今山东成武县东南方向；雍，文王第十三个儿子的封国，今河南沁阳市东北方向；曹，曹叔振铎的封国，今山东定陶；滕，错叔绣的封国，今山东滕州；毕，毕公高的封国，今陕西咸阳市西北方向；原，文王第十六个儿子的封国，今河南济源市的西北方向；酆，文王子的封国，今陕西户县东面；郇，文王子的封国，今山西临猗县西南方向。⑦邘（yú）：武王次子的封国，今河南沁阳市西北方向。⑧凡、蒋、邢、茅、胙、祭（zhài）：凡，周公次子的封国，今河南辉县西南方向；蒋，周公第三子的封国，今河南固始县；邢，周公第四个儿子的封国，今河北邢台；茅，周公庶子的封国，今山东金乡县西北方向；胙，周公庶子的封国，今河南延津县北面；祭，周公第七个儿子的封国，今河南郑州市东北方向。⑨胤：后代。⑩召（shào）穆公：召康公的后代，周王的卿士。⑪常棣：甘棠。⑫铧铧（wěi wěi）：形容光明美貌。⑬阋（xì）于墙：墙内争吵。泛指内部不和。⑭懿亲：宗亲。

【译文】

郑国人攻入滑国，滑国人愿意听从（郑国）的命令。郑国军队返回后，滑国又立刻亲近卫国。郑文公的儿子公子士、郑国大夫泄堵俞弥带领军队征讨滑国。周襄王派遣伯服、游孙伯二人前往郑国为滑国求情。郑文公怨怼当初周惠王即位后不赐给郑厉公酒爵的事情，又怨恨周襄王袒护卫国和滑国，所以不听从周襄王的命令并将伯服、游孙伯二人逮捕。周襄王很是生气，准备让狄人讨伐郑国。

周国大夫富辰进谏说："不可以。我听说，最为上等的方法就是以德行来安抚民众，其次便是亲近自己的亲属并由此推己及人。昔日周公悼念管叔、蔡叔的不得善终，所以将土地分封给亲戚并设立诸侯来作周王室的屏障。管、蔡、郕、霍、鲁、卫、毛、聃、郜、雍、曹、滕、毕、原、酆、郇等地，都是周文王的儿子的封国。邘、晋、应、韩等地，都是周武王的儿子的封国。凡、蒋、邢、茅、胙、祭等地，则都是周公的后代的封国。召穆公考虑到周德的不善，便将宗族在成周集结起来，并作诗说：'甘棠的花，花萼光明貌美，如今的人们，却不如兄弟亲近。'诗的第四章说：'兄弟内部不和，外部遇到侮辱也要共同抵御。'如这样，那么兄弟之间即便有小的愤恨，也不能废除其宗亲关系。"

【原文】

"今天子不忍小忿以弃郑亲，其若之何？庸勋亲亲^①，昵近尊贤，德之大者也。即聋从昧，与顽用嚚^②，奸也大者也。弃德崇奸，祸之大者也。郑有平、惠之勋^③，又有厉、宣之亲^④，弃嬖宠而用三良^⑤，于诸姬为近^⑥，四德具矣。耳不听五声之和为聋，目不别五色之章为昧，心不则德义之经为顽，口不道忠信之言为嚚，狄皆则之，四奸具矣。周之有懿德也，犹曰'莫如兄弟'，故封建之。其怀柔天下也，犹惧有外侮，扞御侮者莫如亲亲，故以亲屏周。召穆公亦云。今周德既衰，于是乎又渝周、召以从诸奸，无乃不可乎？民未忘祸，王又兴之，其若文、武何？"王弗听，使颓叔、桃子出狄师^⑦。夏，狄伐郑，取栎。

【注释】

①庸勋：酬谢有功之人。②嚚（yín）：愚蠢而凶悍的人。③郑有平、惠之勋：郑国对周平王和周惠王都有功劳。周平王东迁，依靠的是郑国和晋国；周惠王出奔，郑国以礼相待。④厉、宣之亲：郑国的始封之祖，是周厉王的儿子，宣王的同母弟弟。⑤三良：叔詹、堵叔、师叔。⑥诸姬：众多姬姓的国家。⑦颓叔、桃子：同为周国大夫。

【译文】

"而今天子您忍受不了小小的愤怒而抛弃郑国这个亲戚，这又能怎么样呢？酬谢有功之人，亲近近臣尊敬贤人，是最大的德行；亲近耳聋的人跟随愚昧的人，支持鄙陋的人而任用愚蠢凶悍的人，是最大的奸恶呀。抛弃德行而推崇奸恶，是最大的祸患。郑国对平王、惠王都有功劳，还有厉王、宣王这门亲戚，丢弃宠臣而任用三良，这在各个姬姓国中属于近亲，具备了四种德行。耳朵不听五音相和是为耳聋，眼睛不辨五色之章是为愚昧，心中没有德义准则是为顽劣，口中不言忠信之语是为奸恶，狄人都是效仿这些的，四奸都具备了。周王朝有美德的时候，尚且还说'都不如兄弟',所以（为他们）分封土地设置诸侯。天下归附的时候，尚且还担心会有外敌入侵，抵御外敌的办法莫过于亲近亲属，所以以亲属作为周王朝的屏障。召穆公也是这样说的。如今周王室的德行既然已经衰败，这个时候又改变周公、召公的做法以服从各种邪恶，恐怕不可以吧？百姓还没有忘记祸患，君主却又要重新兴起，又把文王、武王置于何地呢？"周襄王不听，于是派遣颓叔、桃子率领狄人出征。夏，狄国讨伐郑国，占领了栎地。

【原文】

王德狄人^①，将以其女为后。富辰谏曰："不可。臣闻之曰：'报者倦矣，施者未厌^②。'狄固贪惏^③，王又启之，女德无极，妇怨无终，狄必为患。"王又弗听。

初，甘昭公有宠于惠后^④，惠后将立之，未及而卒。昭公奔齐，王复之，又通于隗氏^⑤。王替隗氏^⑥。颓叔、桃子曰："我实使狄，狄其怨我。"遂奉大叔^⑦，以狄师攻王。王御士将御之。王曰："先后其谓我何^⑧？宁使诸侯图之。"王遂出。及坎欿^⑨，国人纳之。

秋，颓叔、桃子奉大叔，以狄师伐周，大败周师，获周公忌父、原伯、毛伯、富辰^⑩。王出适郑，处于汜。大叔以隗氏居于温^⑪。

【注释】

①德：感谢。②厌：满足。③贪惏（lín）：贪婪。④甘昭公：王子带。周惠王的儿子，周襄王的弟弟。⑤隗氏：周襄王所立的狄后。⑥替：废除。⑦大叔：王子带，周襄王的异母弟弟。⑧先后：指的是惠后。⑨坎欿：周国地名，今河南巩义市东南方向。⑩忌父、原伯、毛伯、富辰：都是周襄王的大臣。⑪温：地名，今河南温县西南方向。

【译文】

周襄王答谢狄国人，准备迎娶狄国君主的女儿为后。富辰进谏说："不可以。我听说：'报恩的人都已经厌倦了，被给予的人却还没有满足。'狄国人本就贪婪，君主又要打开他们的本性，女子所受恩惠没有尽头，妇人的怨恨也不会有终了的时候，狄国必定会成为祸患。"周襄王又不听。

当初，甘昭公得到了惠后的宠爱，惠后想要立他为太子，只是还没有来得及（惠后）便死了。甘昭公出逃到齐国，周襄王让他回国后，他又和狄后隗氏有私情。周襄王废除隗氏。颓叔、桃子说："实在是我们让狄国人变成这样的，狄国人肯定会怨怼我们。"于是便侍奉王子带，并带领狄国军队攻打周襄王。周襄王的护卫准备抵御。周襄王说："先王后该如何评价我呢？宁愿让各个诸侯过来商讨计策。"于是周襄王出逃。到达坎欿后，都城的人又将他接了回去。

秋季，颓叔、桃子拥护王子带，并带狄国军队攻打周国，周国军队大败，并将周襄王的大臣忌父、原伯、毛伯、富辰四人俘虏。周襄王出逃到郑国，住在氾地。王子带和隗氏则居住于温地。

【原文】

冬，王使来告难曰："不穀不德，得罪于母弟之宠子带，鄙在郑地氾，敢告叔父。"臧文仲对曰："天子蒙尘于外，敢不奔问官守①。"王使简师父告于晋②，使左鄢父告于秦③。天子无出，书曰"天王出居于郑"，辟母弟之难也。天子凶服降名，礼也。

【注释】

①奔问官守：问候群臣。②简师父：周国大夫。③左鄢父：周国大夫。

【译文】

冬季，周襄王派遣使者将王子带的事情告诉（鲁国大夫臧文仲）说："我没有美德，得罪了母亲宠溺的弟弟王子带，我现在居住在郑国的氾地，胆敢以此报告给叔父。"臧文仲回答说："天子在外遭受苦难，群臣不敢不去慰问。"周襄王还派遣简师父将此事告诉晋国，又派遣左鄢父报告秦国。天子没有离开国家的，所以《春秋》一书中记载"天王出居于郑"，是为了躲避弟弟所带来的灾难。天子着凶服并降低自己的身份，是合乎礼仪的。

展喜说齐（僖公二十六年）

【原文】

夏，齐孝公伐我北鄙。卫人伐齐，洮之盟故也^①。

公使展喜犒师^②，使受命于展禽^③。齐侯未入竟，展喜从之，曰："寡君闻君亲举玉趾^④，将辱于敝邑，使下臣犒执事。"齐侯曰："鲁人恐乎？"对曰："小人恐矣，君子则否。"齐侯曰："室如县罄^⑤，野无青草，何恃而不恐？"对曰："恃先王之命。昔周公、大公股肱周室，夹辅成王。成王劳之而赐之盟，曰：'世世子孙，无相害也。'载在盟府，大师职之^⑥。桓公是以纠合诸侯而谋其不协，弥缝其阙而匡救其灾，昭旧职也。及君即位，诸侯之望曰：'其率桓之功^⑦。'我敝邑用不敢保聚^⑧，曰：'岂其嗣世九年而弃命废职^⑨，其若先君何？'君必不然。恃此以不恐。"齐侯乃还。

【注释】

①洮（táo）之盟：鲁僖公二十五年，鲁国、卫国、莒（jǔ）国在洮地

82

结盟。②公、展喜、犒师：公，鲁僖公；展喜，鲁国大夫；犒师，犒劳齐国军队。③展禽：展喜的哥哥，名为柳下惠，是春秋时期的贤臣。④玉趾：礼节用语，劳驾等意。⑤县（xuán）罄：一无所有。暗指鲁国内部空虚，国力疲弱。⑥大师：太史。⑦率：遵循。⑧保聚：保护城池聚合兵众。⑨弃命：背命。

【译文】

夏季，齐孝公率兵攻打我国（鲁国）北面边境。卫国军队征讨齐国，也是因为鲁卫结下洮地之盟的缘故。

鲁僖公派遣鲁国大夫展喜前去犒劳齐军，并且命令他向其哥哥展禽请教说辞。齐孝公还没有进入鲁国国境的时候，展喜便出境拜见他，说："我的君王听说您亲自举足大驾，准备光临我们国家，所以特意派遣下臣来犒劳左右将士。"齐孝公说："鲁国的人都害怕了吗？"展喜回答说："小人害怕了，君子则没有害怕。"齐孝公说："你们鲁国内部空虚，野外连青草都没有，又依仗着什么而不恐慌呢？"展喜回答说："依仗着先王的命令。昔日周公、太史辅助周王朝，是周成王的左右大臣。周成王慰劳他们并赏赐了两国盟约，说：'世世代代的子孙，都不能相互伤害。'这个盟约记载在盟府，由太史主管。齐桓公也正是因为此才联合诸侯而调和他们之间不协作的部分，纠正诸侯错误并救助他们于灾祸之中，这些都是为了彰显之前的职责。等到君主您即位之后，诸侯国都盼望说：'你能够继续发扬齐桓公的功业。'所以我们鲁国不敢保护城池、聚集兵众，说：'难道他即位九年便舍弃使命废弃了职责吗？又把先君齐桓公置于何地呢？'君主一定不能这么做。所以（我们鲁国）依仗着这些而不害怕。"于是齐孝公便收兵回去了。

晋文公教民（僖公二十七年）

【原文】

晋侯始入而教其民①，二年，欲用之。子犯曰："民未知义，未安其居。"于是乎出定襄王，入务利民，民怀生矣②，将用之。子犯曰："民未知信，未宣其用。"于是乎伐原以示之信。民易资者不求丰焉③，明征其辞④。公曰："可矣乎？"子犯曰："民未知礼，未生其共。"于是乎大蒐以示之礼⑤，作执秩以正其官，民听不惑而后用之。出谷戍⑥，释宋围⑦，一战而霸，文之教也。

【注释】

①晋侯始入：晋文公重耳于僖公二十四年回国为君。②怀生：安生。③易资：交换物资。④明征其辞：明码标价讲究信用。⑤大蒐：检阅军队。⑥出谷戍：让楚国在谷地驻守的军队撤离。⑦释宋围：解除楚军对宋国的围困。

【译文】

晋文公回国为君之后便教化他的百姓，两年之后，（晋文公）想要任用他们。子犯说："百姓还不知道道义，还没有安定他们的生活。"于是晋文公便帮助周襄王安定王位，此后又致力于百姓事宜，百姓生活安定了，（晋文公）又准备任用他们。子犯说："百姓还不知道何为信用，还没有宣扬信用的作用。"于是晋文公又征讨原地以此来彰显信用。百姓交换物资不求谋取丰厚的福利，明码标价并讲究诚信。晋文公说："可以了吗？"子犯说："百姓还不知道礼仪，还没有养成恭敬之心。"于是晋文公又检阅部队以此来彰显礼仪，设置管理官爵秩禄的官职以此来整肃官员职责，百姓听指挥辨是非而后再任用他们。（晋文公）将楚国在谷地驻守的军队赶走，解除了楚国对宋国的围困，经过城濮之战而称霸于诸侯，这都是晋文公教化的缘故。

城濮之战（僖公二十八年）

【原文】

二十八年春，晋侯将伐曹^①，假道于卫，卫人弗许。还，自南河济，侵曹，伐卫。正月戊申，取五鹿。二月，晋郤縠卒^②。原轸将中军^③，胥臣佐下军^④，上德也。晋侯、齐侯盟于敛盂^⑤。卫侯请盟^⑥，晋人弗许。卫侯欲与楚，国人不欲，故出其君以说于晋^⑦。卫侯出居于襄牛^⑧。

公子买戍卫^⑨，楚人救卫，不克。公惧于晋，杀子丛以说焉。谓楚人曰："不卒戍也^⑩。"

【注释】

①晋侯：晋文公重耳。②郤縠：晋国军队统帅，晋国大夫。③原轸：晋国大夫。④胥臣：又名司空季子。⑤敛盂：卫国地名，今河南濮阳市东南方向。⑥卫侯：卫成公。⑦说：同"悦"，取悦。⑧襄牛：卫国地名，今河南范县。⑨公子买：鲁国公子。⑩不卒戍：没有完成戍卫的任务。

【译文】

鲁僖公二十八年春，晋文公准备攻打曹国，于是便向卫国借道，卫国人没有应允。于是晋文公便带领军队返回，并从南河渡过黄河，侵入曹国后，又攻打卫国。正月初九，晋军占领了五鹿。二月，晋军统帅郤縠去世。于是原轸统率中军，胥臣辅佐下军，这是崇尚（原轸）德行的安排。晋文公、齐昭公在敛盂立下盟约。卫成公请求加入盟约，晋国人不允许。卫成公想要亲附楚国，卫国人不答应，所以（国人）便将卫成公赶走以此来取悦晋国。卫成公离开国都居住在襄牛。

鲁国公子买驻守卫国，楚国人救助卫国，没有攻克。鲁僖公忌惮晋国，于是便杀掉公子买以此来取悦晋国。并且对楚国人说："（杀公子买是因为）他没有完成驻守卫国的任务便想要回来。"

【原文】

晋侯围曹，门焉①，多死，曹人尸诸城上②，晋侯患之，听舆人之谋曰③："称舍于墓。"师迁焉，曹人凶惧，为其所得者棺而出之，因其凶也而攻之。三月丙午，入曹，数之④，以其不用僖负羁而乘轩者三百人也⑤，且曰："献状⑥。"令无入僖负羁之宫而免其族，报施也。魏犨、颠颉怒曰："劳之不图，报于何有！"爇僖负羁氏⑦。魏犨伤于胸，公欲杀之而爱其材，使问⑧，且视之。病，将杀之。魏犨束胸见使者曰："以君之灵，不有宁也？"距跃三百⑨，曲踊三百⑩。乃舍之，杀颠颉以徇于师，立舟之侨以为戎右。

【注释】

①门：攻打城门。②尸诸城上：将晋军尸体在城墙上一字摆开。③舆人：士兵。④数之：罗列其罪状。⑤僖负羁：曹国大夫。晋文公重耳流亡到曹国时，曹共公并不礼遇他，僖负羁曾经劝阻过曹共公，但曹共公不听。重耳从曹国离开时，僖负羁赠送给他一块玉璧，并以酒食款待了他。⑥献状：供认情况。⑦爇（ruò）：焚烧。⑧问：慰问。⑨距跃：向上跳。⑩曲踊：向前跳。

【译文】

晋文公围攻曹国，攻打城门，死伤很多，曹国人将晋军尸体一一陈列在城墙上，晋文公很是担忧，（晋文公）听到士兵们的计谋说："在曹国人的祖坟上驻扎。"于是晋文公便把军队迁到曹国人的祖坟上，曹国人因此而感到十分惊恐，将他们得到的晋军尸体装入棺材内并运送出城，晋军便趁着曹国人的恐惧而起兵进攻。三月十日，晋军攻入曹国都城，罗列出曹国君主的一条条罪状，责怪他不任用僖负羁却任用三百多乘车的佞臣，并且说："赶快供认实情吧。"晋文公下令士兵不能进入僖负羁的府邸并且赦免了他的族人，以此来报答当时对他的恩惠。魏犫、颠颉生气地说："不封赏有功之人，又有什么恩惠可报答的！"于是便焚烧了僖负羁的家。魏犫的胸部受了伤，晋文公想要杀掉他可又爱惜他的才华，于是便派人前去慰问，并观察他的伤情。伤势严重，就准备杀了他。魏犫将胸口束起来接见使者说："有君主护佑，不是好好的吗？"于是向上跳了三百下，向前跳了三百下。晋文公便放过他，而杀掉颠颉并通报军中，并让舟之侨作为车右。

【原文】

宋人使门尹般如晋师告急①。公曰："宋人告急，舍之则绝，告楚不许②。我欲战矣，齐、秦未可③，若之何？"先轸曰："使宋舍我而赂齐、秦，藉之告楚④。我执曹君而分曹、卫之田以赐宋人。楚爱曹、卫，必不许也。喜赂怒顽，能无战乎？"公说，执曹伯，分曹、卫之田以畀宋人⑤。

【注释】

①门尹般：宋国大夫。②告楚不许：请楚军撤军，楚国人不答应。③未可：没有答应。④藉：依靠。⑤畀（bì）：给予。

【译文】

宋国人派遣大夫门尹般前往晋国军队报告急情。晋文公说："宋国人告知情况危急，如若丢弃他们就会和他们断绝关系，如果请楚国撤军，楚国也不会答应。我们想要和楚国作战，齐国、秦国肯定不同意，该怎么办呢？"先轸说："让宋国舍下我们而去贿赂齐国、秦国，依靠这两个国家让楚国撤围。我们则抓捕曹国君主而把曹国、卫国的田地赏赐给宋国人。楚国袒护曹国、卫国，他们一定不会允许。齐国、秦国喜欢宋国的贿赂而厌恶楚国的顽劣，能不参战吗？"晋文公很是高兴，便抓捕了曹国君主，将曹国、卫国的田地给予宋国人。

【原文】

楚子入居于申①，使申叔去谷②，使子玉去宋③，曰："无从晋师④。晋侯在外十九年矣，而果得晋国。险阻艰难，备尝之矣；民之情伪，尽知之矣。天假之年，而除其害。天之所置，其可废乎？《军志》曰⑤：'允当则归。'又曰：'知难而退。'又曰：'有德不可敌。'此三志者⑥，晋之谓矣。"子玉使伯棼请战⑦，曰："非敢必有功也，愿以间执谗慝之口。"王怒，少与之师，唯西广、东宫与若敖之六卒实从之⑧。

【注释】

①楚子：楚成王。②申叔：楚国将领，申公叔侯。③子玉：楚国令尹。④无从：不要追赶。⑤《军志》：古时候的军事著作。⑥志：记载。⑦伯棼：斗伯比的孙子。⑧西广、东宫、若敖：西广，楚军分为左右广，西广就是右广；东宫，军队的名字；若敖，楚武王的祖父，军队便以此为名。

【译文】

楚成王回到国内并居住在申地，随后又让申叔离开谷地，让子玉撤离宋国，说："不要去追赶晋国军队。晋文公在外流亡了十九年，最后终于得到了晋国。艰难险阻，他几乎全部都尝过了；民情真假，他也都知道。上天赏赐给他很高的年寿，而帮助他除去祸害。上天所安排的君主，又有谁能够废掉呢？《军志》上说：'要适可而止。'又说：'要知难而退。'又说：'有德行的人是天下无敌了。'这三项记载，晋国可以称得上了。"子玉派遣伯棼请求出战，说："不敢说一定有功劳，但愿能够以此来堵住奸邪小人之口。"楚成王发怒，只给了他一小部分军队，仅有右广、东宫和若敖的六百士兵跟随他。

【原文】

子玉使宛春告于晋师曰①："请复卫侯而封曹②，臣亦释宋之围。"子犯曰："子玉无礼哉！君取一③，臣取二，不可失矣。"先轸曰："子与之④。定人之谓礼⑤，楚一言而定三国，我一言而亡之。我则无礼，何以战乎？不许楚言，是弃宋也。救而弃之，谓诸侯何？楚有三施⑥，我有三怨⑦，怨仇已多，将何以战？不如私许复曹、卫以携之⑧，执宛春以怒楚，既战而后图之。"公说，乃拘宛春于卫，且私许复曹、卫。曹、卫告绝于楚⑨。

【注释】

①宛春：楚国大夫。②复卫侯：让卫成公返回卫国都城。③君：指晋文公。④与：答应。⑤定人：安定人心。⑥三施：宋国、曹国、卫国都得到好处。⑦三怨：宋国、曹国、卫国都不满意。⑧携：离间。⑨告绝：宣告断绝关系。

【译文】

子玉派遣大夫宛春前往晋国军中说："请求让卫成公回卫国都城并将封地还给曹国，臣也解除楚军对宋国的围困。"子犯说："子玉真是无礼啊！给君主的只有解除围困一项，而要求君主的却有复卫侯、封曹两项，不可以错过这个作战时机。"先轸说："君主答应他的要求。安定人心称之为礼，楚国一句话可以安定三个国家，而我们一句话却能够让它们灭亡。我们如此无礼，又拿什

么来作战呢？不答应楚国的要求，就是丢弃宋国。救了宋国而又抛弃他，诸侯又该怎么看呢？楚国可以让宋国、曹国、卫国得到好处，而我们却只能让宋国、曹国、卫国怨恨，怨仇已经很多了，又将凭借什么作战呢？不如私下里许诺恢复曹国和卫国以此来离间他们的关系，然后逮捕宛春以激怒楚成王，先作战之后再另行计策。"晋文公听了很开心，于是便将宛春拘禁在卫国，并且私下里许诺恢复曹国、卫国。曹国、卫国宣告和楚国断绝关系。

【原文】

子玉怒，从晋师①。晋师退。军吏曰："以君辟臣，辱也。且楚师老矣②，何故退？"子犯曰："师直为壮，曲为老③。岂在久乎？微楚之惠不及此④，退三舍辟之，所以报也。背惠食言，以亢其仇，我曲楚直。其众素饱，不可谓老。我退而楚还，我将何求？若其不还，君退臣犯，曲在彼矣。"退三舍。楚众欲止，子玉不可。

【注释】

①从：主动攻打。②老：楚军长期作战，士气衰退。③曲：师出无名。④楚之惠：重耳流亡时，楚成王曾对其礼遇有加。

【译文】

子玉很是恼怒，便主动出击攻打晋国军队。晋国军队撤退。军中将领说："君主避让下臣，这是耻辱。而且楚军因长期作战而士气低下，为何要撤退呢？"子犯说："率军打仗，理直便为气壮，师出无名便为气衰。哪里在于作战时间长短呢？如若没有楚成王当时的礼遇我们也到达不了这个地方，退避三舍避开他们，也是为了报答他们当时的恩惠。背弃恩惠而抛弃诺言，以此来抵抗敌军，我们师出无名而楚军理直气壮。再加上楚军的士气向来饱满，不可以称之为士气衰败。我们避让而楚军撤回，我们还有什么可要求的？如果楚军不回，君主撤退而臣下犯上，理亏的就是他们了。"于是晋军退避三舍。楚军想要停步，但子玉不同意。

【原文】

夏四月戊辰，晋侯、宋公、齐国归父、崔夭、秦小子慭次于城濮^①。楚师背鄩而舍^②，晋侯患之，听舆人之诵，曰："原田每每^③，舍其旧而新是谋。"公疑焉。子犯曰："战也。战而捷，必得诸侯。若其不捷，表里山河，必无害也。"公曰："若楚惠何？"栾贞子曰^④："汉阳诸姬，楚实尽之^⑤，思小惠而忘大耻，不如战也。"晋侯梦与楚子搏，楚子伏己而盬其脑^⑥，是以惧。子犯曰："吉。我得天，楚伏其罪，吾且柔之矣。"

【注释】

①宋公、国归父、崔夭、小子慭（yìn）、城濮：宋公，宋成公；国归父，齐国卿士；崔夭，齐国大夫；小子慭，秦穆公的儿子；城濮，卫国地名，今山西。②鄩（xī）：地名，今山东省东阿县南。③原田：平原上的田地。④栾贞子：晋国卿士。⑤尽之：消灭。⑥盬（gǔ）：吸。

【译文】

夏季四月初一，晋文公、宋成公、齐国的国归父、齐国大夫崔夭、秦穆公的儿子小子慭在城濮驻扎。楚国军队背靠险峻山峦驻扎，晋文公很担忧，并听士兵们的诵诗，说："平原上的田地很肥美，丢掉旧的而耕耘新的。"晋文公对此心有疑虑。子犯说："作战。战而胜，就一定能够得到诸侯的支持。如若不胜，晋国外有黄河内有太行山，也没有什么害处。"晋文公说："对于楚国的恩惠该如何做呢？"栾贞子说："汉水往北的姬姓诸侯国，楚国早就把他们消灭掉了。一味地思量过去的小恩惠而忘记了大耻辱，不如出战了。"晋文公夜里做梦和楚成王搏斗，楚成王趴在自己的身上而吸吮自己的脑浆，晋文公很是害怕。子犯说："这是吉利的征兆。我们得上天护佑（指的是梦中晋文公脸部朝上），楚国俯身认了自己的罪过（梦中楚成王脸面朝下），我们将要以柔来制服他们了。"

【原文】

子玉使斗勃请战^①，曰："请与君之士戏^②，君冯轼而观之，得臣与寓目焉。"晋侯使栾枝对曰："寡君闻命矣。楚君之惠未之敢忘，是以在此。

为大夫退，其敢当君乎？既不获命矣，敢烦大夫谓二三子：'戒尔车乘，敬尔君事，诘朝将见'③。"

【译文】

子玉派斗勃向晋文公请战，说："请求和君王的将士进行体力比赛，君王您可以倚靠在车横木上观看，我将和您一同观看。"晋文公派遣栾枝回答说："我听到了你的命令。楚成王的恩惠至今都不敢忘记，所以我们才撤退到这个地方。我们认为大夫您已经撤兵了，难道还敢阻挡君主吗？既然得不到贵国撤军的命令，那么劳烦大夫告诉楚国诸臣：'准备好你们的兵车，忠诚于你们君主的事宜，明天早上将会再次见面'。"

【原文】

晋车七百乘，韅、靷、鞅、靽①。晋侯登有莘之虚以观师②，曰："少长有礼，其可用也。"遂伐其木以益其兵。己巳，晋师陈于莘北，胥臣以下军之佐当陈、蔡。子玉以若敖六卒将中军，曰："今日必无晋矣。"子西将左③，子上将右。胥臣蒙马以虎皮，先犯陈、蔡。陈、蔡奔，楚右师溃。狐毛设二旆而退之④。栾枝使舆曳柴而伪遁⑤，楚师驰之。原轸、郤溱以中军公族横击之⑥。狐毛、狐偃以上军夹攻子西，楚左师溃。楚师败绩。子玉收其卒而止，故不败。

晋师三日馆谷⑦，及癸酉而还。甲午，至于衡雍⑧，作王宫于践土。

【注释】

①韅（xiǎn）、靷（yǐn）、鞅（yāng）、靽（bàn）：韅，套在牲畜腹部的皮带；靷，引导车子前进的皮带；鞅，马匹拉车的时候套在马脖子上的皮套；靽，驾车的时候套在牲畜后面的皮带。这里泛指装备齐整。②莘（shēn）之虚：古莘国时期的废墟，今曹县西北方向。③子西：楚国司马。④狐毛、旆（pèi）：狐毛，狐偃的哥哥；旆，带有飘带的军旗。⑤伪遁：假装逃跑。⑥公族：晋国公族子弟组成的队伍。⑦馆、谷：馆，驻扎；谷，吃楚

军积存的粮食。⑧衡雍：郑国地名，今河南原阳县西南方向。

【译文】

晋国率领七百辆战车，装备齐整。晋文公登上莘国废墟来检阅军队，说："长幼有序合乎礼仪，是可以任用的。"于是便砍伐树木以添加士兵们的器械。初二日，晋国军队在莘国以北摆开阵势，胥臣辅佐下军以抵挡陈、蔡的军队。子玉以若敖六百名士兵为中军，说："今天一定消灭晋国。"子西率领左军，子上率领右军。胥臣将虎皮蒙在马上，先是攻打陈、蔡两军。陈、蔡两军溃散而逃，楚国右师溃逃。狐毛将两面带有飘带的军旗竖起而撤退。栾枝让车子拖着树枝以假装逃跑，楚国军队追击。原轸、郤溱率领中军里面的公族从中间阻击。狐毛、狐偃则带领上军夹攻子西的军队，楚国左师溃逃。楚国军队大败，子玉早早地便收兵停止追击了，所以他率领的楚军并没有战败。

晋国军队在楚国馆休整了三天并食用楚国积存的粮食，到了四月初六晋军回国。四月二十七日，晋军到达衡雍，在践土为周襄王建筑了一座宫殿。

【原文】

乡役之三月①，郑伯如楚致其师②，为楚师既败而惧，使子人九行成于晋③。晋栾枝入盟郑伯。五月丙午，晋侯及郑伯盟于衡雍。丁未，献楚俘于王，驷介百乘④，徒兵千。郑伯傅王，用平礼也⑤。己酉，王享醴，命晋侯宥。王命尹氏及王子虎、内史叔兴父策命晋侯为侯伯⑥，赐之大辂之服⑦、戎辂之服，彤弓一，彤矢百，玈弓矢千⑧，秬鬯一卣⑨，虎贲三百人。曰："王谓叔父，敬服王命，以绥四国。纠逖王慝⑩。"晋侯三辞，从命。曰："重耳敢再拜稽首，奉扬天子之丕显休命。"受策以出，出入三觐。

【注释】

①乡役之三月：指以前作战之前的三个月。乡，以前，过去；役，代指城濮之战。②郑伯：郑文公。③子人九：郑国大夫。④驷介：由四匹带

有铠甲的马所引的战车。介，指披有铠甲。⑤平礼：周平王用款待晋文侯的礼节来款待晋文公。⑥尹氏、王子虎：尹氏，周国的卿士；王子虎，周国的卿士。⑦大辂（lù）：天子所用的大型车。⑧旅（lú）弓矢千：十把黑色的弓，一千支箭。旅，指黑色。⑨秬鬯（chàng）一卣（yǒu）：秬鬯，古时候使用郁金香和黑黍所酿制的酒，主要是祭祀用，有时也会以此封赏给有功的诸侯。卣，古时候盛酒的容器。⑩纠逖（tì）：督察惩处。

【译文】

城濮之战前的三个月，郑文公将军队派到楚国以听从楚国的派遣，后又因楚国军队大败而心生恐惧，于是便派遣大夫子人九前往晋国求和。晋国大夫栾枝前往郑国和郑文公立下盟约。五月初九，晋文公和郑文公在衡雍会盟。五月初十，晋文公将楚国的俘虏献给了周襄王：一百乘披着铠甲的战车，一千名步兵。郑文公采用的礼节，用的是当时周平王接待晋文侯时的礼节。十二日，周襄王摆下酒食来款待晋文公，并让晋文公给自己敬酒。周襄王又命令尹氏和王子虎、内史叔兴父以策书来任命晋文公为侯伯，并赏赐给他祭祀时天子所用的大型车和服饰、兵礼时所用的戎辂和服饰，一把红色的弓，一百支红色的箭，十把黑色的弓一千支箭，一卣秬鬯酒，三百武士。说："周襄王对叔父说，恭敬地顺服周天子的命令，以此来安定诸侯。督察并惩治周王朝的奸恶之人。"晋文公三辞三谢，便听从了命令。说："重耳应该再一次稽首，以奉收和宣扬周天子的大明和美好的命令。"晋文公接受策文并离开了周国都城，晋文公从来到走朝见周天子共三次。

【原文】

卫侯闻楚师败，惧，出奔楚，遂适陈，使元咺奉叔武以受盟①。癸亥，王子虎盟诸侯于王庭，要言曰："皆奖王室，无相害也。有渝此盟，明神殛之②，俾队其师③，无克祚国④，及而玄孙，无有老幼。"君子谓是盟也信，谓晋于是役也能以德攻。

【注释】

①元咺（xuān）：卫国大夫。②殛（jí）：惩罚。③俾队其师：让其军队灭亡。④祚（zuò）：享有。

【译文】

卫成公听到楚国军队大败的消息，心里很恐惧，出逃到楚国后，又投奔到陈国，并派遣大夫元咺侍奉叔武前去接受了盟约。二十六日，周国卿士王子虎在王庭和各个诸侯结下了盟约，并约定说："都是侍奉周天子的人，不要相互侵害了。如若违背这个盟约，圣明的神灵便会处罚他，让他的军队灭亡，不能再享有他的国家，并波及他的后代子孙，不论老幼。"君子认为这次会盟是有信用的，并认为晋国在城濮之战中能够用德行来攻打楚军。

【原文】

初，楚子玉自为琼弁玉缨①，未之服也。先战②，梦河神谓己曰："畀余，余赐女孟诸之麋。"弗致也。大心与子西使荣黄谏③，弗听。荣季曰："死而利国，犹或为之，况琼玉乎？是粪土也，而可以济师，将何爱焉？"弗听。出，告二子曰："非神败令尹，令尹其不勤民④，实自败也。"既败，王使谓之曰："大夫若入，其若申、息之老何？"子西、孙伯曰："得臣将死，二臣止之曰：'君其将以为戮。'"及连谷而死⑤。晋侯闻之而后喜可知也，曰："莫余毒也已！蔿吕臣实为令尹⑥，奉己而已，不在民矣。"

【注释】

①琼弁（biàn）：镶着玉的马冠。②先战：作战之前。③大心：子玉的

儿子，也就是宋伯。④不勤民：不以民事为重。⑤连谷：楚国地名。⑥蒍吕臣：楚国大夫。

【译文】

当初，楚国子玉自己制作了镶有玉石的马冠马鞅，还没有使用过。作战之前，子玉梦到了河神对自己说："你给我帽子，我将赏赐给你孟诸的水草地。"子玉并没有把帽子送给他。子玉的儿子大心和子西派遣荣黄劝谏，子玉不听。荣黄说："死而能够有利于国家，姑且还要去做，更何况是小小的玉石呢？（玉石）不过是粪土罢了，而它既然可以令军队成功，又有什么可爱护的呢？"子玉不听。荣黄从子玉那里回来后，告诉子西和大心说："并不是神明打败了令尹，而是令尹不懂得以民事为重，实在是自求败仗啊。"不久子玉便失败了，楚成王派人对他说："（申、息的子弟大都伤亡）如果大夫回来了，该如何向申、息的父老交代呢？"子西、大心回答说："子玉原本是要自杀的，被我们两个人制止说：'君主肯定准备杀你的。'"到了连谷之后子玉自杀而死。晋文公听说这件事情后很高兴，说："没有人再来毒害我了！蒍吕臣当了令尹，他只是为了自己，而不是为了百姓。"

【原文】

或诉元咺于卫侯曰："立叔武矣。"其子角从公，公使杀之。咺不废命，奉夷叔以入守。

六月，晋人复卫侯。甯武子与卫人盟于宛濮①，曰："天祸卫国，君臣不协，以及此忧也。今天诱其衷，使皆降心以相从也。不有居者，谁守社稷？不有行者，谁扞牧圉？不协之故，用昭乞盟于尔大神以诱天衷②。自今日以往，既盟之后，行者无保其力，居者无惧其罪。有渝此盟，以相及也。明神先君，是纠是殛。"国人闻此盟也，而后不贰。卫侯先期入③，甯子先，长牂守门④，以为使也，与之乘而入。公子歂犬、华仲前驱。叔孙将沐，闻君至，喜，捉发走出，前驱射而杀之。公知其无罪也，枕之股而哭之。歂犬走出，公使杀之。元咺出奔晋。

96

【注释】

①宁武子、宛（yuān）濮：宁武子，卫国大夫；宛濮，地名，今河南长垣县南面。②天衷：天心。③先期：在约定的日期之前。④长牂（zāng）：卫国大夫。

【译文】

有人在卫成公面前诬陷元咺说："立叔武为君主。"元咺的儿子角跟随卫成公身边，卫成公便派人杀了他。元咺并没有因为这件事情而不听从卫成公的命令，继续侍奉叔武回国管理政事。

六月，晋国人恢复了卫成公的地位。宁武子和卫国人在宛濮会盟，说："上天降祸给卫国，君主和臣子之间不和谐，所以才会有这般忧患。如今上天护佑我们国家，让大家可以放下戒心来相互遵从。如若国内没有留守的人，那么谁来守卫国家社稷呢？没有随行的人，谁又来捍卫牧养牛马的人呢？这是不和谐的原因，所以大家要在神明面前明确地宣誓以求得上天的保佑。从今天开始，结盟之后，跟随的人不能依仗自己的功劳，在内留守的人也不能惧怕罪过。如若违背这个盟约，祸患就会降落在他的身上。圣明的神灵和先君在上，将会加以惩戒和诛杀。"卫国人听到这个盟约后，不再有贰心。卫成公在约定日期之前进入都城，宁武子在他之前回城，长牂负责守卫城门，以为他是君主的使者，便和他共乘一辆车进入都城。公子颛犬、华仲是前驱。叔武刚刚要洗头，便听说君主到了，心中大喜，握着头发便跑出来迎接，前驱将他射杀了。卫成公知道叔武是没有罪的，便枕在他的大腿上痛哭流涕。颛犬出逃，卫成公派人杀了他。元咺则逃亡到晋国。

【原文】

城濮之战，晋中军风于泽，亡大旆之左旃。祁瞒奸命①，司马杀之，以徇于诸侯，使茅茷代之。师还。壬午，济河。舟之侨先归，士会摄右。秋七月丙申，振旅②，恺以入于晋。献俘授馘③，饮至大赏，征会讨贰。杀舟之侨以徇于国，民于是大服。

君子谓："文公其能刑矣，三罪而民服④。《诗》云：'惠此中国，以绥四方。'不失赏刑之谓也。"

【注释】

①奸命：违背军令。②振旅：整顿军队。③馘（guó）：割掉了左耳。④三罪：舟之侨、颠颉、祁瞒。

【译文】

城濮之战，晋国中军在沼泽地遇到了大风天气，丢失了前军的左旗。祁瞒违背了军令，司马便将他杀死了，以此通报各个诸侯，并让茅茷替代他。晋军返回。六月十六日，晋军渡过黄河。舟之侨先行回去，士会则暂代右军一职。六月三十日，军队凯旋，奏响凯歌进入晋国都城。在太庙将俘虏和敌人的左耳献上，并在太庙慰劳将士犒赏军队，征召诸侯国攻打有贰心的国家。将舟之侨杀掉并昭告全国，于是百姓们都顺服了。

君子认为："晋文公善于利用刑罚，杀掉三个罪人而让百姓臣服。《诗》中说：'用此来恩惠于中原的国家，以此来安抚四方的诸侯。'说的就是晋文公赏罚分明啊。"

【原文】

冬，会于温，讨不服也。

卫侯与元咺讼，甯武子为辅，鍼庄子为坐①，士荣为大士。卫侯不胜。杀士荣，刖鍼庄子②，谓甯俞忠而免之。执卫侯，归之于京师，置诸深室③。甯子职纳橐饘焉④。元咺归于卫，立公子瑕。

是会也，晋侯召王，以诸侯见，且使王狩。仲尼曰："以臣召君，不可以训。"故书曰："天王狩于河阳。"言非其地也，且明德也⑤。

【注释】

①坐：代理，古时候君主不参与诉讼，所以会找人代替。②刖（yuè）：剁掉双脚。③深室：囚室。④职纳橐饘（tuó zhān）：负责送衣服食物。⑤明德：彰显晋文公的勤王美德。

【译文】

冬季，各诸侯国在温地会盟，商讨攻打不服从的国家。

卫成公和元咺争相诉讼，宁武子为卫成公的辅助人，鍼庄子为卫成公的代理人，士荣为治狱官。卫成公没有胜利。于是晋国便让人杀了士荣，剁掉了鍼庄子的双脚，又认为宁武子忠诚而赦免了他的罪行。晋国抓捕了卫成公，并带着他返回京师，安置在囚室里面。宁武子则负责给他送衣服食物。元咺返回卫国，并立公子瑕为君主。

这次会盟，晋文公将周襄王召请过来，并且率领各诸侯朝见，并让周襄王狩猎。仲尼说："以臣子的身份来召请君主，是无法作为法则的。"所以《春秋》一书中记载："周天子在河阳狩猎。"说出了那里并非是周天子的土地，也以此彰显了晋文公的勤王之德。

【原文】

晋侯有疾，曹伯之竖侯獳货筮史^①，使曰以曹为解："齐桓公为会而封异姓，今君为会而灭同姓。曹叔振铎，文之昭也。先君唐叔，武之穆也。且合诸侯而灭兄弟，非礼也。与卫偕命，而不与偕复，非信也。同罪异罚，非刑也。礼以行义，信以守礼，刑以正邪，舍此三者，君将若之何？"公说，复曹伯，遂会诸侯于许。

晋侯作三行以御狄，荀林父将中行，屠击将右行，先蔑将左行。

【注释】

①曹伯：曹伯，曹共公。

【译文】

晋文公生病了，曹共公身边的小臣侯獳便贿赂晋国掌管卜噬的官员，想让他将晋文公灭曹的事情当作晋文公生病的缘由说："齐桓公召集会盟并封赏异姓诸侯，而君主主持会盟却是灭了同姓诸侯。曹叔振铎，是周文王的儿子。先君唐叔，是周武王的儿子。你联合各诸侯而灭掉了自己的兄弟，这并不是以礼做的事。曹国和卫国一样都得到了复国的命令，却没有和卫国一起复国，这并不是以信用做的事。相同的罪过不同的处罚，并不符合刑法。礼才能够施行仁义，信用才可以维护礼仪，刑法则用来纠正邪恶。将这三者舍去，君主您想要做什么呢？"晋文公听了很高兴，便恢复了曹共公的君主之位。于是在许国和各诸侯国举行会盟。

晋文公为了抵御狄人而设置了三行，中行由荀林父率领，右行由屠击率领，而左行则由先蔑统率。

烛之武退军（僖公三十年）

【原文】

九月甲午，晋侯、秦伯围郑，以其无礼于晋①，且贰于楚也②。晋军函陵③，秦军氾南④。佚之狐言于郑伯曰⑤："国危矣，若使烛之武见秦君⑥，师必退。"公从之。辞曰："臣之壮也，犹不如人，今老矣，无能为也已。"公曰："吾不能早用子，今急而求子，是寡人之过也。然郑亡，子亦有不利焉。"许之，夜缒而出⑦，见秦伯，曰："秦、晋围郑，郑既知亡矣。若亡郑而有益于君，敢以烦执事^⑧。越国以鄙远^⑨，君知其难也，焉用亡郑以陪邻？邻之厚，君之薄也。若舍郑以为东道主，行李之往来，共其乏困，君亦无所害。且君尝为晋君赐矣，许君焦、瑕^⑩，朝济而夕设版焉，君之所知也。夫晋何厌之有？既东封郑，又欲肆其西封，若不阙秦^⑪，将焉取之？阙秦以利晋，唯君图之。"秦伯说，与郑人盟，使杞子、逢孙、扬孙戍之^⑫，乃还。

子犯请击之，公曰："不可。微夫人力不及此。因人之力而敝之^⑬，不仁。失其所与^⑭，不知。以乱易整，不武。吾其还也。"亦去之。

【注释】

①无礼于晋：当初重耳流亡到郑国的时候，郑文公并没有对他以礼相待。②贰于楚：当时郑国和晋国有盟约，同时又交好于楚国，并在晋楚交战时，郑国将军队交给楚国调遣。③函陵：郑国地名，今河南新郑北。④氾（fàn）南：郑国地名，今河南中牟县南面。⑤佚之狐：郑国大夫。⑥烛之武：郑国大夫。⑦缒（zhuì）：用绳子拴人或物自高往下而送。⑧执事：负责的人。⑨鄙远：占领远方的国家。⑩焦、瑕：晋国地名，今河南陕县附近。⑪阙：损害、亏欠。⑫杞子、逢孙、扬孙：都是秦国大夫。⑬因人之力：借助他人的力量。⑭与：结盟。

【译文】

九月初十，晋文公、秦穆公率军围攻郑国，以当初郑文公对重耳无礼，对晋国怀有二心并偏袒楚国为由。晋军在函陵驻扎，秦军在氾南驻扎。郑国大夫佚之狐对郑文公说："国家危险了，如果派遣烛之武去劝谏秦穆公，秦国军队一定会撤军。"郑文公听从了他的建议。烛之武推辞道："我年轻的时候，尚且还不如他人，如今年事已高，已经无能为力了。"郑文公说："我没有早早地任用您，如今因为形势紧急而求于您，是我的过错。然而如果郑国灭亡，对您也是不利的呀。"烛之武答应了，趁夜用绳子从城墙悬挂而下，前去拜见秦穆公，说："秦国、晋国围攻郑国，郑国已经知道将要灭亡了。如果灭了郑国而对君主您有利，那就劳烦您负责发起进攻吧。秦国要想跨过邻国而以郑国远方的土地作为城邑，君主您也知道是非常困难的，又用得着灭掉郑国来增加邻国的土地吗？邻国的实力增强，而君主您的实力就会更加薄弱。如果放弃灭郑并让郑国作为东道主，贵国的往来事宜，郑国还能够为其提供所缺乏的东西，对君主您也没有什么坏处。况且君主您曾经对晋文公有恩惠，晋文公也曾经许诺将焦、瑕之地赠送给您，可他早上刚刚渡过黄河晚上便开始建设城墙以此来防守秦国，君主您是知道的。晋国什么时候又满足过呢？晋国已经用郑国来扩充它东面的土地，又想要扩充它西边的土地，如若不损害秦国，它又该上哪儿去扩充呢？损害秦国以利于晋国，还请君主您好好考量吧。"秦穆公听后很开心，便和郑国人立下盟约，派遣杞子、逢孙、扬孙在郑国防守，自己带兵返回秦国。

子犯请求追击秦军，晋文公说："不可以。如若没有秦穆公的力量我们也走不到今天。借助他人的力量而又去损害他人的利益，这并不是仁德的表现。丢失了同盟的国家，这是不明智的体现。以矛盾替代团结，这是不勇武的体现。我们也返回吧。"于是晋国撤军返回。

秦、晋崤之战（僖公三十二、三十三年）

【原文】

冬，晋文公卒。庚辰，将殡于曲沃，出绛①，柩有声如牛②。卜偃使大夫拜③。曰："君命大事④。将有西师过轶我⑤，击之，必大捷焉。"

杞子自郑使告于秦⑥，曰："郑人使我掌其北门之管⑦，若潜师以来，国可得也。"穆公访诸蹇叔⑧，蹇叔曰："劳师以袭远，非所闻也。师劳力竭，远主备之⑨，无乃不可乎！师之所为，郑必知之。勤而无所⑩，必有悖心。且行千里，其谁不知？"公辞焉^⑪。召孟明、西乞、白乙^⑫，使出师于东门之外。蹇叔哭之，曰："孟子^⑬，吾见师之出而不见其入也。"公使谓之曰："尔何知？中寿^⑭，尔墓之木拱矣。"蹇叔之子与师^⑮，哭而送之，曰："晋人御师必于崤^⑯。崤有二陵焉^⑰。其南陵，夏后皋之墓也^⑱；其北陵，文王之所辟风雨也。必死是间，余收尔骨焉。"秦师遂东。（僖公三十二年）

【注释】

①绛：晋国的都城，今山西翼城县东南方向。②柩：放有尸体的棺材。③卜偃：郭偃，晋国大夫，主管占卜事宜。④大事：兵事。⑤过轶：经过。秦国要攻打郑国，就必须借道于晋国。⑥杞子：秦国的将领，当时在郑国驻守。⑦管：钥匙。⑧蹇叔：秦国大夫。⑨远主：代指郑国。⑩无所：没有用武之地。⑪辞：没有接受建议。⑫孟明、西乞、白乙：这三个人都是秦国的将领。⑬孟子：指孟明。⑭中寿：寿命中等，代指60～80岁。⑮与师：参加出征。⑯崤（xiáo）：山名，今河南洛宁县西北方向。⑰二陵：指下文中的南陵和北陵。⑱夏后皋：夏桀的祖父。

【译文】

冬季，晋文公去世。十二月初十，将要在曲沃出殡，离开晋国都城绛地，（晋文公的）棺材响声如牛。卜偃让大夫们跪拜。说："君主将要宣布战事命令。不久之后西方的军队将会从我们国家的边境经过，一定要阻击他们，必定可以获得大捷。"

杞子从郑国派人前来告诉秦穆公，说："郑国人让我掌管北门的钥匙，如若偷偷派兵，可以得到郑国。"秦穆公去探访蹇叔并向他请教，蹇叔说："劳顿军队而去袭击远方的土地，从未听说过。军队疲劳力气衰竭，郑国也做了防备，恐怕不行吧！我们军队的所作所为，郑国一定知道。辛苦却又一无所获，军中肯定会生起背离之心。况且军队要行进千里，又有谁不知道呢？"秦穆公并没有接受建议。秦穆公召见孟明、西乞、白乙三位将领，并让他们在东门之外率军出征。蹇叔痛哭，说："孟明，我能看到军队出发而看不到军队回城了。"秦穆公派人对他说："你为何知道？如果你只有中等寿命，你坟墓上的树都有合抱那么粗了。"蹇叔的儿子也跟随出征，蹇叔哭着送他，说："晋国军队一定会在崤山防御我们的军队。崤山有南陵和北陵。南陵，是夏后皋的墓地所在；北陵，是当初周文王躲避风雨的地方。你肯定会在这两座山之间死去，我就去那里收你的尸骨。"于是秦国军队开始东征。（僖公三十二年）

【原文】

三十三年春，秦师过周北门①，左右免胄而下。超乘者三百乘。王孙满尚幼②，观之，言于王曰："秦师轻而无礼③，必败。轻则寡谋，无礼则脱。入险而脱，又不能谋，能无败乎？"及滑，郑商人弦高将市于周④，遇之。以乘韦先⑤，牛十二犒师，曰："寡君闻吾子将步师出于敝邑⑥，敢犒从者，不腆敝邑⑦，为从者之淹，居则具一日之积，行则备一夕之卫。"且使遽告于郑。

【注释】

①周北门：周国都城的北门。②王孙满：周襄王的孙子。③轻：轻佻。④市于周：在周国经商。⑤以乘韦先：先送熟牛皮四张当作礼物。韦，熟牛皮。⑥步师：行军。⑦腆：丰厚。

【译文】

三十三年春天，秦国军队经过周国都城的北门，车左、车右都摘下头盔下车。随后又有三百乘将士又轻轻一跃登车走了。周襄王的孙子满尚且年幼，看到了这番景象，对周襄王说："秦国军队轻佻无礼，一定会打败仗。轻佻的人少谋略，无礼的人不戒备。进入险要的地方却又疏于防备，又不能谋略，能不败吗？"秦国军队到达滑国，郑国商人弦高准备去周国做生意，正好和秦国军队相遇。于是便先用四张熟牛皮当礼物，用十二头牛犒劳将士，说："我们的君主听说您要从我们国家经过，特意让我来犒劳您的左右随从，我们国家虽然不富裕，但为了贵国士兵的居留，您居住一天我们将提供一天的食物，您继续行进便准备一晚的护卫。"并且弦高又派人将这一情况报告给郑国。

【原文】

郑穆公使视客馆①，则束载、厉兵、秣马矣②。使皇武子辞焉③，曰："吾子淹久于敝邑，惟是脯资饩牵竭矣④。为吾子之将行也，郑之有原圃，犹秦之有具囿也，吾子取其麋鹿以闲敝邑，若何？"杞子奔齐，逢孙、扬孙奔宋。孟明曰："郑有备矣，不可冀也。攻之不克，围之不继⑤，吾其还也。"灭滑而还。

【注释】

①客馆：秦国三位将领在郑国驻扎所住的地方。②束载、厉兵、秣马：束载，捆好什物；厉兵，磨砺兵器；秣马，喂饱马匹。③皇武子：郑国大夫。④脯资饩牵：代指食物。⑤不继：没有后继之师。

【译文】

郑穆公派人前去秦国将领所住的客馆视探，只见他们已经捆好了什物、磨砺了兵器、喂饱了马匹。于是郑穆公又派大夫皇武子前去辞谢，说："各位在我们国家驻扎了很久，只是我们国家的粮食已经竭尽了。如今你们准备回去了，郑国的原圃，犹如秦国的具囿，你们可以狩猎一些麋鹿以便让我们国家得以休息，觉得如何呢？"杞子逃亡到齐国，逢孙、扬孙逃亡到宋国。孟明说："郑国有防备啊，不可以抱什么希望了。攻打它没办法取胜，围困它我们也没有后继之师，我们还是回去吧。"于是灭掉滑国后返回秦国。

【原文】

晋原轸曰："秦违蹇叔，而以贪勤民①，天奉我也。奉不可失，敌不可纵。纵敌患生，违天不祥。必伐秦师。"栾枝曰："未报秦施而伐其师，其为死君乎？"先轸曰："秦不哀吾丧而伐吾同姓②，秦则无礼，何施之为？吾闻之，一日纵敌，数世之患也。谋及子孙，可谓死君乎？"遂发命，遽兴姜戎。子墨衰绖③，梁弘御戎④，莱驹为右⑤。

【注释】

①以贪勤民：因为贪心而劳苦百姓。②同姓：晋国、郑国、滑国都属于姬姓之国。③子墨衰绖（cuī dié）：晋襄公将丧服染成了黑色。④梁弘：晋国大夫。⑤莱驹：晋国大夫。

【译文】

晋国的原轸说："秦穆公违背了蹇叔的建议，因为自己的贪婪而劳苦秦国的百姓，这是上天赐给我们的机会。机会不可以失去，敌人不可以纵容。纵容敌军就会惹来祸患，违背天意则会带来不详。一定要出兵征伐秦国军队。"栾枝说："没有报答秦国的恩惠反而去征伐秦国的军队，为死去的君主想过吗？"先轸说："秦穆公不哀伤我们的丧事却去征讨我们的同姓国家，秦国那么无礼，又有什么恩惠可言呢？我听说，纵容敌人一天，就会引来几世的祸患。为了子孙谋略，也算是为了死去的君主吧？"于是便发号施令，紧急动员姜戎的部队。晋文公的儿子晋襄公穿着已经染成黑色的丧服出征，梁弘负责驾驭战车，莱驹作为车右。

【原文】

夏四月辛巳，败秦师于殽，获百里孟明视、西乞术、白乙丙以归，遂墨以葬文公，晋于是始墨①。

文嬴请三帅②，曰："彼实构吾二君③，寡君若得而食之，不厌，君何辱讨焉！使归就戮于秦，以逞寡君之志，若何？"公许之。先轸朝，问秦囚。公曰："夫人请之，吾舍之矣。"先轸怒曰："武夫力而拘诸原，妇人暂而免诸国。堕军实而长寇仇④，亡无日矣。"不顾而唾。公使阳处父追之⑤，及诸河，则在舟中矣。释左骖，以公命赠孟明。孟明稽首曰："君之惠，不以累臣衅鼓，使归就戮于秦，寡君之以为戮，死且不朽。若从君惠而免之，三年将拜君赐。"

秦伯素服郊次⑥，乡师而哭曰："孤违蹇叔以辱二三子，孤之罪也。不替孟明，孤之过也。大夫何罪？且吾不以一眚掩大德⑦。"（僖公三十三年）

【注释】

①遂墨以葬文公，晋于是始墨：晋军在殽山袭击秦国军队，大胜。由此之后，晋国便经常采用黑色的丧服。②文嬴：秦穆公的女儿，晋文公的妻子，晋襄公的嫡母。③构：离间。④堕：同"毁"。⑤阳处父：晋国大夫。⑥素服：凶服。⑦眚（shěng）：过错。

【译文】

夏季四月十三日，晋军在殽山打败秦国军队，捕获了百里孟明视、西乞术、白乙丙而归，于是便穿着黑色的丧服安葬了晋文公，晋国便是从这时开始采用黑色丧服的。

文嬴请求晋襄公放掉秦国的三位将领，说："就是他们在离间我们两国君主的关系，君主您如果得到他们并吃掉他们，也不会满足，又何必麻烦您再去征伐他们呢！放他们走以使他们在秦国就死，以此来满足君主您的志向，如何呢？"晋襄公答应了。先轸前来朝见晋襄公，并问起秦国三

位将领的事情。晋襄公说:"母亲为他们求情,我放了他们。"先轸生气地说:"将士们费尽全力才把他们从战场上抓捕回来,妇人的几句话就把他们放回国。毁掉了我们军队的战争果实而增长了敌军的力量,晋国离灭亡不远了。"说完不顾晋襄公的面子就往地上吐唾沫。晋襄公派遣阳处父追赶他们,到达黄河边上时,三个人都已经乘上了船。阳处父解开战车左边的骖马,并且以晋襄公的名义赠送给孟明。孟明视稽首说:"君主的恩惠,不以罪臣的血液来祭祀战鼓,还让我们回到秦国接受刑罚,我们的君主如若杀掉我们,死后也有不朽的名声。如果能够依照(晋国)君主的恩惠免了我们的罪,三年之后我们还会来叩谢(晋国)君主的恩赐的。"

秦穆公身穿素服驻扎在郊外,对着战败而归的军队哭着说:"我没有听从蹇叔的建议而使各位蒙受屈辱,是我的罪过。没有让孟明撤退,我的过错。大夫又有什么罪过呢?况且我不会因为一件小小的过错而遮掩了大德。"(僖公三十三年)

卷六　文公

狼瞫之勇（文公元年、二年）

【原文】

殽之役，晋人既归秦帅，秦大夫及左右皆言于秦伯曰："是败也，孟明之罪也，必杀之。"秦伯曰："是孤之罪也。周芮良夫之诗曰①：'大风有隧，贪人败类②，听言则对，诵言如醉，匪用其良，覆俾我悖。'是贪故也，孤之谓矣。孤实贪以祸夫子③，夫子何罪？"复使为政。（文公元年）

【注释】

①芮良夫：周厉王的卿士。②类：良善。③夫子：指孟明。

【译文】

殽山一战，晋国人将秦国的三位主帅放回，秦国大夫以及其左右都对秦穆公说："之所以失败，都是孟明视的罪过，一定要杀了他。"秦穆公说："是我的罪过。周厉王卿士芮良夫的诗中说：'大风疾猛会摧毁一切，人性贪婪会击败良善，顺耳的言论是对的，逆耳的忠谏让人有些昏醉，不任用良才，让我违背了道义。'是因为贪婪的缘故，我就是这样的啊。我的贪婪给孟明带来了祸患，孟明又有什么罪呢？"于是又恢复了孟明的执政权力。

【原文】

二年春，秦孟明视帅师伐晋，以报殽之役。二月晋侯御之①。先且居将中军，赵衰佐之。王官无地御戎，狐鞫居为右。甲子，及秦师战于彭衙②。秦师败绩。晋人谓秦"拜赐之师"。

战于崤也，晋梁弘御戎，莱驹为右。战之明日，晋襄公缚秦囚，使莱驹以戈斩之。囚呼，莱驹失戈，狼瞫取戈以斩囚③，禽之以从公乘，遂以为右。箕之役④，先轸黜之而立续简伯。狼瞫怒。其友曰："盍死之？"瞫曰："吾未获死所。"其友曰："吾与女为难⑤。"瞫曰："《周志》有之，'勇则害上，不登于明堂。'死而不义，非勇也。共用之谓勇。吾以勇求右，无勇而黜，亦其所也。谓上不我知，黜而宜，乃知我矣。子姑待之。"及彭衙，既陈，以其属驰秦师，死焉。晋师从之，大败秦师。

君子谓："狼瞫于是乎君子。诗曰：'君子如怒，乱庶遄沮⑥。'又曰：'王赫斯怒，爰整其旅。'怒不作乱而以从师，可谓君子矣。"（文公二年）

【注释】

①晋侯：晋襄公。②彭衙：秦国地名，今陕西白水县彭衙堡。③狼瞫（shěn）：晋国的武士。④箕之役：晋国和狄国曾经在箕地作战，晋国获胜。⑤为难：发难，指杀死原轸这件事。⑥遄（chuán）沮：疾止。

【译文】

二年春天，秦国孟明视率军攻打晋国，以报崤之役之仇。二月晋襄公率兵抵御。中军由先且居统帅，赵衰辅佐他。王官无地负责驾驭战车，车右由狐鞫担任。二月七日，晋军和秦军在彭衙作战。秦国军队大败。晋国人称秦军为"拜谢恩赐的军队"。

在崤山作战的时候，晋国梁弘负责驾驭兵车，莱驹担任车右。开战的第二天，晋襄公便俘虏了秦国

的士兵，让莱驹用戈砍下他们的头。秦国俘虏大喊大叫，莱驹不小心丢掉了戈，狼瞫便拿着戈斩掉了秦国俘虏的脑袋，抓着莱驹追上了晋襄公的战车，于是晋襄公便让他担任车右。箕之役的时候，先轸将狼瞫罢免并立续简伯为车右。狼瞫很生气。他的朋友说："为什么不去死？"狼瞫说："我还没有找到一个死的地方。"他的朋友说："我帮你杀掉先轸吧。"狼瞫："《周志》中有记载，'因勇猛而杀害长官的，死后是无法进入明堂的。'虽死却不义，这并不是勇敢。死为国家才称得上勇敢。我就是凭借勇敢而求得车右一职，又因为没有勇敢而被罢黜了官位，这也是理所应当的。认为上面的人不了解，但罢黜得当，也算是了解我了。你姑且还是等等看吧。"到达彭衙，晋军摆开阵势，狼瞫带着他的下属冲入秦国军队，最后战死。晋国军队随后也冲上去，打败了秦国军队。

君子说："像狼瞫这样的就称之为君子。《诗》中说：'如果君子发怒，就能够很快制止祸乱。'又说：'文王赫然发怒，便开始整顿军队出征。'狼瞫发怒却不作乱反而跟随晋国军队作战，称得上君子了。"（文公二年）

秦穆公称霸西戎（文公三年）

【原文】

秦伯伐晋，济河焚舟①，取王官②，及郊。晋人不出，遂自茅津济③，封崤尸而还。遂霸西戎④，用孟明也。君子是以知"秦穆公之为君也，举人之周也，与人之壹也；孟明之臣也，其不解也，能惧思也；子桑之忠也，其知人也，能举善也。《诗》曰：'于以采蘩？于沼于沚。于以用之？公侯之事'，秦穆有焉。'夙夜匪解，以事一人'，孟明有焉。'诒厥孙谋，以燕翼子’，子桑有焉。”

【注释】

①济河焚舟：渡过河之后把船烧掉，以此来表明作战的决心。②王官：晋国地名，今山东闻喜县西面。③茅津：晋国地名，今山平陆县茅津渡。④西戎：古时候对西北少数民族的总称。

【译文】

秦穆公征讨晋国，横渡黄河后便烧掉了渡船，占领了晋国的王官，来到了晋国都城郊外。晋国人不出战，于是秦国又从茅津渡河，将崤之役中阵亡的将士尸体收齐下葬，随后返回秦国。于是秦穆公便称霸于西戎，这是因为他重用孟明视的原因。君子得以知道“秦穆公作为君主，选拔人才周到，用人不疑；孟明视这样的臣子，不懈努力，能够细思考量；子桑忠诚，能够知人善用，举荐良善之人。《诗》中说：‘到哪里去采蒿子？在池塘里、在小洲上。在哪里使用它？在公侯的祭祀典礼上。’，秦穆公便是这样的。‘日夜不懈努力，以此来侍奉一个人’，孟明视就是这样的人。‘将计谋策略留给后代，以此来帮助子孙安邦定国’，子桑便是这样的人。”

三良殉秦（文公六年）

【原文】

秦伯任好卒，以子车氏之三子奄息、仲行、鍼虎为殉，皆秦之良也。国人哀之，为之赋《黄鸟》。君子曰：“秦穆之不为盟主也，宜哉。死而弃民①。先王违世②，犹诒之法③，而况夺之善人乎！《诗》曰：‘人之云亡，邦国殄瘁。’无善人之谓。若之何夺之？”古之王者知命之不长，是以并建圣哲，树之风声，分之采物，著之话言，为之律度，陈之艺极④，引之表仪⑤，予之法制⑥，告之训典⑦，教之防利⑧，委之常秩⑨，道之礼则，使毋失其土宜，众隶赖之，而后即命⑩。圣王同之。今纵无法以遗后嗣，而又收其良以死，难以在上矣。君子是以知秦之不复东征也。

【译文】

秦穆公任好去世。用子车氏的三个儿子奄息、仲行、鍼虎为他殉葬，这三位都是秦国的良才。秦国人为此哀痛，并为他们作了一首赋为《黄鸟》。君子说："秦穆公没有成为盟主，是合适的。死后还要抛弃百姓。先王离世的时候，尚且还留给后世法则，而更何况是夺去良善之人的性命呢！《诗》中说：'贤能的人死去，国家就会受到损害。'这是因为没有善人的缘故。又为何要夺走他们呢？"古时候的君王知道自己的寿命不长，所以才会广泛地任用贤能之人，为其树立风声，把采邑器物都分给他们，以此来记载他们说过的话语，为他们制定了法律，并对他们公开准则，引导他们以礼法，让他们遵守法律制度，告诉他们先王训典，教导他们防止利欲熏心，委任他们一定的官职，用礼则来训导他们，让他们不要失去了因地制宜的准则，百姓们依赖他们，然后再离开人世。圣明的君主和先王都赞同这一点。而今纵然没有法则留给后代子孙，却又让他们的良才为其殉葬而死，很难在上位了。君子从这里知道秦国已经无法再东征了。

晋灵公即位（文公六、七年）

【原文】

八月乙亥，晋襄公卒。灵公少^①，晋人以难故^②，欲立长君^③。赵孟曰^④："立公子雍^⑤。好善而长，先君爱之，且近于秦^⑥。秦，旧好也。置善则固，事长则顺，立爱则孝，结旧则安。为难故，故欲立长君，有此四德者，难必抒矣。"贾季曰^⑦："不如立公子乐^⑧。辰嬴嬖于二君^⑨，立其子，民必安之。"赵孟曰："辰嬴贱，班在九人^⑩，其子何震之有？且为二君嬖，淫也。为先君子，不能求大而出在小国^⑪，辟也。母淫子辟，无威。陈小而远，无援。将何安焉？杜祁以君故，让偪姞而上之^⑫，以狄故^⑬，让季隗而己次之，故班在四。先君是以爱其子而仕诸秦，为亚卿焉。秦大而近，足以为援，母义子爱，足以威民，立之不亦可乎？"使先蔑、士会如秦^⑭，逆公子雍。贾季亦使召公子乐于陈。赵孟使杀诸郫^⑮。贾季怨阳子之易其班也^⑯，而知其无援于晋也。九月，贾季使续鞫居杀阳处父^⑰。书曰："晋杀其大夫。"侵官也^⑱。

冬十月，襄仲如晋。葬襄公。

【注释】

①灵公：晋襄公的太子，晋襄公去世的时候，灵公只是一个襁褓婴儿。②晋人以难故：晋国人因为连年和秦国、狄国、楚国作战的缘故。③欲立长君：想要立年长的人为君主。④赵孟：赵盾。⑤公子雍：晋文公的儿子，晋襄公的弟弟。⑥近于秦：和秦国交好。⑦贾季：狐射姑。⑧公子乐：公子雍的弟弟。⑨辰嬴：秦穆公的女儿，先是嫁给了晋怀公，后又嫁

给了晋文公。⑩班在九人：在晋文公的妻妾中，排名第九位。⑪出在小国：公子乐曾经居住在陈国。⑫偪姞（jí）：晋襄公的母亲。⑬以狄故：季隗是晋文公在狄国时候所娶的，所以杜祁便让她的位次在自己之上。⑭先蔑、士会：都是晋国大夫。⑮郫（Pí）：晋国地名，今河南济源县西面。⑯易其班：改变他的位次。⑰续鞫居：指续简伯。⑱侵官：阳处父夺去了贾季的职位。

【译文】

八月十四日，晋襄公去世。晋灵公年幼，晋国人因连年战乱的缘故，想要立年长的人为晋国君主。赵盾说："立公子雍。良善而又年长，为先君晋文公所宠爱，并且和秦国交好。秦国，是晋国的老朋友。安置善良的人那么地位就可以巩固，服侍年长的人那么事情就会顺利，立先君所宠爱的人就是顺从孝道，结交旧时的朋友就能够使国家安定。因为国家连年战乱的缘故，所以想要立年长的人为君主，有这四项仁德的，困难一定能够缓解。"贾季说："不如立公子乐为君主。辰嬴深受两位君主的宠爱，立她的儿子，百姓肯定会安定的。"赵盾说："辰嬴身份卑微，在晋文公的妃妾中排名第九，她的儿子又有什么威望呢？况且她被两位君主宠爱，实为淫秽。作为先君文公的儿子，不能求得大国护佑而隐居在陈国这种小国，实在是鄙陋。母亲淫秽儿子鄙陋，没有威望。陈国小而又地处偏远，并不能提供援助。又将用什么来安定国家呢？杜祁因为君主的缘故，让偪姞位居于自己之上，又因为狄人的缘故，让季隗位居于自己之上，所以排在第四位。先

君也因此宠爱她的儿子而让他在秦国做官，担任亚卿。秦国大并且距离较近，足够当作晋国的援助了，母亲讲道义儿子得宠爱，足够威慑百姓，立他为君主不也可以吗？"于是便派遣先蔑、士会前往秦国，迎接公子雍。贾季也派人从陈国召回公子乐。赵盾派人在郫地将他们杀了。贾季怨恨阳处父改变了他的位次，而且也知道他在晋国并没有能够援助他的人。九月，贾季派遣续简伯杀了阳处父。《春秋》一书上记载说："晋国杀掉了他的大夫。"是因为阳处父夺去了贾季的官位。

冬十月，襄仲前往晋国，参加了晋襄公的安葬仪式。

【原文】

十一月丙寅，晋杀续简伯。贾季奔狄。宣子使臾骈送其帑①。夷之蒐②，贾季戮臾骈③，臾骈之人欲尽杀贾氏以报焉。臾骈曰："不可。吾闻《前志》有之曰：'敌惠敌怨，不在后嗣④'，忠之道也。夫子礼于贾季，我以其宠报私怨，无乃不可乎？介人之宠，非勇也。损怨益仇，非知也。以私害公，非忠也。释此三者，何以事夫子？"尽具其帑，与其器用财贿，亲帅扞之，送致诸竟。（文公六年）

【注释】

①帑（nú）：同"孥"，妻子的意思。②蒐：阅兵。③戮：侮辱。④敌惠敌怨，不在后嗣：和人之间的恩怨，都不应该涉及后代子孙。

【译文】

十一月丙寅日，晋国人杀掉续简伯。贾季逃亡到狄国。赵盾让臾骈将贾季的妻子送过去。当时在夷地举行阅兵式的时候，贾季侮辱过臾骈，臾骈的人想要把贾季一家全部杀掉以报当时的仇恨。臾骈说："不可以。我听说《前志》有记载说：'和人之间的恩恩怨怨，不能波及后代身上'，这是忠诚的道义。赵盾对贾季很礼遇，我依仗着他的宠爱而报自己的私人恩怨，恐怕不可以吧？因为他人的宠信而公报私仇，并不是勇者的行为。消了自己的怨气而增加了他人的仇恨，这不是智者的行为。以私仇损害公务，这不是忠诚。抛开了这三点，我又凭借什么来侍奉赵盾呢？"于是集齐了贾季所有的家眷和器具财物，臾骈亲自带人护卫，一直送到了边境。
（文公六年）

【原文】

秦康公送公子雍于晋①，曰："文公之入也无卫，故有吕、郤之难②。"乃多与之徒卫。

穆嬴日抱大子以啼于朝③，曰："先君何罪？其嗣亦何罪？舍適嗣不立而外求君④，将焉置此？"出朝，则抱以適赵氏，顿首于宣子曰："先君奉此子也而属诸子⑤，曰：'此子也才，吾受子之赐；不才，吾唯子之怨。'今君虽终，言犹在耳，而弃之，若何？"宣子与诸大夫皆患穆嬴，且畏逼，乃背先蔑而立灵公，以御秦师。

箕郑居守⑥。赵盾将中军，先克佐之⑦。荀林父佐上军。先蔑将下军，先都佐之⑧，步招御戎，戎津为右。及堇阴⑨，宣子曰："我若受秦，秦则宾也；不受，寇也。既不受矣，而复缓师⑩，秦将生心。先人有夺人之心⑪，军之善谋也。逐寇如追逃，军之善政也。"训卒利兵，秣马蓐食⑫，潜师夜起。戊子，败秦师于令狐⑬，至于刳首⑭。己丑，先蔑奔秦，士会从之。

【注释】

①秦康公：秦穆公的太子罃。②文公之入也无卫，故有吕、郤之难：指晋文公返回晋国之后，吕甥、郤芮想要烧掉晋文公的宫殿而将其杀死的事情。③穆嬴：晋襄公的夫人。④适嗣：嫡子。⑤属：嘱托，托付。⑥箕郑：晋国大夫。⑦先克：晋国大夫。⑧先都：晋国大夫。⑨堇阴：晋国地名，今山西临猗县东面。⑩缓师：军队行动缓慢。⑪先人有夺人之心：如若在秦军行动之前采取行动，就能够动摇秦军的军心。⑫蓐食：饱餐。⑬令狐：晋国地名。⑭刳（kū）首：晋国地名，今山西临猗县西面。

【译文】

秦康公护送公子雍返回晋国，说："晋文公返回晋国的时候没有护卫，所以才会引来吕甥、郤芮的祸患。"于是便派遣了很多步兵跟随公子雍前往。

穆嬴日日抱着太子夷皋在朝堂上哭泣，说："先君有什么罪过？他的太子又有什么罪过？舍弃太子不立而去从外面寻找君主，想要把太子置于何地呢？"穆嬴从朝堂出来之后，又抱着太子前往赵盾的家里，给赵盾叩头说："先君曾经捧着这个孩子而托付给您，说：'这个孩子如若有才华，就是我受了您的恩赐；如若没有才华，我也会怨恨您一个人。'如今先君虽然已经去世了，但他的话却犹在耳边，而您却将此丢弃了，又该如何呢？"赵盾和诸位大夫对穆嬴都比较惧怕，并且畏惧她的逼迫，于是便背弃了先蔑而立晋灵公，以此来抵抗秦国军队。

箕郑在朝中留守。赵盾率领中军，先克辅佐他。荀林父辅佐上军。先蔑率领夏军，先都辅佐他，步招负责驾驶兵车，戎津为车右。到达堇阴地区，赵盾说："我们如果接受了秦国派兵护送过来的公子雍，秦国就是我们的宾客；如果不接受的话，秦国就是我们的敌人。既然已经不接受了，我们的军队又行军缓慢，秦国军队肯定会生起别的念头。先秦国行动必定能够动摇秦国的军心，这是作战最好的谋略。追击敌军就好比追击逃亡的人，这是作战时最好的方略。"于是开始训导士兵磨砺兵器，喂饱战马犒劳将士，在夜间悄悄行动。四月初一，在令狐打败了秦国军队，并一直追击他们到刳首。四月初二，先蔑逃亡秦国，士会跟随着他。

郤缺说赵盾（文公七、八年）

【原文】

晋郤缺言于赵宣子曰①："日卫不睦②，故取其地，今已睦矣，可以归之。叛而不讨，何以示威？服而不柔，何以示怀？非威非怀，何以示德？无德，何以主盟？子为正卿，以主诸侯③，而不务德，将若之何？《夏书》

曰：'戒之用休，董之用威，劝之以《九歌》，勿使坏。'九功之德皆可歌也，谓之《九歌》。六府、三事，谓之九功。水、火、金、木、土、谷，谓之六府。正德、利用、厚生，谓之三事。义而行之，谓之德、礼。无礼不乐，所由叛也。若吾子之德莫可歌也，其谁来之④？盍使睦者歌吾子乎？"宣子说之。（文公七年）

八年春，晋侯使解扬归匡、戚之田于卫⑤，且复致公壻池之封⑥，自申至于虎牢之竟⑦。（文公八年）

【注释】

①郤缺：晋国大夫。②日：从前。③以主诸侯：晋国为诸侯霸主，赵盾又代理国政，所以称之为"主诸侯。"④来：归附。⑤晋侯、解扬：晋侯，晋灵公；解扬，晋国大夫。⑥公壻池：晋国大夫。⑦申、虎牢：申，郑国地名，今河南巩义东、荥阳西面；虎牢，郑国地名，今河南荥阳汜水镇西面。

【译文】

晋国大夫郤缺对赵盾说："以前我们和卫国不和睦，所以占领了他们的土地，如今已经和睦了，可以将土地归还给他们了。背叛而不征讨，用什么来显示威严？顺服而不怀柔，又用什么来显示关怀？没有威严没有关怀，又用什么来显示德行？没有德行，又用什么来主持会盟呢？您是正卿，要主持诸侯会盟的大事，如若不致力于德行，又该将如何呢？《夏书》中说：'用美言训导他们，用威刑督查他们，用《九歌》劝导他们，不要让他们变坏。'九功的德行都是可以歌唱的，所以称之为《九歌》。六府、三事，称之为九功。水、火、金、木、土、谷，称之为六府。端正德行、善于利用、富足百姓，称之为三事。合乎道义而又多加推行，是为仁德、礼仪。没有礼仪就没有颂歌，所以才会引起叛乱。如若您的德行没有什么可以歌颂的，又有谁来归附我们呢？为什么不让和睦的人来歌颂您呢？"赵盾很开心。（文公七年）

八年春，晋灵公让解扬归还了卫国的匡地、戚地，并且又重新承认了公壻池制定的边疆界限，从申地到虎牢的边境。（文公八年）

公子鲍礼遇国人（文公十六年）

【原文】

宋公子鲍礼于国人①，宋饥，竭其粟而贷之②。年自七十以上，无不馈诒也，时加羞珍异③。无日不数于六卿之门④，国之材人，无不事也，亲自桓以下⑤，无不恤也。公子鲍美而艳，襄夫人欲通之⑥，而不可，夫人助之施。昭公无道⑦，国人奉公子鲍以因夫人。

【注释】

①公子鲍：昭公的庶弟，即位后称为宋文公。②贷：借贷或者是给予。③时：四时。④数（shuò）：多次。⑤亲自桓以下：亲，亲族。指桓公、襄公、成功三代的子孙。⑥襄夫人：宋襄公后来娶的妻子。⑦无道：没有仁政。

【译文】

宋国公子鲍对国人礼遇有加，宋国闹饥荒的时候，他倾尽自己的粮食施舍给百姓。年过七十的人，没有不赠送东西的，还会根据四季的需要给他们送去不同的珍贵食物。没有一天不多次进入六卿的大门，对于国家的良才，也没有不侍奉的，对亲族中桓公之下的后代子孙，也没有不体恤的。公子鲍生得美艳，宋襄公的夫人想要和他私通，公子鲍不愿意，襄公夫人便帮助他做施舍的事情。宋昭公昏庸无道，国人也因为宋襄公夫人的缘故而拥护公子鲍。

【原文】

于是华元为右师，公孙友为左师，华耦为司马，鳞鱹为司徒，荡意诸为司城，公子朝为司寇。初，司城荡卒，公孙寿辞司城^①，请使意诸为之^②。既而告人曰："君无道，吾官近，惧及焉。弃官则族无所庇。子，身之贰也，姑纾死焉^③。虽亡子，犹不亡族。"

既^④，夫人将使公田孟诸而杀之^⑤。公知之，尽以宝行。荡意诸曰："盍适诸侯？"公曰："不能其大夫至于君祖母以及国人^⑥，诸侯谁纳我？且既为人君，而又为人臣^⑦，不如死。"尽以其宝赐左右以使行。夫人使谓司城去公^⑧，对曰："臣之而逃其难，若后君何^⑨？"

【注释】

①公孙寿：公子荡的儿子。②意诸：宋桓公的曾孙，宋昭公的六卿之一。③纾：延缓。④既：不久。⑤孟诸：宋国泽名，今河南商丘东北方向。⑥不能：不和睦。⑦为人臣：指出逃到别国，就要做人家的臣子。⑧去：离开。⑨若后君何：如何面对下一位君主。

【译文】

那个时候华元任右师，公孙友任左师，华耦担任司马，鳞鑵担任司徒，荡意诸做司城，公子朝则为司寇。公子荡去世后，他的儿子公孙寿也辞去了司城的官职，并请求让自己的儿子荡意诸担任司城。不久之后又告诉别人说："君主无道，在他身边做官，是非常惧怕的。放弃了官职而家族就没有了庇护。我的儿子，代表的就是我，姑且让他任职以延缓我死去的日期。最后即便儿子死去，我的族人还不至于灭亡。"

不久，宋襄公的夫人准备让宋昭公前往孟诸狩猎并在那里将他杀掉。宋昭公知道了这件事情，便拿着自己所有的宝物出行。荡意诸说："为何不前往诸侯那里？"宋昭公说："和我的大夫、我的祖母和国人都没办法和睦，诸侯又有谁能够接纳我呢？况且既然是一国的君主，又要跑去做别人

的臣子，倒不如死去。"于是便将身上所有的宝物都赏赐给左右随行的人并让他们离开。宋襄公的夫人让人告诉荡意诸离开宋昭公，荡意诸回答说："作为臣子的却逃避君主遭到的灾难，以后又该如何面对下一任君主呢？"

【原文】

冬十一月甲寅，宋昭公将田孟诸，未至，夫人王姬使帅甸攻而杀之①。荡意诸死之。书曰："宋人弑其君杵臼。"君无道也。

文公即位，使母弟须为司城。华耦卒，而使荡虺为司马②。

【注释】

①帅甸：公邑的大夫。②荡虺（huǐ）：荡意诸的弟弟。

【译文】

冬十一月二十二日，宋昭公准备去孟诸狩猎，还没有到达，宋襄公的夫人王姬便让公邑大夫帅甸围攻并杀掉了他。荡意诸也随宋昭公而死。《春秋》中说："宋国人用杵臼杀掉了他们的君主。"是因为君主无道。

宋文公公子鲍即位，让同母弟弟须任职司城。华耦死后，而让荡虺担任司马。

齐懿公之死（文公十八年）

【原文】

十八年春，齐侯戒师期①，而有疾，医曰："不及秋，将死。"公闻之，卜曰："尚无及期②。"惠伯令龟③，卜楚丘占之曰："齐侯不及期，非疾也。君亦不闻④，令龟有咎。"二月丁丑，公薨。

齐懿公之为公子也⑤，与邴歜之父争田⑥，弗胜。及即位，乃掘而刖之，而使歜仆。纳阎职之妻，而使职骖乘⑦。

夏五月，公游于申池⑧。二人浴于池，歜以扑抶职⑨，职怒，歜曰："人夺女妻而不怒，一抶女庸何伤！"职曰："与刖其父而弗能病者何如？"乃谋弑懿公，纳诸竹中。归，舍爵而行⑩。齐人立公子元⑪。

【注释】

①师期：出兵的日子。②尚无及期：尚，希望；无及期，没有到出兵的日期。④君亦不闻：鲁文公也听不到了。泛指鲁文公会在齐侯之前去世。⑤齐懿公：齐桓公的儿子。⑥邴歜：邴氏。⑦骖乘：陪乘。⑧申池：齐国都城南城的西门为申门，附近有池的就称之为申池。⑨扑抶（chì）：用马鞭鞭打。⑩舍爵：告祭祖庙。⑪公子元：齐惠公。

【译文】

鲁文公十八年春天，齐懿公下达了向鲁国出兵的日期，不久之后齐懿公就得了病，医生说："等不到秋天，就会死去。"鲁文公听说了这件事，占卜说："希望他还没有到出兵的日期就死去。"鲁国大夫惠伯将这件事情告诉用龟甲占卜的人，卜楚丘占卜之后说："齐懿公等不到出兵的日期就会死，并不是生病的原因。鲁文公也不会听到这件事，而告诉龟甲的人也将会有祸患。"二月二十三日，鲁文公去世。

齐懿公当时还是公子的时候，曾经和邴歜的父亲争夺田地，最后没有胜利。等到他即位之后，便挖出了邴歜父亲的尸体并砍掉他的双脚，又派遣邴歜为他驾驭马车。齐懿公又霸占了阎职的妻子，并让阎职当他的陪乘。

夏季五月，齐懿公在申池游玩。邴歜和阎职在池中洗澡，邴歜用马鞭抽打阎职，阎职生气了，邴歜说："人家霸占了你的妻子你不生气，打你一鞭子又有什么伤害呢！"阎职说："和砍掉父亲双脚而不敢怨恨的人相比又怎么样呢？"于是二人便谋划着杀掉了齐懿公，并将他的尸体藏在了竹林里。回去之后，告祭祖庙摆好酒食后就离开了。齐国人又立公子元为君主。

卷七　宣公

晋灵公不君（宣公二年）

【原文】

晋灵公不君①：厚敛以雕墙②；从台上弹人③，而观其辟丸也；宰夫胹熊蹯不熟④，杀之，置诸畚⑤，使妇人载以过朝⑥。赵盾、士季见其手，问其故，而患之。

将谏，士季曰："谏而不入，则莫之继也。会请先，不入则子继之。"三进⑦，及溜，而后视之。曰："吾知所过矣，将改之。"稽首而对曰："人谁无过？过而能改，善莫大焉。《诗》曰：'靡不有初，鲜克有终。'夫如是，则能补过者鲜矣。君能有终，则社稷之固也，岂唯群臣赖之。又曰：'衮职有阙，惟仲山甫补之。'能补过也。君能补过，衮不废矣⑧。"

犹不改。宣子骤谏⑨，公患之，使钮麑贼之⑩。晨往，寝门辟矣⑪，盛服将朝⑫。尚早，坐而假寐。麑退，叹而言曰："不忘恭敬，民之主也。贼民之主，不忠。弃君之命，不信。有一于此，不如死也。"触槐而死。

【注释】

①不君：不行为君之道。②厚敛：搜刮民脂民膏。③台、弹：台，高台；弹，用弹弓发射弹丸。④胹（ér）、熊蹯：胹，煮；熊蹯，熊掌。⑤畚（běn）：蒲草编制的盛放物体的器具。⑥过朝：从朝堂经过。⑦三进：从外朝见。进门为一进，入庭为二进，上阶为三进。⑧不废：不会丢掉君位。⑨骤：多次。⑩钮麑（ní）、贼：钮麑，晋灵公培养的武士；贼，杀掉。⑪辟：打开。⑫盛服：穿好上朝的礼服。

126

【译文】

　　晋灵公不行为君之道：搜刮民脂民膏以雕刻城墙；从高台上面用弹弓弹射行人，而观看他们为了躲避弹丸四处奔逃的场景；厨师因为没有煮熟熊掌，晋灵公便将他杀掉，放在畚内，让妇人背着从朝堂上经过。赵盾、士季看到了露在外面的手，于是问起缘由，得知原因后他们都开始担忧起来。

　　士季、赵盾准备劝谏晋灵公。士季对赵盾说："如若您劝谏君主而他听不进去的话，那么后面将没有人能够劝谏了。我会请求先去劝谏，君主听不进去那么您再继续劝谏。"士季三进三叩首，等到了屋檐下，晋灵公才转头看他，说："我知道自己的罪过了，准备改正。"士季稽首而回答说："人谁又能不犯错呢？犯了错能够改正，就是最好的事情了。《诗》中说：'好开始容易，好结果却很困难。'如果这样的话，那么可以弥补过错的人就少了。君主能够坚持好的结果，那么社稷就能够稳固了，岂止只有群臣有了依靠。《诗》中又说：'周宣王有了过错，只有仲山甫为他弥补。'这就是能够弥补过错。君主能够弥补过错，就不会丢失君位了。"

　　晋灵公依然不改。赵盾多次劝谏，晋灵公有些害怕，便派遣钮麑去杀他。钮麑早上去赵盾家里，赵盾的寝室门已经打开，赵盾穿戴好了礼服准备入朝。因时间还早，便坐着假寐一会儿。钮麑退出来，感叹地说："时刻都不忘恭敬，真是百姓的主人啊。要杀百姓的主人，是为不忠诚。丢弃君主的命令，是为不信。占有这二者中的一点，都不如去死了。"于是钮麑撞槐树死去。

【原文】

秋九月，晋侯饮赵盾酒①，伏甲将攻之②。其右提弥明知之，趋登曰："臣侍君宴，过三爵③，非礼也。"遂扶以下，公嗾夫獒焉④。明搏而杀之。盾曰："弃人用犬，虽猛何为。"斗且出，提弥明死之。

初，宣子田于首山⑤，舍于翳桑⑥，见灵辄饿⑦，问其病。曰："不食三日矣。"食之，舍其半。问之，曰："宦三年矣，未知母之存否，今近焉，请以遗之。"使尽之，而为之箪食与肉，置诸橐以与之。既而与为公介，倒戟以御公徒⑧，而免之⑨。问何故。对曰："翳桑之饿人也。"问其名居⑩，不告而退，遂自亡也。

【注释】

①饮：让……喝酒。②伏甲：埋伏兵甲。③三爵：三杯酒。④嗾（sǒu）、獒：嗾，唤狗的声音；獒，凶猛的狗。⑤首山：首阳山，今山西永济南。⑥翳桑：地名，在首山附近。⑦灵辄：百姓。⑧倒戟：泛指攻击自己人。⑨免之：让赵盾脱险。⑩名居：姓名和住址。

【译文】

秋九月，晋灵公让赵盾喝酒，并在周围埋伏兵甲准备击杀他。赵盾的车右提弥明察觉到了这件事情，上前登上殿堂说："下臣来侍奉君主喝酒，喝了三杯酒还不下去，是不合礼数的。"于是提弥明便将赵盾扶下殿堂，晋灵公呼唤猛犬扑了过去。提弥明与之搏斗并将猛犬杀掉。赵盾说："抛弃了人而用狗，狗虽然勇猛但又有什么用。"二人一边和武士打斗一边退出殿堂，提弥明为此而死了。

当初，赵盾在首阳山狩猎，在翳桑住下，看到有个百姓在路旁饿倒，于是便上前询问情况。这个百姓说："已经三天没有进食了。"赵盾便给他拿来东西吃，这个人却留了一半。赵盾问其原因，他说："我在贵族家里做了三年的奴仆，不知道母亲还在不在人世，如今我已经快要到家了，还请让我把这个留给她。"赵盾让他全部吃完，又给他准备了一筐饭和肉，放在囊中递给他。后来这个人成了晋灵公的护卫，（在这次斗争中）他拔出戟来抵御晋灵公的其他兵士，以此让赵盾免去了灾难。赵盾问他这么做的原因。他回答说："我就是翳桑那个快要饿死的人。"赵盾又询问他的名字和住址，他没有说便退下了，于是赵盾便自己出逃了。

【原文】

乙丑，赵穿攻灵公于桃园①。宣子未出山而复②。大史书曰："赵盾弑其君。"以示于朝。宣子曰："不然。"对曰："子为正卿③，亡不越竟④，反不讨贼，非子而谁？"宣子曰："乌呼，'我之怀矣，自诒伊戚'，其我之谓矣！"孔子曰："董狐，古之良史也，书法不隐⑤。赵宣子，古之良大夫也，为法受恶⑥。惜也，越竟乃免。"

【注释】

①赵穿：赵盾的弟弟。②山：晋国边境的山。③正卿：众多卿士之首。④竟：同"境"，边境的意思。⑤不隐：不隐瞒。⑥恶：杀君的恶名。

【译文】

九月二十六日，赵穿在桃园将晋灵公杀死。赵盾并没有逃出国，他听到这个消息之后又回来了。太史董狐书中说："赵盾杀了他的君主。"并在朝中公布。赵盾说："不是这样。"太史回答说："你身为卿士之首，出逃而不越过晋国边境，也不去征讨叛贼，不是你又是谁呢？"赵盾说："哎，《诗》中说'我留恋祖国，却给自己带来祸患'，说的就是我了！"孔子说："董狐，古时候的良史，所书所写都不会隐瞒。赵盾，古时候的好大夫，因为史官的缘故而背上了弑君的恶名。可惜了，只要他当时走出国境就能够免除这个恶名了。"

楚庄王问鼎（宣公三年）

【原文】

楚子伐陆浑之戎①，遂至于雒，观兵于周疆②。

定王使王孙满劳楚子③。楚子问鼎之大小轻重焉。对曰："在德不在鼎④。昔夏之方有德也，远方图物⑤，贡金九牧，铸鼎象物，百物而为之备，使民知神、奸。故民入川泽山林，不逢不若。螭魅罔两⑥，莫能逢之，用能协于上下以承天休⑦。桀有昏德，鼎迁于商，载祀六百。商纣暴虐，鼎迁于周。德之休明⑧，虽小，重也。其奸回昏乱，虽大，轻也。天祚明德⑨，有所厎止⑩。成王定鼎于郏鄏⑪，卜世三十，卜年七百，天所命也。周德虽衰，天命未改，鼎之轻重，未可问也。"

【注释】

①楚子、陆浑之戎：楚子，楚庄王；陆浑之戎，西北戎族的一支。②观兵：阅兵。③定王、劳：定王，周定王；劳，慰劳。④在德不在鼎：鼎的轻重不在于鼎的大小而在于君王的德行。⑤远方图物：描绘远方的事物。⑥螭魅罔两：传说中的妖怪。⑦天休：上天护佑。⑧休明：光明美好。⑨祚：护佑。⑩厎止：终。⑪郏鄏（jiá rǔ）：周国的地名，今河南洛阳西面。

【译文】

楚庄王讨伐陆浑的戎族，到达洛水之后，便在周国的疆域里阅兵。

周定王派遣王孙满前去慰劳楚庄王。楚庄王问九鼎的大小轻重怎样。王孙满回答说："九鼎的大小轻重不在于鼎而在于君主的德行。昔日夏朝刚拥戴有德君主的时候，将远方各种事物绘成图画，并用九州长官进贡的金属熔炼成九鼎，并且还在九鼎上铸造各种事物的图形，世间百物九鼎都已经俱备了，让百姓知道什么是神明的，什么是奸恶的。所以百姓进入川泽山林时，就不会碰到不吉利的事情。妖魔鬼怪，也都不会遇到，所以才能够上下和谐以此来承接上天的护佑。夏桀昏庸无德，将九鼎迁到了商朝，前后有六百年。商纣暴虐，又将九鼎迁到了周朝。德行如若光明美好，那么九鼎虽然小，但也是很有分量的。如若邪僻混乱，九鼎虽然大，也是比较轻的。上天护佑明德，也是有终点的。成王把九鼎放在了郏鄏，占卜的说可以相传三十世，也就是七百年，这是上天的命令。周王朝的德行虽然衰败，但是天命不可以改变，九鼎的轻重，是不可以询问的。"

若敖氏灭亡（宣公四年）

【原文】

初，楚司马子良生子越椒①，子文曰："必杀之。是子也，熊虎之状，而豺狼之声，弗杀，必灭若敖氏矣②。谚曰：'狼子野心。'是乃狼也③，其可畜乎？"子良不可。子文以为大戚④，及将死，聚其族，曰："椒也知政⑤，乃速行矣，无及于难。"且泣曰："鬼犹求食，若敖氏之鬼⑥，不其馁而？"及令尹子文卒，斗般为令尹，子越为司马。蒍贾为工正，谮子扬而杀之⑦，子越为令尹，己为司马。子越又恶之，乃以若敖氏之族圉伯嬴于轹阳而杀之⑧，遂处烝野⑨，将攻王。王以三王之子为质焉⑩，弗受，师于漳澨⑪。

秋七月戊戌，楚子与若敖氏战于皋浒⑫。伯棼射王，汰辀⑬，及鼓跗⑭，著于丁宁^⑮。又射，汰辀，以贯笠毂^⑯。师惧，退。王使巡师曰："吾先君文王克息，获三矢焉^⑰。伯棼窃其二，尽于是矣。"鼓而进之，遂灭若敖氏。

【注释】

①子良、子越椒：子良，斗伯比的儿子；子越椒，子良的儿子，字子越。②若敖氏：楚国君主熊仪去世后，谥号为"若敖"，自此他的后代便称之为若敖氏。③是：指的是子越椒。④大戚：极大的悲伤。⑤知政：执政。⑥若敖氏之鬼：若敖氏的祖先。⑦潜：污蔑。⑧圉（yǔ）、辣（lǎo）阳：圉，囚禁；辣阳，楚国城邑名，今湖北荆州。⑨烝野：今湖北荆州境内。⑩三王：楚文王、楚成王、楚穆王。⑪漳澨：漳水边。⑫皋浒：楚国地名，今湖南襄阳西面。⑬汰辀：汰，过；辀，车辕。⑭鼓跗：鼓架。⑮著、丁宁：著，射中；丁宁，古时候行军打仗时所携带的乐器。⑯笠毂：古时候撑在战车上的笠帽。⑰矢：箭。

【译文】

当初，楚国司马子良生下儿子子越椒，子文说："一定得杀了他。这个孩子，状如熊虎，声如豺狼，不杀，一定会灭了若敖氏的。谚语说：'狼子野心'，子越椒就是狼啊，哪能够养他呢？"子良不愿意。子文为此很忧虑，等他快死的时候，他将族人聚集在面前，说："如果子越椒执政，你们就赶快离开吧，不要等灾难降临。"他又哭着说："鬼也要寻找吃的，若敖氏的祖先，岂不是要挨饿了吗？"等到令尹子文去世后，斗般接任令尹一职，子越椒为司马。蒍贾担任工正，便诬陷斗般并把他杀了，于是子越椒为令尹，而他自己做了司马。子越椒讨厌蒍贾，于是便带领若敖氏的族人将蒍贾囚禁在辕阳又把他杀掉，随后子越椒又居住在烝野，将要率军攻打楚庄王。楚庄王以楚文王、楚成王、楚穆王三位君主的子孙作为人质交换，子越椒不接受，楚庄王便在漳澨出兵。

秋七月戊戌日，楚庄王和若敖氏的后代在皋浒作战。子越椒用箭射楚庄王，箭飞过车辕，穿过鼓架，射在了丁宁上。子越椒又射了一箭，箭再次飞过车辕，并穿过了兵车上的笠帽。楚军有些惧怕，有了退却之心。楚庄王派人在军队里散播说："我们的先君文公攻克了息国，得到了三支箭。子越椒偷去了两支，他的箭已经用完了。"于是楚军击鼓进攻，灭掉了若敖氏。

【原文】

初，若敖娶于郧①，生斗伯比。若敖卒，从其母畜于郧，淫于郧子之女，生子文焉。郧夫人使弃诸梦中，虎乳之②。郧子田，见之，惧而归，以告，遂使收之。楚人谓乳穀，谓虎於菟③，故命之曰斗穀於菟。以其女妻伯比。实为令尹子文。其孙箴尹克黄使于齐④，还，及宋，闻乱。其人曰，"不可以入矣。"箴尹曰："弃君之命，独谁受之？尹，天也，天可逃乎？"遂归，复命，而自拘于司败⑤。王思子文之治楚国也，曰："子文无后，何以劝善？"使复其所，改命曰生⑥。

【注释】

①若敖、郧（yún）：若敖，子文的祖父；郧，国名，今湖北安陆地区。②乳：哺乳，喂奶。③於菟：楚国人对虎的称呼。④箴尹：官名。⑤司败：掌管司法的官。⑥改命：改名。

【译文】

起初，若敖在郧国娶了妻子，生下斗伯比。若敖去世，斗伯比跟随他的母亲在郧国生活，并和郧国君主的女儿私通，生下了子文。郧夫人让人把子文丢在了云梦泽这个地方，（那里的）老虎过来给他喂奶。郧国君主狩猎的时候，看到了这一场景，心里害怕便回去了，郧夫人把女儿和斗伯比私通的事情告诉君主，于是便让人把子文收养了。楚国人将奶称为毂，将老虎称为於菟，所以给子文起名为斗毂於菟。郧国君主把他的女儿嫁给斗伯比为妻。斗毂於菟便是令尹子文。子文的孙子箴尹克黄出使齐国，回来的时候，经过宋国，听到了叛乱的消息。有人说："不可以再回去了。"箴尹克黄说："不顾君主的命令，谁能够接纳我？君主，就是上天，上天难道可以逃避吗？"于是便回到楚国，复命之后，便向主掌司法的官员请求囚禁自己。楚庄王考虑到子文对楚国有功劳，说："子文如果没有后代，又如何劝导别人行善呢？"于是便恢复了箴尹克黄的官职，改名为生。

楚庄王复封陈（宣公十一年）

【原文】

冬，楚子为陈夏氏乱故①，伐陈。谓陈人无动②，将讨于少西氏③。遂入陈，杀夏征舒，辕诸栗门④，因县陈⑤。陈侯在晋。

申叔时使于齐⑥，反，复命而退⑦。王使让之曰："夏征舒为不道，弑其君，寡人以诸侯讨而戮之，诸侯、县公皆庆寡人⑧，女独不庆寡人，何故？"对曰："犹可辞乎⑨？"王曰："可哉！"曰："夏征舒弑其君，其罪大矣，讨而戮之，君之义也。抑人亦有言曰⑩：'牵牛以蹊人之田，而夺之牛。'牵牛以蹊者，信有罪矣；而夺之牛，罚已重矣。诸侯之从也，曰讨有罪也。今县陈，贪其富也。以讨召诸侯，而以贪归之，无乃不可乎？"

王曰："善哉！吾未之闻也。反之，可乎？"对曰："可哉！吾侪小人所谓取诸其怀而与之也。"乃复封陈，乡取一人焉以归，谓之夏州⑪。故书曰："楚子入陈，纳公孙宁、仪行父于陈。"书有礼也。

【注释】

①楚子：楚庄王。②动：惊动。③少西：夏征舒。④辗：酷刑，车裂。⑤县陈：将陈国作为楚国的一个县。⑥申叔时：楚国大夫。⑦复命：报告任务完成情况。⑧县公：对县长官的尊称。⑨犹可辞乎：还能够辩解几句吗？⑩抑：可是。⑪夏州：地名，今湖北汉阳。

【译文】

冬季，楚庄王因为陈国夏氏叛乱的缘故，出兵征讨陈国。并对陈国人说不要惊慌，楚庄王征讨的是陈国夏征舒的家族。于是楚国军队进入陈国，杀掉了夏征舒，并在栗门将他五马分尸，也因此将陈国设置成了楚国的一个县。那个时候陈国公正在晋国。

楚国大夫申叔时出使齐国，回来之后，报告了任务完成情况便退下去了。楚庄王派人责问他说："夏征舒没有道义，杀掉了他的君主，我率领诸侯军队征讨他并将他杀掉，诸侯、县里的长官都庆贺我，唯独你没有庆贺我，是什么原因呢？"申叔时回答说："我还可以辩解几句吗？"楚庄王说："可以。"申叔时说："夏征舒杀掉了他的君主，他的罪过很大，讨伐并将他杀掉，是君主的道义。可有人也说：'牵着牛踩踏别人的田地，就要将他的牛抢夺过来。'牵着牛踩踏田地的人，必定是有罪过的；但要把他的牛抢夺过来，惩罚就过重了。诸侯跟随您的行动，说征讨有罪的人。而今陈国已设置为楚国的一个县，这便是楚国贪婪陈国的财富啊。以征讨罪过为由而号召诸侯，最后却以贪婪而结束，岂不是不合适吗？"

楚庄王说："说得好啊！我从未听说过这样的话，如果我把土地归还陈国，这样可以吗？"申叔时回答说："可以！这就是我辈小人所说的从人家怀里拿了东西又归还给他的意思。"于是楚国又恢复了陈国，并从陈国的每一个乡里带一个人回楚国，并让他们聚集在一个地方，称之为夏州。所以《春秋》一书中记载："楚子入陈，纳公孙宁、仪行父于陈。"赞扬楚庄王的这一做法是合乎礼仪的。

楚庄王围郑（宣公十二年）

【原文】

十二年春，楚子围郑。旬有七日^①，郑人卜行成^②，不吉。卜临于大宫^③，且巷出车^④，吉。国人大临，守陴者皆哭^⑤。楚子退师^⑥。郑人修城，进复围之，三月克之^⑦。入自皇门，至于逵路^⑧。郑伯肉袒牵羊以逆^⑨，曰："孤不天，不能事君，使君怀怒以及敝邑，孤之罪也。敢不唯命是听。其俘诸江南以实海滨^⑩，亦唯命。其翦以赐诸侯，使臣妾之，亦唯命。若惠顾前好^⑪，徼福于厉、宣、桓、武^⑫，不泯其社稷，使改事君，夷于九县，君之惠也，孤之愿之，非所敢望也。敢布腹心，君实图之。"左右曰："不可许也，得国无赦^⑬。"王曰："其君能下人^⑭，必能信用其民矣，庸可几乎？"退三十里而许之平。潘尪入盟^⑮，子良出质^⑯。

【注释】

①旬：一旬为十天。②行成：求和的事情。③临：哭。④巷出车：将战车在街巷摆开，表示保卫国家的决心。⑤守陴（pí）者：守城的将士。⑥楚子退师：古时候以不征讨有国丧的国家为礼仪，楚庄王见守城的将士都大哭不已，以为有国丧，所以便撤军。⑦三月：经过三个月。⑧逵路：大路。⑨郑伯：郑襄公。⑩俘诸江南：俘虏并安置在长江以南。⑪前好：指的是郑国、楚国之前交好。⑫徼福：求福。⑬得国无赦：得到的国家就不会再赦免。⑭下人：居人之下。⑮潘尪（wāng）：楚国大夫。⑯出质：去楚国做人质。

【译文】

　　鲁宣公十二年春天，楚庄王带兵围困郑国。围困了十七天的时间，郑国人占卜求和的事宜，结果不吉利。又在太庙占卜问哭，并且把战车摆列在街巷中，结果为吉利。于是郑国都城的人都在太庙里大哭，守城的将士也都哭。楚庄王看此情况，以为有国丧，便撤军了。于是郑国人便修葺城墙，楚国人再次进军围困了郑国，历经三个月的时间攻克了郑国都城。楚国军队从皇门进入，到达了大路上。郑襄公裸露着上身牵着羊欢迎楚庄王，说："我没有得到上天的护佑，没能侍奉君主，让君主心怀怨气地来到我的国家，是我的罪过。不敢不唯命是听。即便将我俘虏后安置在长江之南以充实海滨之地，我也听命。即便灭掉我的国家并把它赏赐给诸侯，让郑国人做奴隶，我也听命。如果您能够施恩顾及两国之前的友好，求福于周厉王、周宣王、郑桓公、郑武公，而不灭我的国家，让它重新侍奉君主，相当于楚国的诸县，这是君主的恩惠，我的心愿，不是我所敢奢望的了。我大胆地表露出我的心声，请君主仔细考量。"楚庄王左右的人都说："不可以答应，得到的国家没有被赦免的道理。"楚庄王说："郑国君主能够屈居人下，也必定能够取信于民，应该还是有希望的？"于是楚军撤退三十里而答应郑国讲和。楚国大夫潘尪前去郑国订立盟约，而郑国人子良则作为人质前往楚国。

楚庄王围宋（宣公十五年）

【原文】

宋人使乐婴齐告急于晋。晋侯欲救之①。伯宗曰："不可。古人有言曰：'虽鞭之长，不及马腹。'天方授楚②，未可与争。虽晋之强，能违天乎？谚曰：'高下在心③。'川泽纳污，山薮藏疾④，瑾瑜匿瑕，国君含垢⑤，天之道也，君其待之。"乃止。

使解扬如宋⑥，使无降楚，曰："晋师悉起，将至矣。"郑人囚而献诸楚，楚子厚赂之，使反其言，不许，三而许之⑦。登诸楼车⑧，使呼宋人而告之。遂致其君命⑨。楚子将杀之，使与之言曰⑩："尔既许不穀而反之⑪，何故？非我无信，女则弃之，速即尔刑。"对曰："臣闻之，君能制命为义⑫，臣能承命为信，信载义而行之为利⑬。谋不失利，以卫社稷，民之主也。义无二信⑭，信无二命⑮。君之赂臣，不知命也。受命以出，有死无霣⑯，又可赂乎？臣之许君，以成命也⑰。死而成命，臣之禄也。寡君有信臣，下臣获考死⑱，又何求？"楚子舍之以归。

【注释】

①晋侯：晋景公。②天方授楚：上天护佑楚国。③高下在心：事情的高下心中都有数。④薮、疾：薮，草木繁茂而水少的湖泊；疾，对人有毒的虫、蛇。⑤含垢：容忍侮辱。⑥解扬：晋国大夫。⑦三而许之：再三要求才答应。⑧楼车：战车。⑨致其君命：传达晋国君主让宋国坚守等待援助的命令。⑩与之言：和解扬说话。⑪反之：反过来。⑫制命：制定命令。⑬信载义：信用承载道义。⑭二信：双方要有诚信。⑮二命：双方相

反的命令。⑯贾（yǔn）：废弃。⑰成命：完成君主的命令。⑱考死：泛指死得其所。

【译文】

楚庄王带兵围困宋国，宋国派遣乐婴齐前往晋国告急。晋景公想要发兵救援。伯宗说："不可以。古人有话说：'鞭子虽然长，但到不了马肚子上。'上天护佑楚国，不可以和他相争。虽然晋国比较强大，但是能够违抗天命吗？谚语说：'事情高下都在心里有所考量。'河流湖泊可以容纳污水，山川湖泽可以藏匿虫蛇，美玉能够掩盖瑕疵，君主也要容忍侮辱才行，这是上天的道义，君主还是先等待吧。"于是晋景公便停止了自己的救援行动。

晋景公派遣解扬前去宋国，让宋国不要投降楚国，说："晋国军队已经出发，快要到了。"解扬经过郑国时，被郑国人囚禁并献给了楚国，楚庄王用厚重的礼物贿赂他，让他将晋景公的交代反过来说，解扬不答应，楚庄王再三请求他才答应了。楚国人让解扬登上战车，想让他向宋国人喊话并传达楚国人想要说的话。于是解扬便趁机将晋景公的命令传给了宋国人。楚庄王想要杀他，让人对解扬说："你既然已经答应却又反悔，是什么原因呢？不是我没有信用，而是你抛弃了诺言，你还是快去受死吧。"解扬回答说："我听说，君主能够制定命令称为义，我能够接受命令称为信，用信去承载义并加以施行称为利。谋划而不失去利，以此来保卫社稷，这便是百姓的主人。义不能有两方的义，信也没有两方相反的信。君主之所以贿赂我，是不知道命令的缘故。我接受了命令并出使宋国，宁愿死也不可丢弃君主的命令，这是可以贿赂的吗？臣之所以答应君主，是为了完成我们君主的命令。我虽然死了但是任务我已经完成，这是臣的福气。我们的君主有守信用的臣子，我死得其所，又有什么可求的呢？"楚庄王听后放了解扬让他回去了。

【原文】

夏五月，楚师将去宋。申犀稽首于王之马前①，曰："毋畏知死而不敢废王命②，王弃言焉③。"王不能答。申叔时仆，曰："筑室反耕者④，宋必听命。"从之。宋人惧，使华元夜入楚师，登子反之床⑤，起之曰⑥："寡君使元以病告⑦，曰：'敝邑易子而食⑧，析骸以爨⑨。虽然，城下之盟⑩，有以国毙⑪，不能从也。去我三十里，唯命是听。'"子反惧，与之盟而告王。退三十里。宋及楚平，华元为质。盟曰："我无尔诈，尔无我虞⑫。"

【注释】

①申犀：楚国大夫。②毋畏：申犀的父亲，名申舟。申舟在出使过程中，在宋国被杀。③弃言：背弃诺言。④筑室：建筑房屋。⑤子反：公子侧，楚国的将领。⑥起之：让他起床。⑦病：困境。⑧易子而食：交换孩子吃。⑨析骸、爨（cuàn）：析骸，劈开尸骨；爨，烧火做饭。⑩城下之盟：敌军兵临城下的时候，被迫出来签订盟约。⑪有以国毙：宁愿让国家灭亡。⑫虞：欺骗。

【译文】

夏季五月，楚国军队准备从宋国离开。申犀在楚庄王的马前稽首叩拜，说："我的父亲申舟即便是死也不敢废弃君主的命令，君主却抛弃了诺言。"楚庄王无法应答。申叔时当时负责为楚庄王驾车，说："建筑房屋以便让耕田的人回来，宋国一定会听从命令。"楚庄王听取了他的建议。宋国人心生恐惧，派遣华元在夜间悄悄进入楚国军营，登上了子反的床，并让他起床说："我的君主让我告诉你宋国的困境，说：'我们国家的百姓交换子女来吃，用劈开的尸骨烧火做饭。即便这样，面临兵临城下而签署屈辱盟约这般境地，我们宁愿让国家灭亡，也不能听从的。只要你们撤退三十里，我们国家唯命是听。'"子反惧怕，便和华元订立盟约并告诉了楚庄王。楚庄王的军队撤退三十里。宋国前往楚国讲和，华元作为人质。订立盟约时说："我对你不使诈，你对我不欺骗。"

卷八　成公

晋援鲁、卫（成公二年）

左传
全鉴
珍藏版

【原文】

孙桓子还于新筑①，不入，遂如晋乞师②。臧宣叔亦如晋乞师③。皆主郤献子④。晋侯许之七百乘。郤子曰："此城濮之赋也。有先君之明与先大夫之肃⑤，故捷。克于先大夫，无能为役⑥，请八百乘。"许之。郤克将中军，士燮佐上军⑦，栾书将下军⑧，韩厥为司马⑨，以救鲁、卫。臧宣叔逆晋师，且道之。季文子帅师会之⑩。及卫地，韩献子将斩人，郤献子驰，将救之，至则既斩之矣。郤子使速以徇，告其仆曰："吾以分谤也⑪。"

【注释】

①孙桓子、新筑：孙桓子，卫国执政的人，名为孙良夫；新筑，卫国地名，今河北大名县。②乞师：请兵。③臧宣叔：鲁国大夫。④主郤献子：意为都是郤献子引见的。⑤先君、先大夫：先君，晋文公；先大夫，指先轸等人。⑥无能为役：自谦，说自己的才能比不上先大夫。⑦士燮：晋国大臣士季的儿子。⑧栾书：晋国名将。⑨韩厥：晋国上卿。⑩季文子：鲁国正卿。⑪分谤：分担责任。

【译文】

卫国大夫孙桓子返回新筑，没有进入城内，又前往晋国请兵。鲁国大夫也前往晋国请兵。这两个人都是由郤克向晋景公引见的。晋景公答应派遣七百辆战车。郤克说："这是城濮之战时的战车数量。有先君文公的英明和先大夫先轸的敏捷，所以才取得了胜利。郤克和先大夫相比，都不能成为他们的奴役，还请派遣八百辆战车。"晋景公答应了。郤克率领中军，士燮辅佐上军，栾书率领下军，韩厥担任司马，以此去救援鲁国、卫国。鲁国大夫臧宣叔迎接晋国军队，并且为其开道。鲁国正卿季文子也带兵和晋军会和。到达卫国的时候，韩厥要杀人，郤克骑马疾驰，想要把那个人救下，到了之后人已经被杀了。郤克让人把尸体示众，并告诉他的仆人说："我这样做是为了分担责任。"

【原文】

师从齐师于莘^①。六月壬申，师至于靡笄之下^②。齐侯使请战，曰："子以君师，辱于敝邑，不腆敝赋^③，诘朝请见。"对曰："晋与鲁、卫，兄弟也。来告曰：'大国朝夕释憾于敝邑之地^④。'寡君不忍，使群臣请于大国，无令舆师淹于君地^⑤。能进不能退，君无所辱命。"齐侯曰："大夫之许，寡人之愿也；若其不许，亦将见也。"齐高固入晋师，桀石以投人，禽之而乘其车，系桑本焉，以徇齐垒^⑥，曰："欲勇者贾余馀勇^⑦。"

【注释】

①从、莘：从，追上；莘，齐国地名，今山东莘县。②靡笄：山名，今山东济南市东北方向。③不腆敝赋：谦辞，泛指军队不强大。④大国、释憾：大国，对齐国的尊称；释憾，发泄愤怒。⑤舆师：众军。⑥以徇齐垒：以此来遍告齐军军营将士。⑦贾：买。

【译文】

晋国、鲁国、卫国的军队在莘地追上了齐国的军队。六月十六日，军队到达靡笄山下。齐顷公派人请战，说："您以君主的军队，来到我的国家，虽然我的军队不强大，但也请决战于明天早上。"郤克回答说："晋国与鲁国、卫国，是兄弟之国。他们来告诉我说：'齐国不分早晚地在我们的国家发泄心中愤怒。'我的国君心有不忍，于是便让我向齐国请求，又不让我们的军队驻留在您的土地上。所以我们只能前进不能后退了，就不劳烦您的命令了。"齐顷公说："大夫的应允，也是我的愿望；如若您不应允，我也是准备要兵戎相见的。"齐国的高固冲到晋国军队中，向晋国军队扔石头，捕获晋国士兵而抢占他的战车，并在战车上系上桑树根，以此来遍告齐国军营的将士，说："想要勇敢的人来买我多出来的勇气。"

【原文】

癸酉，师陈于鞌①。邴夏御齐侯②，逢丑父为右③。晋解张御郤克，郑丘缓为右。齐侯曰："余姑翦灭此而朝食④。"不介马而驰之⑤。郤克伤于矢，流血及屦，未绝鼓音⑥，曰："余病矣！"张侯曰："自始合，而矢贯余手及肘，余折以御，左轮朱殷，岂敢言病。吾子忍之！"缓曰："自始合，苟有险，余必下推车，子岂识之⑦？然子病矣！"张侯曰："师之耳目，在吾旗鼓，进退从之。此车一人殿之⑧，可以集事，若之何其以病败君之大事也？擐甲执兵⑨，固即死也。病未及死，吾子勉之！"左并辔⑩，右援枹而鼓⑪，马逸不能止，师从之。齐师败绩。逐之，三周华不注⑫。

【注释】

①鞌（ān）：齐国地名，今山东济南西北方向。②邴夏：齐国大夫。③逢丑父：齐国大夫。④朝食：吃早饭。⑤不介马：没有给马披上战甲。⑥未绝鼓音：鼓音不绝。⑦子岂识之：你岂会知道这些。⑧殿：镇守。⑨擐：穿上。⑩并辔：驾车的人原本是两只手握住马缰来控制四匹马。并辔，指将

马缰都放于一只手中。⑪援、枹（fú）：援，取；枹，鼓槌。⑫三周：绕山三周。

【译文】

十七日，齐国、晋国的军队在鞌地摆成阵列。邴夏为齐顷公驾驶马车，车右为逢丑父。晋国人解张是郤克的马夫，车右为郑丘缓。齐顷公说："我姑且将他们消灭之后再去吃早餐。"于是马还没有披上战甲就驱驰进敌人的阵营中。郤克被箭所伤，血一直流到了鞋子上，不过鼓声一直没有停下来，郤克说："我受伤了！"解张说："刚开始作战的时候，我的手和胳膊就被箭所伤，我把箭折断继续驾驶兵车，左边的车轮都被我的血染成了黑红色，哪里敢说受伤。您还是忍耐一下吧！"郑丘缓说："作战刚开始，只要遇到了艰险的道路，我一定会下来推车，你难道会知道这些吗？然而你确实受伤了！"解张说："军队中的耳目，在于我们的旗子和战鼓，都要跟随它们或进或退。这辆战车只要有一个人在此镇守，就能够成事，又如何因为受伤的缘故而败坏了君主的大事呢？换上盔甲拿起兵器，原本就是有必死的信心。如今受伤但未到死的地步，你还是要尽力！"于是解张将两手的缰绳并到左手上，右手拿着鼓槌开始击鼓，疾驰的战马不能停止，军队的将士也跟随他们冲锋。最后齐国军队大败，晋国追逐齐军，绕着华不注山转了三圈。

【原文】

韩厥梦子舆谓己曰①："且辟左右②。"故中御而从齐侯。邴夏曰："射其御者，君子也。"公曰："谓之君子而射之，非礼也。"射其左，越于车下③。射其右，毙于车中，綦毋张丧车④，从韩厥，曰："请寓乘⑤。"从左右，皆肘之，使立于后。韩厥俛⑥，定其右⑦。

逢丑父与公易位。将及华泉⑧，骖絓于木而止。丑父寝于辖中⑨，蛇出于其下，以肱击之，伤而匿之⑩，故不能推车而及。韩厥执絷马前，再拜稽首，奉觞加璧以进，曰："寡君使群臣为鲁、卫请，曰：'无令舆师陷入君地。'下臣不幸，属当戎行，无所逃隐。且惧奔辟而忝两君⑪，臣辱戎士，敢告不敏，摄官承乏^⑫。"丑父使公下，如华泉取饮。郑周父御佐车^⑬，宛茷为右^⑭，载齐侯以免。

韩厥献丑父，郤献子将戮之。呼曰："自今无有代其君任患者，有一于此，将为戮乎！"郤子曰："人不难以死免其君^⑮。我戮之不祥，赦之以劝事君者^⑯。"乃免之。

【注释】

①子舆：韩厥的父亲。②旦：明天早上。③越：坠落。④綦（qí）毋张：晋国大夫。⑤寓乘：搭车。⑥俛（fǔ）：同"俯"，俯下身子。⑦定其右：安置好车右的尸体。⑧华泉：泉名，今华不注山脚下。⑨辗（zhàn）：木车的一种。⑩伤而匿之：隐瞒伤情。⑪奔辟、乔：奔辟，奔跑逃避；乔，羞辱。⑫摄官：担当官职。⑬郑周父：齐国大臣。⑭宛茷：齐国大臣。⑮难、免：难，怕；免，免于灾患。⑯劝：鼓励。

【译文】

韩厥梦到父亲子舆对自己说："明天早上作战的时候一定要避开车的左右两侧。"所以第二天追赶齐顷公的时候他坐在车中间驾驶战车。邴夏说："射中间驾驶战车的那个人，他是君子。"齐顷公说："认为他是君子就用箭射他，这不合礼数。"于是便用箭射车左，车左坠落到车下。又射车右，车右死在了车上，綦毋张的兵车坏了，于是便追上韩厥，说："请让我搭你的车。"綦毋张想要坐在战车的左侧或者是右侧，韩厥都用肘部推开了他，让他站在自己的后面。韩厥俯下身子，安置好了车右的尸体。

逢丑父趁着这个间隙和齐顷公交换了位置。快要到华泉的时候，骖马被树木绊住停止前行。（前一天）逢丑父在木车里睡觉，蛇从他的身体下爬出来，他用胳膊去击打蛇，胳膊受伤但他却隐瞒了受伤的事情，致使他无法用胳膊推车前行（最后被韩厥追上）。韩厥手拿着马鞭上前，对着齐顷公稽首，并给他敬酒献玉，说："我的君主派遣群臣为鲁国、卫国求情，说：'不要再让军队进入君主的地方。'下臣很不幸运，正巧在军列之中，没有地方逃避。更何况又担心奔逃会为两国君主平添耻辱，下臣勉强称为一名战士，仅敢向君主报告我的不聪慧，之所以担任官职也是因为缺乏有才能的人。"（假装是齐顷公的）逢丑父让齐顷公下车，去华泉取水喝。郑周父趁机驾驶齐顷公的副车，车右为宛茷，带着齐顷公跑了，才让他免于被俘虏。

韩厥将逢丑父献给郤克，郤克想要将他杀掉。逢丑父大声呼喊道："到目前为止就没有代替他的君主承接祸患的人，而今有一个人在这里，还准备要杀掉他！"郤克说："人不怕为了让君主免于祸患而死。我杀了他不吉利，赦免他的罪行以此勉励那些侍奉君主的人。"于是便赦免了逢丑父。

【原文】

齐侯免，求丑父，三入三出①。每出，齐师以帅退。入于狄卒，狄卒皆抽戈楯冒之②。以入于卫师，卫师免之。遂自徐关入③。齐侯见保者④，曰："勉之！齐师败矣。"辟女子⑤，女子曰："君免乎？"曰："免矣。"曰："锐司徒免乎⑥？"曰："免矣。"曰："苟君与吾父免矣，可若何！"乃奔。齐侯以为有礼，既而问之，辟司徒之妻也。予之石窌⑦。

【注释】

①三入三出：指的是三次出入。第一次，出晋师；第二次，出狄师；第三次，出卫师。狄国和卫国是晋国的同盟国。②戈楯（dùn）：武器。③徐关：齐国地名，今山东淄川。④保者：守城的人。⑤辟女子：让女人让路。⑥锐司徒：锐利的兵器。这里指主管兵器的官员。⑦石窌（liù）：齐国地名，今山东长清县东南方向。

【译文】

齐顷公免于被俘，又去寻找逢丑父，由此三次出入晋师。每一次出入，齐国军队都保护着他撤退。齐顷公进入狄国军营，狄国将士都拿着兵器保护他。进入卫国的军队，卫国军队也都不会伤害他。于是齐顷公从徐关进入。齐顷公看到了守城的人，说："加油！齐国军队已经战败了。"遇到让路的女子，女子说："君主免于灾难了吗？"齐顷公说："免了。"女子又说："锐司徒免于灾难了吗？"齐顷公说："免了。"女子说："我的君主和我的父亲都免于灾难了，又要如何呢！"于是便跑开了。齐顷公认为这个女子非常有礼，于是便问询她的事情，才知道她是辟司徒的妻子。于是齐顷公将石窌这个地方赏赐给了她。

【原文】

　　晋师从齐师，入自丘舆①，击马陉。齐侯使宾媚人赂以纪甗、玉磬与地②。"不可，则听客之所为。"宾媚人致赂，晋人不可，曰："必以萧同叔子为质③，而使齐之封内尽东其亩④。"对曰："萧同叔子非他，寡君之母也。若以匹敌，则亦晋君之母也。吾子布大命于诸侯，而曰：'必质其母以为信。'其若王命何？且是以不孝令也⑤。《诗》曰：'孝子不匮，永锡尔类。'若以不孝令于诸侯，其无乃非德类也乎？先王疆理天下物土之宜，而布其利，故《诗》曰：'我疆我理，南东其亩。'今吾子疆理诸侯，而曰'尽东其亩'而已，唯吾子戎车是利，无顾土宜，其无乃非先王之命也乎？反先王则不义，何以为盟主？其晋实有阙。四王之王也⑥，树德而济同欲焉⑦。五伯之霸也⑧，勤而抚之，以役王命⑨。今吾子求合诸侯⑩，以逞无疆之欲⑪。《诗》曰'布政优优⑫，百禄是遒⑬。'子实不优，而弃百禄，诸侯何害焉！不然，寡君之命使臣则有辞矣，曰：'子以君师辱于敝邑，不腆敝赋以犒从者。畏君之震，师徒桡败⑭，吾子惠徼齐国之福⑮，不泯其社稷，使继旧好，唯是先君之敝器、土地不敢爱。子又不许，请收合余烬⑯，背城借一⑰。敝邑之幸，亦云从也。况其不幸，敢不唯命是听。'"

【注释】

　　①丘舆：齐国地名，今山东青州市西南方向。②宾媚人、甗（yǎn）：宾媚人，齐国卿士；甗，炊具的名字。③萧同叔子：齐顷公的母亲。④封内、尽东其亩：封内，齐国国内；尽东其亩，田地垄改为东西方向，以方便晋国军队。⑤以不孝令：让人做不孝的事情。⑥四王：夏禹、商汤、周文王、周武王。⑦济同欲：完成共同的愿望。⑧五伯：齐桓公、晋文公、秦穆公、楚庄王、宋襄公，春秋五霸。⑨役王命：为君主效命。⑩求合：要求联合。⑪无疆：没有止境。⑫优优：宽和。⑬遒：聚集。⑭桡败：挫败。⑮徼：

求。⑯余烬：残留下来的部队。⑰背城：出城的意思。

【译文】

晋国军队追击齐国军队，从丘舆地区进入齐国，攻打马陉。齐顷公派遣宾媚人用纪甗、玉磬和土地来贿赂各诸侯国以求得和解。（齐顷公还说）"如果不答应，就听他们的意见。"宾媚人给各诸侯国送去了贿赂，晋国人不同意，说："一定要让齐顷公的母亲萧同叔子做人质，并且让齐国境内的田垄为东西走向。"宾媚人回答说："萧同叔子不是其他人，是我们君主的母亲。如是从相等地位上来说，那么也就是晋国君主的母亲。您发布重大命令于各诸侯中，而且说：'一定要让他的母亲作为人质以取得信任。'又把周天子的命令置于何地呢？更何况这就是下达不孝顺的命令啊。《诗》中说：'孝顺的人不枯竭，就能够永远赐予你的同类。'如果以不孝顺的命令号令诸侯，难道这不是没有道德的准则吗？先王将土地划定好疆界、分出地理、因地制宜，也是为了获得最好的利益，所以《诗》中又说：'我制定疆界划分地理，南向东向开辟田地。'而今您为诸侯制定疆界划分地理，却说'让田地为东向'，只为了利于你战车的出入，却不顾因地制宜的法则，这恐怕并不符合先王的指令吧？违反先王的指令就是不义，又凭什么做各诸侯的盟主呢？晋国在这方面确实有

缺陷的地方。四王之所以能够为王，是因为他们树立仁德并完成诸侯间共同的愿望。五伯之所以称霸，是因为他们勤奋而又懂得安抚诸侯，以此来为君主效命。而今您要求诸侯联合，以满足您无止境的欲望。《诗》中说：'布施宽和的政策，百禄都会集聚到你的身上。'您如若不愿意实行宽和的政策，而放弃百禄的集聚，这对诸侯来说又有什么危害呢！如若您还是不答应，我的君主还命令我等使臣再说一番话，说：'您率领君主的军队来到我们国家，我们国家尽自己微薄的力量来犒劳跟随你的将士们。畏惧君主的威严，所以我国军队挫败，请您施予恩惠以求得齐国的福祉，不灭亡齐国的社稷，继续重修以前的友好，那么我们是不敢爱惜先君留下来的简陋器具、土地的。而您又不答应，所以便集合齐国残留的部队，背城一战。我们国家幸运获胜，我们也会依附于晋国的。如果不幸失败，也不敢不唯命是从。'"

【原文】

鲁、卫谏曰①："齐疾我矣②！其死亡者，皆亲昵也。子若不许，仇我必甚。唯子则又何求？子得其国宝，我亦得地，而纾于难③，其荣多矣！齐、晋亦唯天所授，岂必晋④？"晋人许之，对曰："群臣帅赋舆，以为鲁、卫请⑤，若苟有以藉口，而复于寡君，君之惠也。敢不唯命是听。"

禽郑自师逆公⑥。

秋七月，晋师及齐国佐盟于爰娄⑦，使齐人归我汶阳之田。公会晋师于上鄍⑧，赐三帅先路三命之服⑨，司马、司空、舆帅、候正、亚旅⑩，皆受一命之服。

【注释】

①谏：劝谏郤克。②疾：痛恨。③纾：缓解。④岂必晋：晋国难道一定会胜利吗？⑤赋舆：战车。⑥禽郑：鲁国大臣。⑦爰娄：齐国地名。⑧上鄍：地名，今山东阳谷县。⑨三帅：郤克、士燮、栾书。⑩舆帅、候正、亚旅：舆帅，掌管战车的将士；候正，负责勘察敌情的士兵；亚旅，上大夫。

【译文】

鲁国、卫国劝谏郤克说："齐国痛恨我们！齐国战死和出逃的人，都是齐顷公的亲近之人。你如果不答应，齐国一定会更加仇恨我们。即便是你又有什么可求的呢？你得到了齐国的宝物，我们也能够得到失去的土地，并且还能够缓解灾难，这样做的荣耀很多！齐国、晋国也都是上天护佑的国家，难道晋国就一定能够胜利吗？"于是晋国人答应了，回答说："群臣率领战车，就是为了给鲁国、卫国请命，只要对于我们君主的命令有所交代，这便是君主的恩惠了。不敢不唯命是从。"

禽郑便前往军营迎接鲁成公。

秋七月，晋国军队在爰娄和齐国宾媚人立下盟约，让齐国人归还鲁国汶阳地区的田地。在上鄍这个地方鲁成公会见了晋国军队，并赏赐给三位统帅先路之车和三命之服，司马、司空、舆帅、候正、亚旅，也都赏赐了一命之服。

晋楚释累囚（成公三年）

【原文】

晋人归楚公子谷臣与连尹襄老之尸于楚①，以求知罃②。于是荀首佐中军矣，故楚人许之。

王送知罃，曰："子其怨我乎？"对曰："二国治戎③，臣不才，不胜其任，以为俘馘④。执事不以衅鼓⑤，使归即戮，君之惠也。臣实不才，又谁敢怨？"王曰："然则德我乎？"对曰："二国图其社稷，而求纾其民，各惩其忿以相宥也⑥，两释累囚以成其好⑦。二国有好，臣不与及⑧，其谁敢德？"王曰："子归，何以报我？"对曰："臣不任受怨，君亦不任受德，无怨无德，不知所报。"王曰："虽然，必告不谷。"对曰："以君之灵，累臣得归骨于晋，寡君之以为戮，死且不朽。若从君之惠而免之，以赐君之外臣首⑨；首其请于寡君而以戮于宗，亦死且不朽。若不获命⑩，而使嗣宗职，次及于事⑪，而帅偏师以修封疆⑫，虽遇执事⑬，其弗敢违⑭。其竭力致死，无有二心，以尽臣礼，所以报也。"王曰："晋未可与争。"重为之礼而归之。

【注释】

①归、谷臣、襄老：归，归还；谷臣，楚庄王的儿子；襄老，人名。谷臣和襄老均被晋国俘虏并射死。②知罃：泌城之战时被俘虏，为荀首的儿子。③治戎：作战。④馘（guó）：割掉敌人的耳朵，计算俘虏敌军数量。这里指俘虏。⑤衅鼓：古时候作战，会用牲畜或者是人的血来祭祀战鼓。⑥宥：宽容。⑦累囚：被囚禁的战俘。⑧臣不与及：和臣个人没有关系。⑨外臣：卿大夫在他国诸侯面前的自称。⑩不获命：没有接到君主应允惩罚的命令。⑪次及于事：根据次序轮到我执掌国家政事。⑫封：边境。⑬执事：楚王左右。⑭违：逃避。

【译文】

晋国人将公子谷臣和连尹襄老的尸首归还给楚国，以求换回知罃。那个时候知罃的父亲荀首任职中军副帅，所以楚国人答应了晋国的要求。

楚共王送知罃，说："你怨恨我吗？"知罃回答说："两国作战，臣没有才能，不能胜任自己的职务，以至于被俘虏。君主左右的人并没有以我的血来祭祀战鼓，而且还让我回到晋国受刑，这是君主的恩惠啊。臣确实是没有才能，又敢怨恨谁呢？"楚共王说："那你感激我的德行吗？"知罃回答说："两国作战都是为了图谋自己的国家社稷，而为了求得百姓的安宁，双方都要克制心中的愤怒以此来求得宽恕，双方又释放被囚禁的俘虏以成全两国友好之谊。两个国家交好，和臣个人有什么关系，又需要感激谁呢？"楚共王说："你回去，用什么来回报我？"知罃回答说："臣不承担别人的怨恨，君主也不会承担别人的感激，没有怨恨没有感激，不知道要报答什么。"楚共王说："虽然是这样，但你也一定要把想法告诉我。"知罃回答说："因为君主的护佑，罪臣得以带着自己的骨头返回晋国，我的君主即便要处死我，我也是死而不朽。如若因为君主的恩惠而赦免了我，将我赐给君主的外臣荀首；荀首向我的君主请求而把我赐死在自家的宗庙里，也是死而不朽。如果没有得到君主惩罚的命令，而让我继续继承祖宗的职位，等到我执掌国事的时候，便会率领军队保卫晋国边疆，即便遇到了楚共王的左右，也不敢逃避。我会竭尽全力直到战死沙场，没有贰心，这是我所能够报答的。"楚共王说："晋国不可以与它相争的。"于是便对知罃加倍礼遇并将他送回晋国。

巫臣复仇（成公七年）

【原文】

楚围宋之役，师还，子重请取于申、吕以为赏田①，王许之。申公巫臣曰："不可。此申、吕所以邑也，是以为赋②，以御北方。若取之，是无申、吕也。晋、郑必至于汉。"王乃止③。子重是以怨巫臣。子反欲取夏姬，巫臣止之，遂取以行，子反亦怨之。及共王即位，子重、子反杀巫臣之族子阎、子荡及清尹弗忌及襄老之子黑要，而分其室。子重取子阎之室，使沈尹与王子罢分子荡之室，子反取黑要与清尹之室。巫臣自晋遗二子书，曰："尔以谗慝贪婪事君，而多杀不辜。余必使尔罢于奔命以死④。"

【注释】

①子重、申、吕：子重，公子婴齐的儿子，楚庄王的弟弟；申，今河

南南阳市；吕，今河南南阳市西面。②是以为赋：申地、吕地就是依靠这些田地而提供军赋。③止：制止，阻止。④奔命：奉命奔赴。

楚国围困宋国的战役，楚国军队回国后，子重请求将申地、吕地的田地作为封赏。楚庄王应允了。申公巫臣说："不可以。这申地、吕地之所以是城邑，是因为他们要依靠这些田地提供军赋，以此来抵挡北方之敌的进攻。如果把这两个地方当作封赏，便再也没有申邑、吕邑了。晋国、郑国一定会就此逼近汉水地区。"于是楚庄王便制止了。子重因此而怨恨巫臣。子反想要迎娶夏姬，巫臣阻止了他，最后自己迎娶了夏姬并逃到了晋国，子反也非常怨恨他。等到楚共王即位，子重、子反二人杀掉巫臣的族人子阎、子荡以及清尹弗忌和襄老的儿子黑要，并且瓜分了他们的家财。子重拿了子阎的家财，又让沈尹和王子罢分了子荡的家财，子反则拿了黑要和清尹的家产。巫臣知道情况后从晋国给两人送来了一封信，说："你们以贪婪邪恶侍奉君主，又杀了那么多无辜的人。我一定让你们死于奔命。"

巫臣请使于吴，晋侯许之①。吴子寿梦说之②。乃通吴于晋③。以两之一卒适吴④，舍偏两之一

焉。与其射御，教吴乘车，教之战陈，教之叛楚。置其子狐庸焉⑤，使为行人于吴⑥。吴始伐楚，伐巢、伐徐⑦。子重奔命。马陵之会⑧，吴入州来⑨。子重自郑奔命。子重、子反于是乎一岁七奔命。蛮夷属于楚者，吴尽取之，是以始大，通吴于上国⑩。

【注释】

①晋侯：晋景公。②说：同"悦"，喜欢。③通：建立关系。④两之一卒：一卒三十辆战车，两偏为一卒，一偏十五辆战车。⑤狐庸：巫臣前妻的儿子。⑥行人：官名，主要负责接待国宾。⑦巢、徐：巢，国名，今安徽巢湖市；徐，国名，今安徽巢湖市。⑧马陵之会：楚国令尹子重率军攻打郑国，鲁国、晋国、齐国等救援郑国，于八月在马陵会盟。⑨州来：国名，今安徽凤台。⑩上国：指中原华夏诸侯国。

【译文】

巫臣请求出使吴国，晋景公答应了。吴子寿梦很喜欢他。于是巫臣便让吴国和晋国建立了友好关系。巫臣带着三十辆战车前往吴国，并给其留下了十五辆。赠送给吴国射手和驾驶战车的人，教给吴国如何驾驭兵车，教他们如何摆开战车阵势，教他们背叛楚国。巫臣将儿子狐庸留在吴国，担任吴国的行人一职。吴国开始攻打楚国，征讨巢国、讨伐徐国。子重奉命四处奔走。在马陵结盟的时候，吴国进驻州来。子重又奉命从郑国赶赴州来救援。于是子重、子反一年有七次奉命抵御吴国军队。蛮夷属于楚国，吴国却尽数将其占领，吴国也由此开始变得强大，能够和中原华夏诸侯国往来沟通。

晋还钟仪（成公九年）

【原文】

晋侯观于军府，见钟仪^①，问之曰："南冠而絷者，谁也？"有司对曰^②："郑人所献楚囚也。"使税之^③，召而吊之^④。再拜稽首。问其族，对曰："泠人也^⑤。"公曰："能乐乎？"对曰："先父之职官也，敢有二事？"使与之琴，操南音^⑥。公曰："君王何如？"对曰："非小人之所得知也。"固问之，对曰："其为大子也，师保奉之，以朝于婴齐而夕于侧也^⑦。不知其他。"

公语范文子^⑧，文子曰："楚囚，君子也。言称先职，不背本也。乐操土风^⑨，不忘旧也。称大子，抑无私也。名其二卿，尊君也。不背本，仁也。不忘旧，信也。无私，忠也。尊君，敏也。仁以接事^⑩，信以守之^⑪，忠以成之，敏以行之。事虽大，必济。君盍归之，使合晋、楚之成。"公从之，重为之礼，使归求成。

【注释】

①钟仪：楚国大夫，征讨郑国的时候被俘虏，囚禁在晋国。②有司：官吏。③税：通"脱"，释放。④吊：慰问。⑤泠人：古时候的乐人。⑥操南音：演奏南方的乐调。⑦侧：公子侧，也就是司马子反。⑧范文子：晋国大臣，士季的儿子。⑨土风：本土的乐曲，代指楚国乐曲。⑩接事：处理事务。⑪守：守住。

【译文】

晋景公视察囚禁俘虏的地方，看到了钟仪，问负责的人说："那个束着楚人之冠的俘虏是谁？"有司回答说："郑国人所献来的楚国俘虏。"晋景公派人将他释放了，并且召见慰问了他。钟仪两次稽首叩拜。晋景公又问起了他的族人，钟仪回答说："都是乐人。"晋景公说："可以奏乐吗？"钟仪回答说："这是先父的祖业，哪敢从事其他的事情呢？"晋景公让人把琴给钟仪，他便演奏了南方的乐调。晋景公说："你们的君主如何呢？"钟仪回答说："这不是小人所能够知道的。"晋景公一直在追问他，钟仪回答说："他做太子的时候，师保侍奉他，他每天早上请教公子婴齐而晚上求教于公子侧。其他的就不知道了。"

晋景公将这件事情告诉了范文子，范文子说："这个楚国俘虏，是一个君子。说话间列举出先人的官职，没有背弃自己的根本。演奏自己本地的乐曲，这是没有忘记故旧。举例君主做太子时候的事情，这也是无私的表现。直接称呼两位卿士的名字，这是尊重君主的表现。没有忘记根本，是仁。没有忘记故旧，是信。没有私心，是忠。尊重君主，是聪慧。用仁来处理事务，用信来维持下去，用忠来成事，用敏来实施。事情即便再大，也一定能够成功。君主何不把他放回去，让他来建立晋国、楚国之间的友好关系。"晋景公听从了，加倍礼遇钟仪，最后把他放回去以求得和解。

莒国败于无备（成公九年）

【原文】

冬十一月，楚子重自陈伐莒，围渠丘①。渠丘城恶②，众溃，奔莒。戊申，楚入渠丘。莒人囚楚公子平③，楚人曰："勿杀！吾归而俘。"莒人杀之。楚师围莒。莒城亦恶，庚申，莒溃。楚遂入郓④，莒无备故也。

【注释】

①渠丘：地名，今山东莒县北面。②恶：破败。③公子平：穆公子。
④郓：地名，山东沂水县东北方向。

【译文】

冬季十一月，楚子重从陈国攻打莒国，围困渠丘。渠丘城墙破败，民
众四处溃逃，出奔到莒城。初五，楚国进入渠丘。莒人囚禁了楚国公子
平，楚国人说："不要杀他！我们也让你们的俘虏回来。"莒人还是杀掉了
公子平。楚国军队围困莒城。莒城也破败，十七日，莒国人溃逃。于是楚
国便进入郓地，这是因为莒国没有防备的缘故。

【原文】

君子曰："恃陋而不备，罪之大者也；备豫不虞①，善之大者也。莒
恃其陋，而不修城郭，浃辰之间②，而楚克其三都，无备也夫！《诗》
曰：'虽有丝、麻，无弃菅、蒯；虽有姬、姜，无弃蕉萃。凡百君子，莫
不代匮③。'言备之不可以已也。"

【注释】

①豫：预备。②浃辰：十二天。③代匮：总有缺少的时候。

【译文】

君子说："依仗自己地势僻陋而不设下防备，这是最大的罪过；防备
意外中的情况，这是最大的善。莒国依仗自己僻陋，而不修缮城墙，十二
天之内，楚国便攻克莒国的三个城邑，这也是因为没有防备的原因！《诗》
中说：'虽然有丝、麻，但也不能丢掉菅、蒯；虽然有姬、姜，但也不
可以抛弃蕉萃。只要是君子，就总有缺少的时候。'这也是说不可以没有
防备。"

吕相绝秦（成公十三年）

【原文】

夏四月戊午，晋侯使吕相绝秦①，曰："昔逮我献公及穆公相好，戮力同心②，申之以盟誓，重之以昏姻③。天祸晋国④，文公如齐，惠公如秦。无禄⑤，献公即世。穆公不忘旧德，俾我惠公用能奉祀于晋。又不能成大勋，而为韩之师⑥。亦悔于厥心，用集我文公，是穆之成也。

文公躬擐甲胄⑦，跋履山川，逾越险阻，征东之诸侯，虞、夏、商、周之胤，而朝诸秦，则亦既报旧德矣。郑人怒君之疆埸⑧，我文公帅诸侯及秦围郑。秦大夫不询于我寡君，擅及郑盟。诸侯疾之，将致命于秦⑨。文公恐惧，绥静诸侯⑩，秦师克还无害，则是我有大造于西也⑪。"

【注释】

①晋侯、吕相、绝秦：晋侯，晋厉公；吕相，晋国大夫；绝秦，和秦国绝交，这里指的是宣读和秦国的断交书。②戮力：合力。③昏姻：婚姻，指的是秦穆公迎娶晋献公女儿的事情。④天祸：上天降下灾祸，代指骊姬之乱。⑤无禄：没有福气。⑥韩之师：鲁僖公十五年，秦国征讨晋国，在韩原作战，俘虏了晋惠公。⑦甲胄：铠甲和头盔。⑧郑人怒君之疆埸（yì）：郑国人侵犯秦国的边境。⑨致命：拼命。⑩绥静：安抚。⑪大造：大功。

【译文】

夏季四月初五，晋厉公派遣吕相前往秦国宣读断交书，说："自从我先君晋献公和秦穆公交好以来，两国合力同心，用盟约誓言明确两国关系，用婚姻来加固两国友好。后来上天降祸给晋国，晋文公出逃到齐国，晋惠公出逃到秦国。不幸运的是，晋献公不久便去世。秦穆公没有忘记旧时的恩德，让晋惠公可以返回晋国主持祭祀仪式。但又没能完成好这件大功基业，所以才引发了两国的韩原之战。秦穆公的心里也后悔俘虏了晋惠公，于是又成全了我们的晋文公，这都是秦穆公的功劳。

晋文公亲自披甲上阵，跋山涉水，跨越艰难险阻，征讨东面各个诸侯国，让虞、夏、商、周的后代，都前往秦朝朝见，这已经报答了秦国往日的恩德了。郑国人侵犯君主您的边界，晋文公便带领诸侯军队以及秦军围攻郑国。秦国大夫没有询问过我们君主的意见，便擅自和郑国立下盟约。诸侯很痛恨这件事情，准备和秦国拼命。晋文公很恐惧，便安抚各方诸侯，才让秦国军队安然无恙地返回秦国，这是我们国家对秦国有大功劳的地方。"

【原文】

"无禄，文公即世，穆为不吊①，蔑死我君②，寡我襄公③，迭我崤地④，奸绝我好⑤，伐我保城⑥，殄灭我费滑⑦，散离我兄弟，挠乱我同盟，倾覆我国家。我襄公未忘君之旧勋，而惧社稷之陨，是以有崤之师⑧。犹愿赦罪于穆公，穆公弗听，而即楚谋我。天诱其衷，成王陨命⑨，穆公是以不克逞志于我。

穆、襄即世⑩，康、灵即位。康公，我之自出⑪，又欲阙翦我公室，倾覆我社稷，帅我蝥贼⑫，以来荡摇我边疆。我是以有令狐之役⑬。康犹不悛⑭，入我河曲⑮，伐我涑川⑯，俘我王官⑰，翦我羁马⑱，我是以有河曲之战。东道之不通⑲，则是康公绝我好也。"

【注释】

①不吊：不善。②蔑死我君：蔑，轻蔑；死我君，指"我死君"。③寡：欺侮。④迭、崤：迭，袭击；崤，山名，今河南洛宁西北方向。⑤奸绝我好：断绝和我友好的同盟国。⑥保城：城池。⑦殄、费滑：殄，灭绝；费滑，滑国。⑧崤之师：指崤之战。⑨成王：楚成王。⑩襄：晋襄公。⑪我之自

出：秦康公的生母是晋献公的女儿秦穆姬。⑫蟊贼：吃庄稼的害虫，代指晋国公子雍。⑬令狐之役：鲁文公七年，秦国受晋国请求，派兵护送公子雍返回晋国即位。后晋国反悔，派兵在令狐之地打败了护送公子雍回国的秦军。⑭不悛（quān）：没有悔改。⑮河曲：晋国地名，今山西风陵渡地区。⑯涑（sù）川：水名，今山西闻喜县西面。⑰王官：晋国地名，今山西闻喜西面。⑱羁马：晋国地名，今山西永济南面。⑲东道、不通：东道，晋国在秦国的东面，所以称为东道；不通，不再往来，代指秦晋两国断绝友好关系。

【译文】

"不幸的是，晋文公离世，秦穆公的作为不善，轻蔑我死去的先君，欺侮我晋襄公，袭击我们晋国的崤地，断绝晋国同盟国的往来，攻打我们的城池，灭绝我们的滑国，离散我们的兄弟，扰乱我们的同盟，倾覆我们的国家。我们晋襄公没有忘记秦国旧时的功劳，而又惧怕社稷有所损害，所以才有了崤之战。我们特别希望得到秦穆公的赦免，秦穆公不听，并且又即刻联合楚国图谋我们的国家。上天护佑晋国，楚成王丢掉了性命，致使秦穆公对我们晋国的意图没有得逞。

秦穆公、晋襄公去世，秦康公、晋灵公即位。秦康公，是我晋文公的外甥，却又想要削减我们君主的王室，想要倾覆我们君主的社稷，带着我们国家的害虫公子雍，以此来动摇我们的边界。我

国才又发动了令狐之战。秦康公还不愿意悔改，攻占我们的河曲，讨伐我们的涑川，俘虏了我们王官民众，夺去了我们的羁马。我国才又因此发动了河曲之战。东边的道路之所以不通畅，是因为秦康公断绝了和我们国家的友好关系。"

【原文】

"及君之嗣也①，我君景公引领西望曰②：'庶抚我乎③！'君亦不惠称盟④，利吾有狄难⑤，入我河县⑥，焚我箕、郜⑦，芟夷我农功⑧，虔刘我边陲⑨。我是以有辅氏之聚⑩。君亦悔祸之延，而欲徼福于先君献、穆，使伯车来⑪，命我景公曰：'吾与女同好弃恶，复修旧德，以追念前勋。'言誓未就，景公即世，我寡君是以有令狐之会⑫。"

【注释】

①君：秦桓公。②引领：引，伸；领，脖子。③庶：大概。④称盟：举行会盟。⑤狄难：指的是宣公十五年，晋国进入赤狄作战。⑥河县：黄河附近的县邑。⑦箕、郜：箕，晋国地名，今山西蒲县东北方向；郜，晋国地名，今山西祁县西面。⑧芟（shān）夷：芟，割除；夷，伤害。⑨虔刘：杀害。⑩辅氏：晋国地名，今陕西大荔东面。⑪伯车：秦桓公的儿子。⑫寡君、令狐之会：寡君，晋厉公；令狐之会，成公十一年，秦国和晋国在令狐会盟。

【译文】

"等到君主您继承王位之后，我的君主晋景公伸着脖子向西方张望说：'大概能够抚恤我们吧！'君主您也不愿施予恩惠和我们结盟，利用我们国家狄难的机会，侵入我们黄河附近的县邑，烧掉我国箕地、郜地，割取、损害我们国家的庄稼，杀戮我国边境的百姓。因此我国才有了辅氏之战。君主您也后悔灾祸的蔓延，而想要求福于先君晋献公、秦穆公，派遣儿子伯车前来，命令我们君主晋景公说：'我和你们抛却怨恨重归于好，重新修缮往日的友好关系，以此来追念前人的功勋。'誓言还没有成就，晋景公便离世了，我们君主因此又和秦国有了令狐之会。"

【原文】

"君又不祥，背弃盟誓。白狄及君同州^①，君之仇仇，而我之昏姻也^②。君来赐命曰：'吾与女伐狄。'寡君不敢顾昏姻，畏君之威，而受命于吏。君有二心于狄，曰：'晋将伐女。'

狄应且憎，是用告我^③。楚人恶君之二三其德也^④，亦来告我曰：'秦背令狐之盟，而来求盟于我，昭告昊天上帝、秦三公、楚三王曰^⑤："余虽与晋出入，余唯利是视。"不榖恶其无成德，是用宣之^⑥，以惩不壹^⑦。'

诸侯备闻此言，斯是用痛心疾首，昵就寡人。寡人帅以听命^⑧，唯好是求。君若惠顾诸侯，矜哀寡人，而赐之盟，则寡人之愿也。其承宁诸侯以退^⑨，岂敢徼乱^⑩。君若不施大惠，寡人不佞^⑪，其不能以诸侯退矣。敢尽布之执事^⑫，俾执事实图利之^⑬！"

【注释】

①白狄：狄族的一支。②昏姻：指晋文公当时在狄国迎娶了季隗。③是用告我：因此告诉我秦国的阴谋。④二三其德：不讲信用，三心二意。⑤秦三公、楚三王：秦三公，即秦穆公、秦康公、秦公公；楚三王，即楚成王、楚穆王、楚庄王。⑥宣之：宣布这个誓词。⑦不壹：不专一。⑧帅以听命：带领各诸侯听取君主的命令。实际上是带领诸侯以武力逼迫秦国屈服。⑨承宁：安定。⑩岂敢徼乱：岂敢希望发生祸乱。⑪不佞：谦辞，不才。⑫尽布：全部展现。⑬利之：对秦国有利。

【译文】

"君主不怀好意，背弃了会盟时的誓言。白狄和君主都在雍州境内，他们是君主的敌人，而又是我们国家的姻亲。君主前来赐命说：'我和你一起征讨狄国。'我们的君主不敢不顾姻亲之好，又害怕君主的威严，便向将士们传达了攻打狄国的命令。但君主您又对狄国起了别的念头，对狄国人说：'晋国准备讨伐你。'

狄国人表面应承你们但内心却十分憎恶你们，因此把秦国的阴谋告诉了我。楚国人厌恶君主不讲信用，也来告诉我说：'秦国违背了在令狐立下的盟约，而又来向我们国家寻求结盟，并昭告神灵、秦国已逝的三公、楚国已逝的三王说："我虽然和晋国有来往，但我看重的只有自己的利益。"我很讨厌他的不守信用，因此将这些誓词宣布出来，以此来惩戒那些不专一的人。'

各个诸侯都已经听到了这番话，对此都感觉痛心疾首，都前来和我们君主亲近。我们君主率领各诸侯以听取君主您的命令，只一心想求得两国交好。君主如若肯施恩于各诸侯，哀怜我君主，而赏赐会盟事宜，那么这便是我们君主的心愿了。我们君主便会安抚诸侯以此撤退，岂敢希望灾祸发生。君主如果不愿意施予这种恩惠，我们君主不才，便不能劝说诸侯撤退了。我们君主将情况全部告诉给您的左右，希望左右能够以秦国的利益为重！"

【原文】

秦桓公既与晋厉公为令狐之盟，而又召狄与楚，欲道以伐晋，诸侯是以睦于晋。晋栾书将中军，荀庚佐之。士燮将上军，郤锜佐之。韩厥将下军，荀罃佐之。赵旃将新军，郤至佐之。郤毅御戎，栾鍼为右①。孟献子曰②："晋帅乘和，师必有大功。"五月丁亥，晋师以诸侯之师及秦师战于麻隧③。秦师败绩，获秦成差及不更女父④。曹宣公卒于师。师遂济泾，及侯丽而还⑤。迓晋侯于新楚⑥。

【注释】

①栾鍼：栾书的儿子。②孟献子：文伯彀的儿子。③麻隧：秦国地名，今山西泾阳县北面。④不更：秦国的爵位名。⑤侯丽：秦国地名，今陕西礼泉县。⑥迓、新楚：迓，迎接；新楚，秦国地名，今陕西大荔县。

【译文】

秦桓公不久便和晋厉公在令狐立下盟约，又去召集狄人和楚国人，想让他们攻打晋国，诸侯国因此更加和晋国和睦。晋国栾书统率中军，荀庚作为副职以辅佐他。士燮率领上军，郤锜辅佐他。韩厥带领下军，荀罃辅佐他。赵旃统率新军，郤至辅佐他。郤毅驾驶战车，栾鍼为车右。孟献子说："晋国统帅和将士合力齐心，军队一定能够立下大功。"五月四日，晋国军队率领诸侯军队和秦国军队在麻隧交战。秦国军队大败，秦国成差以及不更女父被俘。曹宣公在行军的过程中去世。于是军队渡过泾水，到达侯丽而班师回朝。在新楚迎接晋厉公。

晋、楚之战（成公十六年）

【原文】

晋侯将伐郑，范文子曰："若逞吾愿①，诸侯皆叛，晋可以逞。若唯郑叛，晋国之忧，可立俟也②。"栾武子曰③："不可以当吾世而失诸侯，必伐郑。"乃兴师。栾书将中军，士燮佐之。郤锜将上军，荀偃佐之。韩厥将下军，郤至佐新军，荀罃居守。郤犨如卫④，遂如齐，皆乞师焉。栾黡来乞师⑤，孟献子曰："有胜矣。"戊寅，晋师起。

【注释】

①逞吾愿：满足我的愿望。②立俟：迅速。③栾武子：栾书。④郤犨（chōu）：郤豹的曾孙子，率领新军。⑤栾黡（yǎn）：栾书的儿子。

【译文】

晋厉公准备攻打郑国，范文子说："如若满足我们的意愿，诸侯都背叛我们，我们就可以出兵征讨。如今只有郑国背叛了晋国，晋国便出兵征讨，晋国的祸患马上就要来了。"栾武子说："不可以在我们这一代失去诸侯的拥戴，一定要征讨郑国。"于是晋国出兵。栾书统率中军，士燮辅佐他。郤锜统率上军，荀偃辅佐他。韩厥率领下军，郤至辅佐新军，荀罃在留在都城镇守。郤犨去了卫国，接着又去了齐国，都是为了请求出兵的。栾黡前去鲁国请兵，孟献子说："有胜算了。"四月十二日，晋国军队出动。

【原文】

郑人闻有晋师，使告于楚，姚句耳与往^①。楚子救郑，司马将中军，令尹将左^②，右尹子辛将右^③。过申，子反入见申叔时，曰："师其何如？"对曰："德、刑、详、义、礼、信，战之器也。德以施惠，刑以正邪，详以事神，义以建利，礼以顺时，信以守物。民生厚而德正^④，用利而事节^⑤，时顺而物成。上下和睦，周旋不逆，求无不具，各知其极^⑥。故《诗》曰：'立我烝民，莫匪尔极。'是以神降之福，时无灾害，民生敦庞^⑦，和同以听，莫不尽力以从上命，致死以补其阙。此战之所由克也。今楚内弃其民^⑧，而外绝其好，渎齐盟，而食话言，奸时以动^⑨，而疲民以逞。民不知信，进退罪也^⑩。人恤所厎，其谁致死？子其勉之！吾不复见子矣。"姚句耳先归，子驷问焉^⑪，对曰："其行速，过险而不整。速则失志^⑫，不整丧列。志失列丧，将何以战？楚惧不可用也。"

【注释】

①姚句耳：郑国大夫。②令尹：指公子婴齐，时任令尹。③子辛：公子壬夫。④民生厚而德正：百姓生活富足才能够端正美德。⑤用利而事节：利于国家的事情而行动则符合礼节。⑥极：准则。⑦敦庞：百姓生活富裕。⑧弃其民：不顾及百姓。⑨奸时：不顺时。⑩进退罪也：进退都有罪过。⑪子驷：穆公子。⑫失志：疏于考虑。

【译文】

郑国人听说晋国军队来了，便派人向楚国告急，郑国大夫姚句耳一同前往。楚共王发兵救援郑国，司马率领中军，令尹公子婴齐率领左军，右尹子辛带领右军。经过申地，子反进入城内拜见申叔时，说："这一次出兵的结果如何呢？"申叔时回答说："仁刑、刑罚、吉利、道义、礼仪、信用，是作战时的利器。美德施予恩惠，刑罚纠正邪恶，吉利侍奉神明，道义建立利益，礼仪顺应时宜，信用守护事物。百姓生活富裕就能够端正美德，进行对国家有利的行动，事情才会顺应时宜，顺应时宜才能够成就事物。上下和睦，行动顺畅，有所求也都无所不俱备，各人都知道其中的准则。所以《诗》中说：'立我烝民，莫匪尔极。'是以神灵降下的福气，四季都没有灾害，百姓生活富裕，合力听从教导，没有不尽力顺服上面命令的，直到死去他们还在努力弥补国家的缺欠。这是战争之所以能够胜利的原因。而今楚国内部抛弃了他的百姓，而外部又断绝了自己的友好同盟，亵渎了盟约，违背了信用，行动不顺应时宜，疲劳百姓而满足自己。百姓不知道信用，进退都是有罪过的。每个人都担忧自己的结局，又有谁愿意赴死呢？你自己尽力吧，我不会再看到你了。"姚句耳先行回去，子驷询问情况，回答说："楚国行军的速度很快，路过险要地段时军队不齐整。速度很快却疏于考虑，不齐整就会丧失队列。疏于考虑又丧失队列，又该用什么作战呢？楚国军队恐怕不能用啊。"

【原文】

五月，晋师济河。闻楚师将至，范文子欲反，曰："我伪逃楚，可以纾忧。夫合诸侯，非吾所能也，以遗能者。我若群臣辑睦以事君，多矣。"武子曰："不可。"

六月，晋、楚遇于鄢陵①。范文子不欲战，郤至曰："韩之战，惠公不振旅②。箕之役，先轸不反命③。邲之师④，荀伯不复从⑤。皆晋之耻也。子亦见先君之事矣。今我辟楚，又益耻也。"文子曰："吾先君之亟战也⑥，有故。秦、狄、齐、楚皆强，不尽力，子孙将弱。今三强服矣，敌楚而已。唯圣人能外内无患，自非圣人⑦，外宁必有内忧。盍释楚以为外惧乎⑧？"

【注释】

①鄢陵：郑国地名，今河南鄢陵。②振旅：作战凯旋。③不反命：没有回国复命，意为战死在沙场。④邲（bì）之师：宣公十二年，晋国楚国在邲地交战，晋国大败，楚国胜利。⑤荀伯不复从：荀林父无法从原路撤退，代指战败出逃。⑥亟：多次。⑦自：如果。⑧释：放。

【译文】

五月，晋国军队渡过黄河。听说楚国军队快要来了，范文子想要撤军，说："我们假装避开楚国军队，这样也可以缓解忧患。联合诸侯，不是我们所能够做到的，还是让有才能的人去做吧。如果我们这些臣子能够齐心协力侍奉君主，已经足够了。"武子说："不可以。"

六月，晋国、楚国在鄢陵相聚。范文子不想开战，郤至说："韩原一战，晋惠公没有凯旋。箕之役，先轸战死沙场没能回去复命。邲地一战，荀林父败兵而逃。这些都是晋国的耻辱。你也知道先君的这些事情。如今我们躲避楚国，又会增加一个耻辱了。"范文子说："我们的先君作战多次，是有缘故的。秦国、狄国、齐国、楚国都是强国，如若我们不能倾尽自己的力量，子孙后代将会衰弱了。如今秦国、狄国、齐国这三个强国已经顺服我们，只有楚国一个敌人而已了。只有圣人才能够保证内外没有忧患，如果不是圣人，外部安宁则内部一定会有忧患。何不放过楚国这个外患以此警醒自己呢？"

【原文】

甲午晦①，楚晨压晋军而陈。军吏患之。范匄趋进②，曰："塞井夷灶，陈于军中，而疏行首。晋、楚唯天所授，何患焉？"文子执戈逐之，曰："国之存亡，天也。童子何知焉？"栾书曰："楚师轻窕③，固垒而待之，三日必退。退而击之，必获胜焉。"郤至曰："楚有六间④，不可失也。其二卿相恶⑤。王卒以

旧。郑陈而不整。蛮军而不陈⑥。陈不违晦⑦，在陈而嚣⑧，合而加嚣，各顾其后，莫有斗心。旧不必良，以犯天忌。我必克之。"

【注释】

①晦：每个月的最后一天。②范匄（gài）：范文子士燮的儿子。③轻窕：轻佻，军心浮躁。④六间：代指不利的方面。⑤二卿：指子重和子反。⑥蛮军：楚国军队中的南方少数民族。⑦违晦：躲开晦气的日子。古时候人们认为月末最后一天作战不吉利。⑧嚣：喧闹。这里指军队纪律不严明。

【译文】

六月二十九日，是月末的最后一天，早上楚国军队便迫近晋国军队并摆开了兵列。晋国的士兵对此非常忧虑。范文子的儿子范匄快步向前，说："填井平灶，在军营中摆开阵列，并将行道之间拉开距离。晋国、楚国都是上天所护佑的国家，又有什么可担心的呢？"范文子拿着戈将他逐出去，说："国家的存亡，是天意决定。小孩子家知道什么？"栾书说："楚国将士军心浮躁，可以加固壁垒以此等待时机，三天之内楚国一定会撤军。楚国撤军的时候我们再追击他们，一定能够获得胜利。"郤至说："楚国有六个不利的方面，我们不可以失去这次机会。楚国卿士子重和子反相互憎恶；楚共王的左右兵将都是从旧族中选出来的；郑国军队虽然已经摆开了阵势但是军队并不整齐；楚国军队中的南方少数民族并没有成兵阵；摆列军队却又不避讳晦气的日子，阵列中的军队也没有严明的军纪；两军合并后必然会更加喧哗无纪律，各自顾及自己的退路，没有了作战的斗志。旧族的兵不一定会精良，在晦气的日子里出兵又触犯了天忌。我们一定能够攻克它。"

【原文】

楚子登巢车以望晋军①，子重使大宰伯州犁侍于王后②。王曰："骋而左右，何也？"曰："召军吏也。""皆聚于军中矣！"曰："合谋也。""张幕矣。"曰："虔卜于先君也③。""彻幕矣④！"曰："将发命也。""甚嚣，且尘上矣！”曰："将塞井夷灶而为行也。""皆乘矣⑤，左右执兵而下矣！"
曰："听誓也。""战乎？"曰："未可知也。""乘而左右皆下矣！"曰："战
祷也⑥。"伯州犁以公卒告王⑦。

【注释】

　　①巢车：军中用以观望的瞭望车。②伯州犁：晋国大夫伯宗的儿
子。③先君：晋厉公的先君。④彻幕：放下帐幕。⑤乘：登上战车。⑥战
祷：作战之前的祈祷。⑦公卒：晋厉公的亲兵。

【译文】

　　楚共王登上瞭望车以观望晋国军营，子重让太宰伯州犁侍奉在楚共
王左右。楚共王说："晋国军营中有人驾驶战车向左右驰骋，这是为什么
呢？"伯州犁说："是在召唤军中将士。""晋国将士都已经在军营中聚集
了。"伯州犁又说："是要一起商讨对策了。"楚共王说："他们的帐幕拉
开了。"伯州犁说："是要虔诚地在晋侯先君面前占卜。""帐幕关上了。"
伯州犁说："将要下达命令了。""非常喧闹，而且是尘土飞扬。"伯州犁
说："他们准备填井平灶为了拉开行道距离。""都登上战车了，左右拿武
器的人又下车了！"伯州犁说："是为了听统帅宣布誓师号令。""要开战了
吗？"伯州犁说："还不知道。""晋军又上了战车而左右又都下车了！"伯
州犁说："作战之前对神明的祈祷。"伯州犁又将晋厉公亲兵的情况报告给
楚共王。

【原文】

　　苗贲皇在晋侯之侧①，亦以王卒告。皆曰："国士在②，且厚，不可当
也。"苗贲皇言于晋侯曰："楚之良，在其中军王族而已。请分良以击其左
右，而三军萃于王卒，必大败之。"公筮之，史曰："吉。其卦遇《复》③，
曰：'南国蹙④，射其元王中厥目⑤。'国王伤，不败何待？"公从之。

　　有淖于前⑥，乃皆左右相违于淖。步毅御晋厉公⑦，栾鍼为右。彭名
御楚共王，潘党为右。石首御郑成公，唐苟为右。栾、范以其族夹公行⑧，
陷于淖。栾书将载晋侯，鍼曰："书退！国有大任，焉得专之？且侵官⑨，

170

冒也；失官⑩，慢也；离局⑪，奸也。有三罪焉，不可犯也。"乃掀公以出于淖。

【注释】

①苗贲皇：楚国令尹斗椒的儿子。斗椒作乱被杀后，苗贲皇出逃到晋国。②国士：从国人中精挑细选出来的武士。③《复》：《周易》中的卦名。④南国：楚国。⑤元王：代指楚共王。⑥淖（nào）：泥沼。⑦步毅：郤至的弟弟。⑧夹公行：在晋厉公的两侧前行。⑨侵官：超越自己的权限。⑩失官：放弃自己的职责。⑪离局：离开职位。

【译文】

苗贲皇在晋厉公的身边，也将楚共王亲兵的情况报告给了晋厉公。晋厉公左右的人都说："国家最精良的武士在，而且阵势雄厚，不可抵挡。"苗贲皇对晋厉公说："楚国军队的精良，在于他们中军的王族。请把我们的精兵分开攻击他们的左右方，而集合三军以攻打楚国的亲近部队，一定能够将他们打败。"晋厉公便让太史用蓍草占卜，太史说："吉利。得到了《复》卦，说：'楚国窘迫，射它的君主箭头中目。'国家窘迫君主受伤，不失败又能等什么呢？"晋厉公听从了他的建议。

晋国出兵的路上有泥沼，于是晋军左右的人都躲避泥沼。步毅为晋厉公驾驶战车，栾鍼为车右。彭名为楚共王驾驶战车，潘党为车右。石首为郑成公驾驶战车，唐苟为车右。栾书、范文子带着他的族人将晋厉公拥护在中间，晋厉公的战车陷进泥沼里。栾书准备搭载晋厉公，栾鍼说："栾书退下！国家的大事，岂能一个人去办呢？况且做超越自己职权的事情，是非常冒失的；放弃自己的职权，是非常怠慢的；离开自己的职位，是非常奸恶的。这三个罪名，是不可以犯的。"于是栾鍼便将晋厉公的战车抬出了泥沼。

【原文】

癸巳，潘尪之党与养由基蹲甲而射之①，彻七札焉②。以示王，曰："君有二臣如此，何忧于战？"王怒曰："大辱国③。诘朝④，尔射，死艺⑤。"吕锜梦射月，中之，退入于泥。占之，曰："姬姓，日也。异姓，月也，必楚王也。射而中之，退入于泥，亦必死矣⑥。"及战，射共王，中目。王召养由基，与之两矢，使射吕锜，中项⑦，伏弢⑧。以一矢复命。

郤至三遇楚子之卒，见楚子，必下，免胄而趋风。楚子使工尹襄问之以弓⑨，曰："方事之殷也，有韎韦之跗注⑩，君子也。识见不穀而趋，无乃伤乎？"郤至见客⑪，免胄承命，曰："君之外臣至，从寡君之戎事，以君之灵，间蒙甲胄，不敢拜命⑫，敢告不宁君命之辱⑬，为事之故，敢肃使者。"三肃使者而退。

【注释】

①党、养由基：党，潘党，潘尪的儿子；养由基，楚国将领，擅长骑射。②彻、七札：彻，射穿；七札，七层甲片。③大辱国：斥责两个人不谦逊。④诘朝：明天早上。⑤死艺：死于自己最擅长的骑射技术。⑥必死：人死后入泥，于是将"入于泥"看作死之象。⑦中项：射中了脖子。⑧伏弢（tāo）：伏在弓套上死去。⑨工尹襄：工尹是官职；襄为人名。⑩韎韦：赤色的柔皮。古时候的人们用它来制作军衣。⑪客：代指工尹襄。⑫不敢拜命：古时候，穿铠甲的战士可以免于跪拜。⑬君命之辱：谦辞。对方下达的命令能够使对方受辱。

【译文】

六月二十八日，潘尪的儿子潘党和养由基将铠甲堆放起来并用箭射它们，射穿了七层甲片。他们将这个给楚共王看，说："君主有这样的两个臣子，又何必忧愁作战呢？"楚共王发怒说："真是太辱没国家了。明天早上，你们如果射箭，将会死在自己最擅长的箭下。"吕锜做梦梦到了自己射月亮，射中之后，在后退的时候又陷进了泥里。便为此占卜，说："姬姓，代表太阳。异姓，代表月亮，这一定指的是楚共王。射箭而射中了他，后退自己又陷进泥里，也一定会死去。"等到作战的时候，吕锜用箭射楚共王，射中了他的眼睛。楚共王召见养由基，并给了他两支箭，让他射吕锜，射中了吕锜的脖子，吕锜趴在弓囊上死去。养由基拿着剩下的一支箭向楚共王报告了情况。

　　郤至三次和楚共王的士兵相遇，看到楚共王，他一定会下车，并脱下盔甲而快步离去。楚共王派遣工尹襄给他送去了一张弓以表示慰问，说："正值战争紧张的时候，有一位身穿赤色军衣的人，是个君子。看到我之后便快速离去，难道不是受伤了吗？"郤至见了工尹襄，脱下头盔以接受命令，说："君主的外臣郤至，跟随我们的君主作战，因君主神灵庇佑，我得以穿上战甲，不敢叩拜答谢，我不安地告诉您（我并没有受伤），对于君主的问候我感到惭愧，因为战争的缘故，我只敢对您作揖行礼。"郤至向工尹襄作揖三次便退下了。

【原文】

　　晋韩厥从郑伯[1]，其御杜溷罗曰[2]："速从之！其御屡顾，不在马[3]，可及也。"韩厥曰："不可以再辱国君。"乃止。郤至从郑伯，其右茀翰胡曰："谍辂之[4]，余从之乘而俘以下。"郤至曰："伤国君有刑[5]。"亦止。石首曰[6]："卫懿公唯不去其旗，是以败于荧。"乃内旌于弢中。唐苟谓石首曰："子在君侧，败者壹大[7]。我不如子，子以君免，我请止。"乃死。

　　楚师薄于险，叔山冉谓养由基曰："虽君有命，为国故，子必射！"乃射。再发，尽殪[8]。叔山冉搏人以投[9]，中车，折轼。晋师乃止。囚楚公子茷。

【注释】

　　①郑伯：郑成公。②杜溷（hùn）罗：人名，韩厥的车夫。③不在马：不专心驾驶马车。④谍辂：秘密派遣兵车拦截。⑤伤国君有刑：伤害君主会受到刑罚。⑥石首：郑成公的驭手。⑦败者壹大：战败的郑军也应专心保护郑成公。⑧殪：死去。⑨搏人：抓住敌人。

【译文】

　　晋国韩厥追击郑成公，他的车夫杜溷罗说："快快追上他们！郑成公的车夫屡屡回头，不专心驾驶兵车，可以追得上。"韩厥说："不可以再侮辱君主了。"于是便停止追击。郤至追击郑成公，他的车右茀翰胡说："秘密地派遣战车去拦截他们，我从后面登上战车俘虏郑成公后便下车。"郤至说："伤害君主是要受到刑罚的。"也停止追击了。郑成公的驭手石首说："之前卫懿公因为不肯丢弃他的旗子，所以才在荥泽打了败仗。"于是便把旌旗放到了弓囊里。唐苟对石首说："你在君主的身边，战败的时候一定要专心保护君主。我不如你，你带着君主逃走以免于被俘虏的命运，我请求留下抵抗追军。"于是唐苟战死。

楚国军队被晋国军队逼迫到了险阻的地方，叔山冉对养由基说："虽然君主有不让你逞能射箭的命令，但为了国家的缘故，你一定要射箭。"于是养由基向晋国军营中射箭。接连发了好几箭，中箭的晋军都死了。叔山冉又抓住敌人投掷过去，投中了晋国的战车，折断了战车的车辕。于是晋国军队便停止追击。晋国拘禁了楚国公子茂。

【原文】

栾鍼见子重之旌，请曰："楚人谓：'夫旌，子重之麾也①。'彼其子重也。日臣之使于楚也，子重问晋国之勇。臣对曰：'好以众整。'曰：'又何如？'臣对曰：'好以暇。'今两国治戎，行人不使②，不可谓整。临事而食言，不可谓暇。请摄饮焉。"公许之。使行人执榼承饮③，造于子重④，曰："寡君乏使，使鍼御持矛，是以不得犒从者，使某摄饮⑤。"子重曰："夫子尝与吾言于楚，必是故也，不亦识乎！"受而饮之。免使者而复鼓⑥。

【注释】

①麾：军旗。②行人：使者。③榼：木质的酒器。④造：到……去。⑤某：谦辞，代替鍼敬酒的人。⑥免、复鼓：免，送走；复鼓，再次击鼓出击。

【译文】

栾鍼看见子重的旌旗，对晋厉公请求说："楚国人认为：'那面旌旗，就是子重的战旗。那么对方应该就是子重吧。'昔日臣出使楚国，子重曾经询问晋国的勇气在哪里。臣回答说：'喜欢师旅严整周密。'子重说：'又比如呢？'臣回答说：'喜欢从容不迫。'而今两国作战，使者不再出使，不能称之为严整。面临战事而违背诺言，不可称之为从容不迫。请求君主让人代我向子重敬酒。"晋厉公应允了。晋厉公派遣使者拿着木质的酒器奉酒，到了子重那里，说："我们的君主缺乏任用的人，便让栾鍼拿着矛侍奉在左右，所以才不能亲自前来犒赏跟随您的人，只能派遣我来代替他向您敬酒。"子重说："他曾经和我在楚国说过这样的话，一定是因为这个缘故，他的记忆力确实很好。"子重接受并喝了下去。把使者送走后继续击鼓作战。

【原文】

旦而战，见星未已。子反命军吏察夷伤，补卒乘，缮甲兵，展车马，鸡鸣而食，唯命是听。晋人患之。苗贲皇徇曰①："蒐乘补卒②，秣马利兵，修陈固列，蓐食申祷，明日复战。"乃逸楚囚。王闻之，召子反谋。谷阳竖献饮于子反，子反醉而不能见。王曰："天败楚也夫！余不可以待。"乃宵遁③。晋入楚军，三日谷。范文子立于戎马之前④，曰："君幼，诸臣不佞，何以及此？君其戒之！《周书》曰'唯命不于常⑤'，有德之谓⑥。"

楚师还，及瑕⑦，王使谓子反曰："先大夫之覆师徒者⑧，君不在⑨。子无以为过，不穀之罪也。"子反再拜稽首曰："君赐臣死，死且不朽。臣之卒实奔，臣之罪也。"子重使谓子反曰："初陨师徒者，而亦闻之矣⑩！盍图之？"对曰："虽微先大夫有之，大夫命侧⑪，侧敢不义？侧亡君师，敢忘其死。"王使止之，弗及而卒。

【注释】

①徇：巡视宣布命令。②蒐：检阅。③宵遁：晚上逃走。④戎马：晋厉公的车马。⑤唯命不于常：上天的命令不会一直没有变化。⑥有德之谓：有才能的人才能够得到天命。⑦瑕：随国地名。⑧先大夫：子玉。⑨君不在：君主不在军营。⑩而：子反。⑪侧：子反。

【译文】

日出的时候开始作战，星星出现的时候还没有结束。子反命令军吏去视察伤员，补充兵马，修缮兵甲，检视车马，鸡鸣吃早餐，对主帅唯命是听。晋国人有些担心。苗贲皇巡视宣布命令说："检阅兵车补充士兵，喂饱战马磨砺兵器，整顿战列加固行列，吃饱军食誓词祈祷，明天再次出战。"随后又故意释放了楚国的囚徒。楚共王从囚徒那里听到了晋国的备战情况，召见子反商讨计划。谷阳竖向子反献酒，子反喝醉而无法朝见。楚共王说："上天要让楚国衰败啊！我不可以再等待了。"于是便趁着夜色逃走了。晋国进入楚国军营，吃了三天从楚国缴获的粮食。范文子站在晋厉公车马的前面，说："君主年幼，诸臣不才，又何以到达这个地步呢？君主应该警戒啊！《周书》上说'上天的命令不会一直一成不变'，意思是说有才德的人才能够享用天命。"

楚国军队返回楚国，到达瑕地，楚共王派人对子反说："先大夫子玉当初在城濮之战中让全军覆没，君主当时不在军营。这一次你并没有过错，都是我的罪过呀。"子反再次稽首叩拜说："君主请赐死下臣，臣也死而不朽。臣率领的士兵确实败兵出逃，是臣的罪过。"子重派人对子反说："当时损害全军的人，你也听说了。何不为自己考虑考虑？"子反回答说："即便没有先大夫那件事情，大夫命令子反，子反又岂敢违背道义？子反损害了君主的军队，岂敢躲避死亡。"楚共王派人去阻止他，还没有来得及赶到子反便自杀了。

卷九　襄公

祁奚荐才（襄公三年）

祁奚请老①，晋侯问嗣焉②。称解狐③，其仇也，将立之而卒。又问焉，对曰："午也可④。"于是羊舌职死矣⑤，晋侯曰："孰可以代之？"对曰："赤也可⑥。"于是使祁午为中军尉⑦，羊舌赤佐之。

君子谓："祁奚于是能举善矣。称其仇，不为谄⑧。立其子，不为比。举其偏，不为党。《商书》曰：'无偏无党，王道荡荡。'其祁奚之谓矣！解狐得举，祁午得位，伯华得官，建一官而三物成⑨，能举善也夫！惟善，故能举其类。《诗》云：'惟其有之⑩，是以似之⑪。'祁奚有焉。"

【注释】

①祁奚：晋国大夫。②晋侯：晋悼公。③称、解狐：称，举荐；解狐，晋国大臣。④午：祁午，祁奚的儿子。⑤于是、羊舌职：于是，在这时；羊舌职，晋国大臣。⑥赤：羊舌赤，羊舌职的儿子。⑦中军尉：中军的军尉。⑧谄：谄媚。⑨三物：三事，得举、得位、得官。⑩有之：有德行。⑪似之：所推举的人和他品德相似。

【译文】

晋国大夫祁奚请求告老，晋悼公询问他的继承人问题。祁奚举荐解狐，解狐是祁奚的仇人，晋悼公准备任命他的时候而他却死了。晋悼公又问祁奚，祁奚回答说："祁午也可以。"在这时羊舌职死了，晋悼公说："谁可以接替他的职位呢？"祁奚回答说："羊舌赤可以。"于是晋悼公便让祁午为中军军尉，羊舌赤作为副职辅佐他。

君子认为："在这个时候祁奚能够举荐良善之人。举荐了他的仇人（解狐），不是为了谄媚。推举自己的儿子，不是为了私心。举荐他的副手，不是为了党羽。《商书》上说：'不存私心不结党羽，大公无私啊。'说的就是祁奚！解狐得到了举荐，祁午得到了任职，羊舌赤得到了官位，设立了一个官职而成就了三件事情，是因为能够举荐良善的缘故！因为他的良善，所以才能够举荐和他相似的人。《诗》中说：'只有他有德行，才能够举荐和他品德相似的人。'祁奚就是有美德的人。"

魏绛戮扬干奴（襄公三年）

【原文】

晋侯之弟扬干乱行于曲梁①，魏绛戮其仆②。晋侯怒，谓羊舌赤曰："合诸侯以为荣也，扬干为戮，何辱如之③？必杀魏绛，无失也④！"对曰："绛无贰志⑤，事君不辟难，有罪不逃刑，其将来辞⑥，何辱命焉？"言终，魏绛至，授仆人书，将伏剑⑦。士鲂、张老止之。

公读其书曰："日君乏使⑧，使臣斯司马。臣闻师众以顺为武，军事有死无犯为敬⑨。君合诸侯，臣敢不敬？君师不武⑩，执事不敬，罪莫大焉。臣惧其死，以及扬干，无所逃罪。不能致训，至于用钺⑪。臣之罪重，敢有不从以怒君心，请归死于司寇。"公跣而出⑫，曰："寡人之言，亲爱也。吾子之讨⑬，军礼也。寡人有弟，弗能教训，使干大命⑭，寡人之过也。子无重寡人之过，敢以为请。"

晋侯以魏绛为能以刑佐民矣⑮，反役⑯，与之礼食，使佐新军。张老为中军司马，士富为候奄⑰。

【注释】

①曲梁：晋国地名，今河北邯郸东北方向。②魏绛、戮、其仆：魏绛，人名，中军司马；戮，处置；其仆，为扬干驾驶马车的人。③如之：比得上这样。④失：耽搁。⑤贰志：二心。⑥来辞：当面解释事情经过。⑦伏剑：拔剑自刎。⑧日：往日。⑨无犯：没有触犯军法。⑩不武：军纪不好。⑪钺：兵器。⑫跣：赤着脚。⑬讨：执法讨罪。⑭大命：军法。⑮以刑佐民：以刑法治理百姓。⑯反役：从会盟后回国。⑰候奄：负责侦察敌人情况的官员。

【译文】

晋悼公的弟弟扬干在曲梁扰乱军队行列，魏绛杀了为他驾车的仆人。晋悼公大怒，对羊舌赤说："联合诸侯是很光荣的事情，如今扬干受到了侮辱，什么羞辱又能够比得上这件事呢？我一定要杀掉魏绛，不能再耽搁了。"羊舌赤回答说："魏绛没有贰心，侍奉君主不会躲避灾难，有了罪过也不逃避刑罚，他准备当面向您解释清楚，又何必让您亲自发布命令呢？"话刚刚说完，魏绛便到了，他将申述的书信交给了晋悼公的仆人，并准备拔剑自刎。士鲂、张老制止了他。

晋悼公看魏绛的申述，上面说："昔日君主身边缺少可以任用的人，派遣臣任司马一职。臣听说军队众人顺服命令称之为武，在军中行事宁愿死都不触犯军纪是为敬。君主会合诸侯，臣岂敢不敬？君主的军队军纪

不好，执行命令的人不敬，没有比这更大的罪过了。臣惧怕因不执行军纪而犯下死罪，所以才波及了扬干，罪无可逃。下臣没能事先教导军队，以至于在后来用了刑罚。臣的罪过很重，不敢不听从君命而让君主发怒，请求臣死之后再交由司寇处置。"晋悼公看完书信之后赤着脚跑了出去，说："寡人的话，是爱惜自己的弟弟。对你的处置，是出于军队的纪律。寡人有弟弟，却又没能好好教导，而让他触犯了军法，是寡人的罪过。你不要再以死来加重寡人的罪过，冒昧以此来请求。"

晋悼公因此认为魏绛能够用刑罚治理百姓，会盟回去后，便在祖庙设宴款待他，让他辅佐新军。张老为中军司马，士富任候奄。

魏绛劝谏晋悼公（襄公四年）

【原文】

无终子嘉父使孟乐如晋①，因魏庄子纳虎豹之皮，以请和诸戎。晋侯曰："戎狄无亲而贪，不如伐之。"魏绛曰："诸侯新服，陈新来和②，将观于我③，我德则睦，否则携贰。劳师于戎，而楚伐陈，必弗能救，是弃陈也，诸华必叛④。戎，禽兽也，获戎失华，无乃不可乎？《夏训》有之曰⑤：'有穷后羿⑥。'"公曰："后羿何如？"对曰："昔有夏之方衰也，后羿自鉏迁于穷石⑦，因夏民以代夏政。恃其射也，不修民事而淫于原兽。弃武罗、伯困、熊髡、龙圉而用寒浞⑧。寒浞，伯明氏之谗子弟也。伯明后寒弃之，夷羿收之，信而使之，以为己相。浞行媚于内而施赂于外⑨，愚弄其民而虞羿于田⑩，树之诈慝以取其国家，外内咸服。羿犹不悛，将归自田，家众杀而亨之⑪，以食其子。其子不忍食诸，死于穷门。靡奔有

181

鬲氏[12]。浞因羿室，生浇及豷[13]，恃其谗慝诈伪而不德于民。使浇用师，灭斟灌及斟寻氏[14]。处浇于过，处豷于戈。靡自有鬲氏，收二国之烬[15]，以灭浞而立少康[16]。少康灭浇于过，后杼灭豷于戈[17]。有穷由是遂亡，失人故也。昔周辛甲之为大史也[18]，命百官，官箴王阙。于《虞人之箴》曰：'芒芒禹迹，画为九州，经启九道。民有寝庙，兽有茂草，各有攸处，德用不扰。在帝夷羿，冒于原兽，忘其国恤，而思其麀牡[19]。武不可重，用不恢于夏家。兽臣司原[20]，敢告仆夫。'《虞箴》如是，可不惩乎？"于是晋侯好田，故魏绛及之。

【注释】

①无终、子、嘉父、孟乐：无终，山戎的国名；子，戎狄的君主称之为"子"；嘉父，君主名；孟乐，山戎的使者。②陈新来和：陈国背叛楚国而依靠晋国。③观于我：观察晋国的行为。④诸华：中原各诸侯。⑤《夏训》：《夏书》，为《尚书》的一部分。⑥有穷、后羿：有穷，夏时的国名，今河南；后羿，君主的名字。⑦鉏（chú）：地名，今河南滑县。⑧武罗、伯困、熊髡（kūn）、龙圉、寒、浞（zhuó）：武罗、伯困、熊髡、龙圉，都是羿的贤臣；寒，夏时的部落名；浞，人名。⑨行媚于内：向后羿的妻子献媚。⑩虞：通"娱"，后羿以狩猎为乐。⑪亨：通"烹"，煮的意思。⑫靡、有鬲氏：靡，夏的大臣；有鬲，部落名，今山东德州市。⑬豷（yì）：猪喘气。这里指人名。⑭斟灌、斟寻氏：斟灌，夏时的部落名，今山东寿光县东北方向；斟寻氏，夏时的部落名，今山东省潍坊境内。⑮烬：遗民。⑯少康：夏的君主。⑰后杼：少康的儿子。⑱辛甲：原本是殷朝的臣子，后归附周文王之下，任职公卿。⑲麀（yōu）牡：禽兽。⑳兽臣：虞人的自称。

【译文】

无终子嘉父派遣孟乐前往晋国，通过魏绛而进献了虎豹皮，以此请求晋国和各个山戎部落讲和。晋悼公说："戎狄没有亲近的人并且很贪婪，不如前去征讨他。"魏绛说："各诸侯国都是刚刚顺服的，陈国也背弃楚国前来投靠我们，都在偷偷观察我们晋国的行动，我们晋国师德则和睦，不然就会引起贰心啊。劳师动众地征伐戎国，如若楚国这时攻打陈国，我们一定无法救援，这便会抛弃了陈国，中原各诸侯国也一定会背叛我们。戎狄人，禽兽而已，夺取了戎狄却失掉了中原，恐怕不可以吧？《夏训》中有记载说：'有穷国的君主羿。'"晋悼公说："君主羿如何？"魏绛回答说："昔日夏朝刚开始衰落的时候，君主羿从鉏地迁到穷石，依靠夏朝的百姓取代夏朝的政权。依仗着自己的骑射技术，不修缮民事而沉迷于狩猎中，放弃了武罗、伯困、熊髡、龙圉这样的贤臣而重用来自寒部落的浞。寒浞是伯明氏的邪恶子弟。寒部落的君主伯明把他丢弃了，而羿收留了他，信任并任用他，让他当自己的辅相。寒浞对内献媚于羿的妻子而对外广施财物，愚弄百姓并且让羿专门以狩猎为乐，树立奸诈邪恶以此来夺取羿的国家，内外都比较顺服他。羿还是不愿意悔改，他准备从狩猎田中回去的时候，他的仆人将他杀掉并把他煮了，以此让他的儿子吃。他的儿子不忍心吃，又在有穷国的城门处被杀。夏朝大臣靡出逃到有鬲部落。寒浞霸占了羿的妻室，生下了浇和豷，依仗自己的邪恶奸诈而不施德于百姓。让浇率领军队，灭掉了斟灌以及斟寻氏。让浇住在过地，让豷住在戈地。靡从有鬲氏那里，聚集了两个国家的遗民，以此来灭掉寒浞而立少康为君主。少康将浇消灭在过地，少康的儿子后杼在戈地消灭了豷。有穷由此而亡，这是因为失去了贤臣的

缘故啊。昔日周国大夫辛甲为太史时，命令百官，一定要规劝君主的过错。在《虞人之箴》一书中说：'大禹走过的茫茫大地，尽数分为九州，开辟了很多条道路。百姓有住宅和宗庙，野兽有丰茂的青草，各自有各自的去所，二者不会相互扰乱。羿做君主的时候，沉迷于狩猎，忘掉了要体恤国家，却贪恋禽兽。不可过度狩猎，过度便不利于夏朝的恢复和扩大。我主管田间狩猎事宜，冒昧告诉君主左右。'《虞人之箴》如这般，可以不以此为警戒吗？"那个时候晋悼公爱好狩猎，所以魏绛便说到了羿的这件事情。

【原文】

公曰："然则莫如和戎乎？"对曰："和戎有五利焉：戎狄荐居^①，贵货易土^②，土可贾焉，一也。边鄙不耸，民狎其野^③，穑人成功^④，二也。戎狄事晋，四邻振动，诸侯威怀，三也。以德绥戎，师徒不勤，甲兵不顿，四也。鉴于后羿，而用德度^⑤，远至迩安，五也。君其图之！"公说，使魏绛盟诸戎，修民事，田以时^⑥。

【注释】

①荐居：依傍水草而居。②易：轻视。③狎：习惯。④穑人：农夫。⑤德度：仁德法度。⑥田以时：根据时令狩猎。

【译文】

晋悼公说："难道没有比和戎狄和解更好的办法吗？"魏绛回答说："和戎狄和解有五个好处：戎狄依傍着水草而居住，重视财物而轻视土地，可以交换土地，这是第一点。不用警惕边境的安危，百姓习惯在田野中耕种，农夫能够按时完成农务，这是第二点。戎狄侍奉晋国，周边的国家都会有所震动，诸侯国也畏威怀德，这是第三点。用德行来安抚戎狄，不疲劳军队，不劳顿兵甲，这是第四点。以后羿为鉴，而使用德行法度，远国顺服而近国安定，这是第五点。君主可以好好考虑！"晋悼公很高兴，便派遣魏绛会盟各戎狄部落，修缮民事，根据时令进行狩猎活动。

驹支之辩（襄公十四年）

【原文】

十四年春，吴告败于晋①。会于向，为吴谋楚故也②。范宣子数吴之不德也③，以退吴人。执莒公子务娄，以其通楚使也。

将执戎子驹支④。范宣子亲数诸朝，曰："来！姜戎氏！昔秦人迫逐乃祖吾离于瓜州⑤，乃祖吾离被苫盖，蒙荆棘，以来归我先君。我先君惠公有不腆之田，与女剖分而食之。今诸侯之事我寡君不如昔者，盖言语漏泄，则职女之由⑥。诘朝之事，尔无与焉！与将执女！"对曰："昔秦人负恃其众，贪于土地，逐我诸戎⑦。惠公蠲其大德⑧，谓我诸戎，是四岳之裔胄也⑨，毋是翦弃。赐我南鄙之田，狐狸所居，豺狼所嗥。我诸戎除翦其荆棘，驱其狐狸豺狼，以为先君不侵不叛之臣，至于今不贰。昔文公与秦伐郑，秦人窃与郑盟而舍戍焉，于是乎有崤之师。晋御其上，戎亢其下，秦师不复⑩，我诸戎实然⑪。譬如捕鹿，晋人角之，诸戎掎之，与晋踣之，戎何以不免⑫？自是以来，晋之百役，与我诸戎相继于时⑬，以从执政，犹崤志也⑭。岂敢离逖⑮？今官之师旅⑯，无乃实有所阙，以携诸侯⑰，而罪我诸戎！我诸戎饮食衣服，不与华同，贽币不通⑱，言语不达，何恶之能为？不与于会，亦无瞢焉⑲！"赋《青蝇》而退。宣子辞焉，使即事于会，成恺悌也⑳。

【注释】

①十四年春，吴告败于晋：襄公十三年，吴国趁楚国丧事之际派兵攻打楚国，结果楚国却早有防备而设下埋伏，吴国大败。吴国和晋国曾是

同盟国，所以才会将失败的消息告诉晋国。②为吴谋楚故也：为了吴国入侵楚国失败而又通报晋国的缘故。③范宣子：士匄，晋国卿士。④戎子驹支：戎人的首领，名为驹支。⑤瓜州：地名，今甘肃敦煌。⑥职女之由：应该是由于你。⑦诸戎：西戎是由各个部落组成的，而驹支是这些部落的首领，所以称之为诸戎。⑧蠲（juān）：明。⑨四岳：唐尧时方伯，姜姓。⑩不复：无法回去复命。代指全军覆没。⑪我诸戎实然：实际上都是我们诸戎的功劳。⑫何以不免：为何不能免于责罚。⑬相继于时：按时相从，从未间断。⑭犹崤志也：就好比崤之战一般，不会有二心。⑮逿（dàng）：远。⑯官之师旅：晋国执政。⑰携诸侯：诸侯怀有二心。⑱贽币不通：不相往来。⑲蕾：忧。⑳恺悌：平易近人。

【译文】

十四年春天，吴国将被楚国打败的消息告诉晋国。各诸侯国在向地会盟，也是因为帮助吴国商讨谋划应对楚国的缘故。范宣子指责吴国不道德的行为，以此拒绝吴国人。逮捕了莒国公子务娄，因为他派遣使者和楚国有往来。

范宣子准备逮捕戎人首领驹支。范宣子在朝中责备他，说："来！姜戎氏！以前秦国人将你的祖先吾离驱逐出瓜州，你的祖先吾离披着茅草衣，戴着荆棘帽，并前来归附我们的先君。我们先君惠公的田地并不丰厚，但还是分给你们一半让你们有东西吃。如今诸侯侍奉我们君主已经大大不如从前了，这是因为泄露秘密的缘故，应该是从你们这里传出去的。明天早上的事情，你不要参与了！否则就逮捕你！"驹支回答说："以前秦国人依仗自己人多，贪图田地，将我诸侯各部逐出。惠公彰显他的大仁德，认为我们诸戎是四岳的后裔，不能被翦族所丢弃。于是便将南部边境的田地赐给我们，狐狸居住在那里，豺狼在那里嚎叫表示南部边境土地荒芜。我诸戎将那里的荆棘铲除，驱逐了狐狸、豺狼，成了你们先君不侵不叛的臣子，直到今天都没有贰心。以前文公和秦国征讨郑国，秦国人却私下里和郑国达成盟约并派兵在那里驻守，于是才有了崤之战。晋国在上面抵御秦国，我们戎人在下面攻打秦国，所以秦国军队全军覆没，这实际上是我们诸戎的功劳啊。例如捕鹿，晋国人抓住了鹿角，而诸戎却拉住了它的腿，并和晋国一起将其放倒，为什么不能让戎人免于罪责呢？从那个时候开始，晋国只要有战役，我们诸戎都会相继跟随，以此来跟随你们的政权，就和崤之战时的意志一样。岂敢逃离呢？如今你们晋国执政的官员，恐怕也是有做得不好的地方，让诸侯生起了背离之心，却将罪过归于我们诸戎身上！我们诸戎的饮食衣服，和中原地区都不一样，平时也不相往来，言语不通，又能做出什么坏事呢？不能参与会盟，我也没什么可羞愧的！"于是作了《青蝇》赋便退下了。范宣子向驹支道歉，让他参加会盟，也展示了他平易近人之风。

子罕不受玉（襄公十五年）

【原文】

宋人或得玉，献诸子罕。子罕弗受。献玉者曰："以示玉人①，玉人以为宝也，故敢献之。"子罕曰："我以不贪为宝，尔以玉为宝，若以与我，皆丧宝也②。不若人有其宝③。"稽首而告曰："小人怀璧，不可以越乡④。纳此以请死也。"子罕置诸其里⑤，使玉人为之攻之，富而后使复其所⑥。

【注释】

①玉人：负责雕刻玉器的人。②皆丧宝也：都丧失了自己宝贵的东西。③不若：不如。④越乡：回到自己的家乡。⑤其里：子罕所居住的地方。⑥复其所：送宋国人回家。

【译文】

宋国有人得到了一块玉，将它献给子罕。子罕不肯接受。献玉的人说："已经让雕刻玉石的人看过了，他认为是个宝物，所以才敢进献给你。"子罕说："我的宝物是不贪婪，你的宝物是玉，如若把玉给了我，我们两个都丧失了自己的宝物。不如每个人都看好自己的宝物。"献玉的人稽首而告诉子罕说："小人怀里有玉璧，无法安全回到自己的家乡。请您收纳这块玉石以让我免于一死。"子罕便将他安置在自己的住处，让雕刻玉石的人进一步加工玉石，并将其卖出去，献玉的人富裕之后让他回到了自己的家乡。

荀偃之死（襄公十九年）

【原文】

荀偃瘅疽①，生疡于头。济河，及著雍②，病，目出③。大夫先归者皆反。士匄请见④，弗内。请后⑤，曰："郑甥可⑥。"二月甲寅，卒，而视，不可含⑦。宣子盥而抚之，曰："事吴⑧，敢不如事主⑨！"犹视。栾怀子曰⑩："其为未卒事于齐故也乎？"乃复抚之曰："主苟终，所不嗣事于齐者，有如河⑪！"乃瞑，受含。宣子出，曰："吾浅之为丈夫也。"

【注释】

①荀偃、瘅（dān）疽：荀偃，晋国大臣；瘅疽，恶疮。②著雍：晋国地名。③目出：眼睛突出来。④士匄：范宣子。⑤请后：询问继承人的问题。⑥郑甥：郑国的外甥，指荀吴。⑦不可含：无法含住。⑧吴：荀偃的儿子荀吴。⑨主：荀偃。⑩栾怀子：栾盈。⑪有如河：有黄河作证。

【译文】

荀偃得了恶疮，头皮都已经溃烂了。渡过黄河，到达著雍这个地方，荀偃的病情加重，眼睛也往外突出。先回去的晋国大夫都返回来探望。士匄请求接见，没被允许入内。又让人询问继承人的问题，荀偃说："郑国的外甥可以。"二月十九日，荀偃去世，眼睛睁着，嘴巴紧闭而无法放入珠宝玉石。士匄帮荀偃洗漱完毕后抚摸着他的尸体，说："侍奉荀吴，哪敢不侍奉您呢！"荀偃的眼睛还是一直睁着。栾盈说："是因为不能对齐国继续作战的缘故吗？"于是又抚摸着尸首说："如果您死去，我们不再继续对齐国的战争，有黄河作证！"于是荀偃闭上了眼睛，嘴巴也含住了珠宝玉石。士匄退出去，说："作为大丈夫，我的见解实在太浅薄了。"

祁奚救叔向（襄公二十一年）

【原文】

人谓叔向曰①："子离于罪②，其为不知乎③？"叔向曰："与其死亡若何④？《诗》曰：'优哉游哉，聊以卒岁⑤。'知也。"

乐王鲋见叔向曰⑥："吾为子请！"叔向弗应。出，不拜。其人皆咎叔向。叔向曰："必祁大夫⑦。"室老闻之⑧，曰："乐王鲋言于君无不行，求赦吾子，吾子不许。祁大夫所不能也，而曰'必由之'，何也？"叔向曰："乐王鲋，从君者也⑨，何能行？祁大夫外举不弃仇⑩，内举不失亲，其独遗我乎？《诗》曰：'有觉德行，四国顺之。'夫子，觉者也⑪。"

【注释】

①叔向：晋国大夫。②离：通"罹"，遭受。③知：同"智"，聪慧。④死亡：死去和逃亡。⑤优哉游哉，聊以卒岁：出自《诗经》，泛指叔向不愿参与政治纷争，喜欢优游处事。⑥乐王鲋：晋国大夫。⑦祁大夫：祁

奚。⑧室老：负责管理卿大夫家族日常事务的人。⑨从君者：什么事情都逢迎君主。⑩外举：举荐外族的人。⑪觉者：正直的人。

【译文】

有人对叔向说："你遭受了牵连，是因为你的不聪慧吧？"叔向说："和死去、逃亡的人相比又如何？《诗经》中说：'优哉游哉，聊以卒岁。'这是聪慧啊。"

乐王鲋去见叔向说："我为你去求情！"叔向不说话。乐王鲋走的时候，叔向不叩拜。叔向的下人都埋怨叔向。叔向说："一定是祁大夫让我免于罪行。"叔向的室老听到，说："乐王鲋对君主说的话没有不行的，他请求赦免你，你不答应。祁大夫无法做到这件事，可您却说'一定是他来办的'，为什么呢？"叔向说："乐王鲋，他什么事情都迎合君主，何以能行？祁大夫举荐外族之人而不摒弃自己的仇人，举荐宗族之人也不避讳亲人，难道就单单把我忘了吗？《诗》中说：'有正直的仁德，四方的国家都能够顺服。'祁大夫，就是正直的人。"

【原文】

晋侯问叔向之罪于乐王鲋，对曰："不弃其亲，其有焉①。"于是祁奚老矣，闻之，乘驲而见宣子②，曰：《诗》曰：'惠我无疆，子孙保之。'《书》曰：'圣有谟勋，明征定保。'夫谋而鲜过，惠训不倦者，叔向有焉，社稷之固也③。犹将十世宥之④，以劝能者。今壹不免其身，以弃社稷，不亦惑乎？鲧殛而禹兴⑤。伊尹放大甲而相之⑥，卒无怨色。管、蔡为戮，周公右王⑦。若之何其以虎也弃社稷⑧？子为善，谁敢不勉？多杀何为？"宣子说，与之乘⑨，以言诸公而免之。不见叔向而归。叔向亦不告免焉而朝⑩。

【注释】

①不弃其亲，其有焉：不丢弃他的亲人，可能也参与了谋乱。②驲（rì）：古时候驿站的专用车，这里指传车。③社稷之固：国家的栋梁之才。④十世、宥：十世，十代；宥，宽恕。⑤鲧（gǔn）、殛、禹兴：鲧，夏禹

的父亲，因治水未成功而被杀于羽山；殛，杀；禹兴，大禹成功治水并得到了君主位。⑥伊尹、大甲：商朝初期的大臣；大甲，商朝的君主。太甲即位后，不顾商汤立下的法则，不理国家政事，被伊尹放逐，三年之后太甲改正了自己的过错，伊尹又将其接回并继续辅佐他。⑦管、蔡为戮，周公右王：周武王死后，周成王即位，成王年幼，政权掌控在周公旦手中。周公的弟弟管叔、蔡叔发动叛乱，周公处死了他们。⑧虎、社稷：虎，叔虎，叔向的弟弟；社稷，指叔向。⑨与之乘：和祁奚乘坐一辆车。⑩不告免：叔向出来后也没有去拜谢祁奚。

【译文】

　　晋平公向乐王鲋询问叔向的罪过，乐王鲋回答说："他不愿意抛弃自己的亲人，应该是同谋。"这个时候祁奚已经告老了，听说了这件事情，便从驿站传车去见范宣子，说："《诗》中说：'赐给我们无穷尽的恩惠，子孙都能够保有它。'《尚书》中也说：'圣贤的人有谋略和功勋，应该对其信任保护。'谋略而又鲜有过错，恩惠而又不知疲倦，叔向就是这样的人，是国家的栋梁之才。即便他十代的子孙有过错也要赦免，以此来勉励有才能的人。而今如若不免除叔向的罪过，以此而放弃了社稷之臣，

不也让人感到困惑吗？鲧被杀而他的儿子夏禹却兴起。伊尹曾放逐太甲而太甲也继续任用伊尹为相，丝毫没有怨恨的神色。周公旦的弟弟管叔、蔡叔被杀，周公旦依旧辅佐周成王。又为何要因为叔向的弟弟叔虎的过错而放弃社稷之臣叔向呢？你做了善事，又有谁敢不自勉？多杀人又为了什么呢？"范宣子听后很高兴，便和祁奚同乘一辆马车，以劝说晋平公赦免叔向。祁奚没有见到叔向就回去了。叔向也没有拜谢祁奚便去上朝了。

穆叔论不朽（襄公二十四年）

【原文】

二十四年春，穆叔如晋①。范宣子逆之，问焉，曰："古人有言曰，'死而不朽'，何谓也？"穆叔未对。宣子曰："昔匄之祖，自虞以上②，为陶唐氏③，在夏为御龙氏④，在商为豕韦氏⑤，在周为唐杜氏⑥，晋主夏盟为范氏⑦，其是之谓乎？"穆叔曰："以豹所闻，此之谓世禄，非不朽也。鲁有先大夫曰臧文仲，既没，其言立。其是之谓乎！豹闻之，大上有立德⑧，其次有立功，其次有立言，虽久不废，此之谓不朽。若夫保姓受氏⑨，以守宗祊⑩，世不绝祀，无国无之，禄之大者，不可谓不朽。"

【注释】

①穆叔：鲁国大夫叔松豹。②虞：虞舜时期。③陶唐氏：帝尧刚开始是被封在陶地，后又迁到了唐地，所以称之为陶唐氏。④御龙氏：陶唐氏的后代刘累，辞氏御龙。⑤豕韦氏：夏朝君主少康封颛顼的后代元哲于豕韦，今河南滑县。⑥唐杜氏：周成王时期，唐灭亡。唐朝贵族迁到了杜地，所以又称之为唐杜氏。⑦晋主夏盟：晋国是诸侯国的盟主。⑧大

上：太上，最上等的。⑨姓、受氏：姓，世世代代享有贵族地位；受氏，接受封号。⑩宗祊（bēng）：宗庙。

【译文】

鲁襄公二十四年春天，穆叔来到晋国。范宣子迎接他，问他，说："古人有言说，'死而不朽'，是指的什么呢？"穆叔没有对答。范宣子又说："昔日我的祖先，自虞舜时期以上，为陶唐氏，在夏朝为御龙氏，在商朝为豕韦氏，在周朝为唐杜氏，晋国主盟诸侯国的时候为范氏，难道说的就是这些吗？"穆叔说："以我所闻，这种情况称之为世禄，并不是不朽。鲁国有一位叫臧文仲的先大夫，虽然已经没有了他这个人，但他立下的言论却一直存在。这就是所说的不朽！我听说，最上等的是树立仁德，其次建立功勋，再其次是树立言论，即便去世很久也不会被废弃，这些称之为不朽。像你这种世代为贵族并享受封号，以此来守护宗庙，世代不断绝祭祀的，没有一个国家没有的，这是俸禄中的显赫，不可以称之为不朽。"

崔武子弒君（襄公二十五年）

【原文】

二十五年春，齐崔杼帅师伐我北鄙①，以报孝伯之师也。公患之，使告于晋。孟公绰曰②："崔子将有大志，不在病我，必速归，何患焉！其来也不寇，使民不严，异于他日。"齐师徒归。

齐棠公之妻③，东郭偃之姊也④。东郭偃臣崔武子。棠公死，偃御武子以吊焉⑤。见棠姜而美之⑥，使偃取之。偃曰："男女辨姓，今君出自丁⑦，臣出自桓⑧，不可。"武子筮之，遇《困》之《大过》⑨。史皆曰："吉。"示陈文子，文子曰："夫从风，风陨妻，不可娶也。且其《繇》曰：'困于石，据于蒺藜⑩，入于其宫，不见其妻，凶。'困于石，往不济也。据于蒺藜，所恃伤也。入于其宫，不见其妻，凶，无所归也⑪。"崔子曰："嫠也何害⑫？先夫当之矣。"遂取之。

庄公通焉，骤如崔氏⑬。以崔子之冠赐人⑭，侍者曰："不可。"公曰："不为崔子，其无冠乎⑮？"崔子因是，又以其间伐晋也，曰："晋必将报。"欲弑公以说于晋，而不获间。公鞭侍人贾举而又近之，乃为崔子间公。

【注释】

①崔杼：崔武子，齐国权臣。②孟公绰：鲁国大夫。③齐棠公：棠邑大夫。④东郭偃：崔武子的家臣。⑤御：为……驾驶马车。⑥棠姜：已经死去的棠姓大夫的遗孀。⑦丁：齐丁公，齐太公的儿子。姜姓。⑧桓：齐桓公，姜姓。⑨《困》、《大过》：卦名。⑩蒺（jí）藜：草本植物。⑪无所归：无家可归。⑫嫠：寡妇。⑬骤：多次。⑭崔子之冠：崔武子的帽子。⑮不为崔子，其无冠乎：除了崔武子，其他人就没有这样的帽子吗？

【译文】

二十五年春天，齐国权臣崔武子率领军队攻打鲁国北边边境，来报复孟孝伯当初对齐国的进攻。襄公为此很忧虑，派人告诉晋国。孟公绰说："崔武子想要有大举动，其目的并不在于扰乱我们国家，他们一定会尽快回国的，有什么可担忧的！他来我们国内不抢不夺，驱赶百姓也不严厉，和以前不一样。"齐国军队空手回去了。

齐国棠公的妻子，是东郭偃的姐姐。东郭偃是崔武子的家臣。棠公死后，东郭偃为崔武子驾驶马车前去吊唁。崔武子见棠姜貌美便很喜欢她，让东郭偃为他迎娶过来。东郭偃说："男女婚配要讲究姓氏，您是齐丁公的后代，我是齐桓公的后代，同是姜姓不可以。"崔武子又用蓍草占卜，结果是《困》卦转变为《大过》卦。太史们都说："吉利。"崔武子又让陈文子看，文子说："丈夫为风，风又将妻子吹落，这个妻子是不可以迎娶的。并且《縣》卦上说：'被石头困住，倚靠于蒺藜，回到家之后，又不见他的妻子，凶兆。'被石头所困，代表此次前去不会成功。倚靠蒺藜，表示会受伤。回到家，不见自己的妻子，凶相，代表着无家可归。"崔武子说："寡妇有什么害处？死去的丈夫已经挡了这些灾祸了。"于是便迎娶了棠姜。

齐庄公和棠姜私通，多次前往崔武子的家中。把崔武子的帽子赏赐给他人，随侍的人说："不可以。"齐庄公说："除了崔武子，难道其他人就没有这样的帽子吗？"崔武子因此痛恨齐庄公，又因为齐庄公趁着晋国动乱而攻打晋国，说："晋国一定会报仇的。"崔武子想要杀掉齐庄公以此来取悦晋国，却一直没有得到机会。齐庄公用鞭子抽打他的侍人贾举而随后又亲近贾举，于是贾举便为崔武子窥视齐庄公的一举一动以便寻求机会。

【原文】

夏五月，莒为且于之役故①，莒子朝于齐。甲戌，飨诸北郭②。崔子称疾，不视事③。乙亥，公问崔子，遂从姜氏。姜入于室，与崔子自侧户出。公拊楹而歌④。侍人贾举止众从者，而入闭门。甲兴⑤，公登台而请，弗许；请盟，弗许；请自刃于庙，勿许。皆曰："君之臣杼疾病⑥，不能听命。近于公宫⑦，陪臣干掫有淫者⑧，不知二命⑨。"公逾墙。又射之，中股，反队⑩，遂弑之。

贾举、州绰、邴师、公孙敖、封具、铎父、襄伊、偻堙皆死⑪。祝佗父祭于高唐⑫，至，复命。不说弁而死于崔氏⑬。申蒯侍渔者⑭，退，谓其宰曰："尔以帑免⑮，我将死。"其宰曰："免，是反子之义也⑯。"与之皆死。崔氏杀鬷蔑于平阴⑰。

【注释】

①莒、且于之役：莒，国名，今山东莒县地区；且于之役，襄公二十三年，齐国征伐莒国。②飨：宴请。③视事：官吏处理政务。④拊、楹：拊，拍打；楹，厅里的前柱。⑤甲兴：埋伏的甲士出现。⑥疾病：重

病。⑦近于公宫：崔武子的住所和齐庄公的住所比较近。⑧陪臣、干掫（zōu）：陪臣，家臣对君主的自称；干掫，彻夜打更，泛指抓捕。⑨不知二命：不知道还有其他的命令。⑩反队：翻身从墙上坠落。⑪贾举、州绰、邴师、公孙敖、封具、铎父、襄伊、偻堙：都是齐庄公宠爱的勇士。⑫高唐：齐国君主的别庙，今山东高唐县附近。⑬说、弁：说，通"脱"，脱下；弁，古时候和礼服一起搭配的帽子。⑭侍渔者：掌管渔业的官员。⑮帑：家室。⑯反子之义：违反了你所坚持的道义。⑰鬷（zōng）蔑、平阴：鬷蔑，齐庄公母亲的族人；平阴，地名，今山东平阴县。

【译文】

夏季五月，莒国因为且于之战的原因，莒子又要前往齐国朝见。十六日，齐庄公在北城设宴款待他。崔武子称病，不理会政事。十七日，齐庄公前去慰问崔武子后，又与棠姜私通。棠姜进入室内，和崔武子从侧门离开。齐庄公拍着厅堂的前柱而唱。侍人贾举将其他跟随齐庄公的人都阻挡在门外，而自己走了进去并关上了门。埋伏在一边的兵甲全部上前，齐庄公登上高台为自己求情，没被应允；又请求立下释放的条件，也没有答应；最后请求在祖庙自刎，还是不应允。都说："君主的臣子崔武子病情严重，无法听从命令。这里和您的住所离得很近，陪臣奉命彻夜抓捕淫乱的人，不知道还有其他人的命令。"齐庄公翻墙。又有人拿箭射他，射中了他的大腿，齐庄公从墙上坠落，于是便将他杀死了。

贾举、州绰、邴师、公孙敖、封具、铎父、襄伊、偻堙这八个齐庄公的勇士都被杀死了。祝佗父在高唐地区祭祀，到达都城后，前来复命。还没有把礼帽脱掉就被杀死于崔武子的家中。申蒯是掌管渔业的人，从朝中回来，对他的家臣说："你赶快带着我的家室逃走，我将要死了。"他的家臣说："如若我逃跑，便违反了您一直坚持的道义。"于是和申蒯一起死了。崔武子又在平阴这个地方杀死了鬷蔑。

【原文】

晏子立于崔氏之门外，其人曰①："死乎？"曰："独吾君也乎哉②？吾死也。"曰："行乎③？"曰："吾罪也乎哉？吾亡也。""归乎？"曰："君死，安归？君民者，岂以陵民④？社稷是主。臣君者，岂为其口实⑤，社稷是养。故君为社稷死，则死之；为社稷亡，则亡之。若为己死而为己亡，非其私昵⑥，谁敢任之？且人有君而弑之，吾焉得死之，而焉得亡之？将庸何归？"

门启而入，枕尸股而哭。兴⑦，三踊而出。人谓崔子："必杀之！"崔子曰："民之望也！舍之，得民。"卢蒲癸奔晋⑧，王何奔莒⑨。

【注释】

①其人：晏子的随从。②独吾君也乎哉：难道只是我一个人的君主吗？③行：出逃。④陵民：欺凌百姓。⑤口实：俸禄。⑥私昵：宠爱的人。⑦兴：起来。⑧卢蒲癸：齐庄公的宠臣。⑨王何：齐庄公的宠臣。

【译文】

晏子站在崔武子的门外，他的随从说："要去死吗？"晏子说："难道只是我一个人的君主吗？要我去死。"随从说："出逃吗？"晏子说："难道说是我的罪过吗？要我出逃。"随从说："回去吗？"晏子说："君主死了，又回哪儿去呢？作为百姓的君主，哪能凌驾于百姓之上呢？应当以社稷为主。作为君主的臣子，岂能为了他的俸禄，而是要为社稷服务。所以君主如果为了社稷而死，那么臣子也应该为了他去死；君主如若为了社稷而出逃，那么臣子也应该为了他而出逃。如若君主为了自己死为了自己出逃，那么不是他尤为宠爱的人，谁又敢担当这份责任呢？况且崔武子立了君主而又将他杀死，我哪能为他而死，又哪能为他而出逃呢？又将要回到哪里去呢？"

门打开后，晏子进去了，将齐庄公尸体的头抱起来枕在自己的大腿上哭泣。而后起来，向上跳了三次便出去了。有人对崔武子说："一定要杀了他！"崔武子说："他是民心所向的人！放了他，就能够得民心。"卢蒲癸出逃到晋国，王何出逃到莒国。

【原文】

叔孙宣伯之在齐也①，叔孙还纳其女于灵公②，嬖，生景公。丁丑，崔杼立而相之。庆封为左相。盟国人于大宫，曰："所不与崔、庆者③……"晏子仰天叹曰："婴所不唯忠于君利社稷者是与，有如上帝。"乃歃。辛巳，公与大夫及莒子盟。

大史书曰："崔杼弑其君。"崔子杀之。其弟嗣书④，而死者二人。其弟又书，乃舍之。南史氏闻大史尽死，执简以往。闻既书矣，乃还。

【注释】

①叔孙宣伯：叔孙侨如，鲁国大夫。②叔孙还：齐公子。③不与：不亲附。④嗣：继承，接着。

【译文】

叔孙宣伯在齐国的时候，叔孙还将他的女儿嫁给了齐灵公，并深受宠爱，生下了齐景公。十九日，崔武子立了新君而自己担任国相。庆封为左相。在太祖庙和国人结盟，说："那些不亲附崔氏、庆氏的人……"话还没有说完，晏子仰天长叹道："我如若不能亲近忠君利国的人，有天地作证。"于是便歃血为盟。二十三日，齐景公和大夫、莒子会盟。

太史记载说："崔武子杀了他的君主。"于是崔武子便将太史杀掉。太史的弟弟接着书写，又处死了两个人。太史的另一个弟弟又写，崔武子将他放了。南史氏听说太史都死了的事情，便拿着竹简前往。听说已经如实记录了，他才又回来。

晋用楚材（襄公二十六年）

【原文】

初，楚伍参与蔡太师子朝友①，其子伍举与声子相善也②。伍举娶于王子牟③，王子牟为申公而亡，楚人曰："伍举实送之。"伍举奔郑，将遂奔晋。声子将如晋，遇之于郑郊，班荆相与食④，而言复故⑤。声子曰："子行也！吾必复子。"及宋向戌将平晋、楚⑥，声子通使于晋。还如楚，令尹子木与之语⑦，问晋故焉，且曰："晋大夫与楚孰贤？"对曰："晋卿不如楚，其大夫则贤，皆卿材也。如杞、梓、皮革，自楚往也。虽楚有材，晋实用之。"子木曰："夫独无族姻乎⑧？"

【注释】

①伍参、子朝：伍参，伍子胥的曾祖父。子朝，蔡文公的儿子，蔡国太师。②伍举、声子：伍参的儿子；声子，子朝的儿子。③王子牟：楚国公子。④班荆：铺上草席而坐。⑤复故：回楚国的事情。⑥向戌：宋国大夫。⑦子木：楚国令尹。⑧族姻：族人和有姻亲的人。

【译文】

起初，楚国伍参和蔡国太师子朝关系友好，伍参的儿子伍举和子朝的儿子声子关系也比较和善。伍举娶了王子牟的女儿，王子牟当初做申邑官员时获罪而逃亡，楚国人说："实际上是伍举护送他。"伍举出逃到郑国，并准备出逃到晋国。声子将要到达晋国，在郑国郊外遇到了伍举，两个人把草铺在地上并一起吃东西，说起伍举返回楚国的事情。声子说："你走吧！我一定能够让你回去的！"等到宋国大夫向戌准备调和晋国、楚国的关系，声子出使晋国。后又到达楚国，令尹子木和他说话，问起晋国的事情，并且说："晋国大夫和楚国大夫谁更贤能一些？"声子回答说："晋国的卿士不如楚国，晋国的大夫都比较贤明，都是做卿士的材料。如杞、梓、皮革，都是从楚国送过去的。虽然楚国有才人，但晋国却是实实在在地在使用他们。"子木说："他们就没有任用同族和姻亲吗？"

【原文】

对曰："虽有，而用楚材实多。归生闻之①：'善为国者，赏不僭而刑不滥②。'赏僭，则惧及淫人；刑滥，则惧及善人。若不幸而过，宁僭无滥。与其失善，宁其利淫。无善人，则国从之③。《诗》曰：'人之云亡，邦国殄瘁④。'无善人之谓也。故《夏书》曰：'与其杀不幸，宁失不经。'惧失善也。《商颂》有之曰：'不僭不滥，不敢怠皇，命于下国，封建厥福。'此汤所以获天福也。古之治民者，劝赏而畏刑，恤民不倦⑤。赏以春夏，刑以秋冬。是以将赏，为之加膳，加膳则饫赐⑥，此以知其劝赏也。将刑，为之不举，不举则彻乐，此以知其畏刑也。夙兴夜寐⑦，朝夕临政，此以知其恤民也。三者，礼之大节也⑧。有礼无败。今楚多淫刑，其大夫逃死于四方，而为之谋主，以害楚国，不可救疗⑨，所谓不能也⑩。

【注释】

①归生：声子。②僭：过分，过度。③从之：跟随受害。④人之云亡，邦国殄瘁：出自《诗经·大雅·瞻印》，意为贤能的人死了之后，国家也会深受其害。⑤恤民：体恤百姓疾苦。⑥饫（yù）赐：吃饱之后将剩余的饭菜赏赐给下臣。⑦夙兴夜寐：早起晚睡。⑧大节：关键的准则。⑨不可救疗：无法挽救。⑩不能：楚国不能任用贤能人才。

【译文】

声子回答说："虽然有，但是任用楚国的贤能人士居多。我听说：'擅长治理国家的人，封赏不过度而刑罚不泛滥。'封赏过度，那么就担心会赏给奸邪的人；刑罚泛滥，便害怕波及好人。如果不幸有过度的地方，宁愿封赏过度而不是刑罚泛滥。与其丢失了好人，宁愿利于坏人。没有了好人，那么国家就会跟着受害。《诗经》上说：'贤能的人如果死了，那么国家也会受害。'这就是所谓的没有好人。所以《夏书》中说：'与其杀掉没有罪过的人，宁可丢弃对有罪之人的惩罚。'这是担心失去好人的缘故。《商颂》中有记载说：'封赏不过度、刑罚不泛滥，不敢懈怠、不敢偷懒，向下国传达命令，为他们建立福禄。'这是商汤之所以获得上天赐福的缘故。古时候治理百姓的人，都是劝谏封赏而惧怕刑罚，要不知疲倦地体恤百姓疾苦。春夏进行赏赐，秋冬加以刑罚。所以在将要进行赏赐的时候，会为之增加膳食，增加膳食就能够将剩余的饭菜赏赐给下臣，以此来宣扬他是一个乐于封赏的人。将要进行刑罚的时候，就会为此减少膳食，减少膳食并撤去吃饭时的音乐，以此来让人知道他是惧怕刑罚的。早起晚睡，早晚都要处理国政，以此来让人知道他体恤百姓。这三者，是礼仪中的关键准则。有了礼仪就不会失败。如今楚国多是刑罚，楚国的大夫四处逃亡，并且还成了别国的谋士，而危害楚国，不可挽救，这就是所说的楚国无法任用贤能的人才。"

【原文】

子仪之乱，析公奔晋①。晋人置诸戎车之殿②，以为谋主。绕角之役③，晋将遁矣，析公曰："楚师轻窕④，易震荡也。若多鼓钧声⑤，以夜军之⑥，楚师必遁。"晋人从之，楚师宵溃。晋遂侵蔡，袭沈⑦，获其君；败申、息之师于桑隧⑧，获申丽而还⑨。郑于是不敢南面⑩。楚失华夏，则析公之为也。

雍子之父兄谮雍子⑪，君与大夫不善是也。雍子奔晋。晋人与之鄐⑫，以为谋主。彭城之役⑬，晋、楚遇于靡角之谷⑭。晋将遁矣，雍子发命于军曰：'归老幼，反孤疾，二人役，归一人，简兵蒐乘⑮，秣马蓐食，师陈焚次，明日将战。'行归者而逸楚囚⑯，楚师宵溃。晋绛彭城而归诸宋，以鱼石归。楚失东夷，子辛死之⑰，则雍子之为也。

【注释】

①析公：楚国大臣。②戎车：君主的战车。③绕角之役：成公六年，晋国军队救援郑国，并在绕角和楚国军队相遇。④轻窕：轻佻。⑤钧声：同样的声音。⑥军之：全军攻击。⑦沈：诸侯国名，今安徽临泉县北。⑧桑隧：地名，今河南确山县东。⑨申丽：楚国大夫。⑩不敢南面：惧怕晋国军队而不敢亲近南面的楚国。⑪雍子：楚国大臣。⑫鄐（chù）：晋国的城邑名，今河南温县附近。⑬彭城之役：成公十八年，楚国征讨宋国，晋国救援宋国的战争。⑭靡角之谷：宋国地名，彭城周围。⑮蒐乘：检阅战车。⑯归者：应该放还的老幼孤疾。⑰子辛：楚国的令尹，被楚共王所杀。

【译文】

子仪之乱时，楚国大臣析公出逃到晋国，晋国人将他安置在晋国君主兵车的后面，让他做君主的谋士。绕角之役时，晋国军队准备逃跑，析公说："楚国军队态度轻佻，容易被震动。如若多增加战鼓并一起击打，并且趁夜进攻，楚国军队一定会逃走的。"晋国人听从了他的建议，楚国军队夜间溃败。于是晋国便入侵蔡国，袭击了沈地，捕获了他们的君主；在桑隧打败了申地、息地的军队，捕获申丽而返回。于是郑国便不敢和南面的楚国亲近。楚国丢失了中原诸国，这就是析公所做的。

雍子父亲的哥哥诬陷雍子，君主和大夫没有明辨是非。雍子便逃亡到晋国。晋国人把鄐地封赏给他，让他做君主的谋士。彭城之役时，晋国、楚国在靡角之谷相遇。晋国准备出逃，雍子在军中发号施令说：'让老人和小孩回去，让孤儿和有病的人回去，一家有两个从军的，回去一个人，精简兵士检阅战车，喂饱战马犒劳战士，摆开战列焚烧营帐，明天准备作战。'让老幼孤疾走开并放回了楚国的俘虏，楚国军队在夜间溃败。晋国拿下了彭城并将其归还给宋国，俘虏了鱼石便班师回朝。楚国丢失了东夷，子辛因此而被楚共王杀掉，这些都是雍子所做的。

【原文】

子反与子灵争夏姬①，而雍害其事②，子灵奔晋。晋人与之邢，以为谋主。扦御北狄③，通吴于晋，教吴判楚，教之乘车、射御、驱侵，使其子孤庸为吴行人焉。吴于是伐巢、取驾、克棘、入州来④，楚罢于奔命，至今为患，则子灵之为也。

若敖之乱，伯贲之子贲皇奔晋⑤。晋人与之苗⑥，以为谋主。鄢陵之役，楚晨压晋军而陈，晋将遁矣。苗贲皇曰：'楚师之良，在其中军王族而已。若塞井夷灶，成陈以当之，栾、范易行以诱之⑦，中行、二郤必克二穆⑧。吾乃四萃于其王族⑨，必大败之。'晋人从之，楚师大败，王夷师熠⑩，子反死之。郑叛吴兴，楚失诸侯，则苗贲皇之为也。"

子木曰："是皆然矣。"声子曰："今又有甚于此。椒举娶于申公子牟⑪，子牟得戾而亡，君大夫谓椒举⑫：'女实遣之！'惧而奔郑，引领南望曰：'庶几赦余！'亦弗图也⑬。今在晋矣。晋人将与之县，以比叔向⑭。彼若谋害楚国，岂不为患？"子木惧，言诸王⑮，益其禄爵而复之。声子使椒鸣逆之⑯。

【注释】

①子灵：申公巫臣。②雍害：阻碍。③扦御：抵御。④巢、驾、棘、

州来：巢，楚国属国，今安徽巢县东北方向；驾，楚国城邑名，在今安徽无为境内；棘，楚国城邑名，在今河南永城南；州来，楚国城邑名，今安徽凤台。⑤伯贲：楚国令尹斗椒。⑥苗：晋国城邑名，在今河南济源西面。⑦栾、范、易行：栾、范，指栾书和士燮所率领的中军；易行，变换行列，诱惑敌军。⑧中行、二郤、二穆：中行，晋国上军佐荀偃；二郤，指上军统帅郤锜和新军副帅郤至；二穆，楚穆王的后代，楚国左军将领子重和楚国右军将领子辛。⑨四萃：四面围攻。⑩熸：火灭。灭了楚国的士气。⑪椒举：伍举。⑫君大夫：君主和大夫。⑬弗图：楚国并不考虑。⑭比叔向：可以和叔向比拟。叔向，晋国大夫。⑮王：楚康王。⑯椒鸣：伍举的儿子。

【译文】

子反和子灵争夺夏姬，而阻碍了子灵的婚事，子灵出逃到晋国。晋国人将邢地封赏给他，以此让他做君主的谋士。抵御北狄，让吴国和晋国交好，教导吴国背叛楚国，教给他们如何乘坐战车、射箭、驱车作战，让他的儿子狐庸做吴国的行人。于是吴国征讨巢地、夺取驾地、攻克棘地、进入州来，楚国疲于奔命，至今都是楚国的祸患，这是子灵所做的事情。

若教之乱，伯贲的儿子贲皇出逃晋国，晋国人将苗地封赏给他，让他做晋国君主的谋士。鄢陵之役时，楚国军队一大早便逼近晋国军队并摆开战列，晋国军队准备逃亡。苗地的贲皇说：'楚国的精锐之师，只有他中军里面的王族而已。如果填井平灶，摆开阵列以抵挡他们，栾书、士燮二人所率领的中军改变阵列以此来引诱楚军，中行、郤锜、郤至一定可以攻克子重、子辛。我们再四面夹击楚国的王族军队，一定能够将他们打败。'晋国人听取了他的建议，楚国军队大败，楚君主受伤而楚国军队士气萎靡不振，子反战死。郑国背叛吴国兴起，楚国失去了诸侯国的支持，这是苗贲皇所做的呀。

子木说："是这样啊。"声子说："而今又有比这更厉害的。椒举迎娶了申公王子牟的女儿，王子牟获罪而逃，君主和大夫对椒举说：'实际上是你让他走的！'椒举因恐惧而出逃到郑国，伸着脖子向南张望说：'或许能够赦免我吧！'但是楚国人却并没有考虑这件事情。如今椒举已经在晋国了，晋国人准备把之县封赏给他，并以此将他和叔向并列。如若他要谋害楚国，岂不是成了楚国的祸患？"子木害怕了，对楚康王说这件事情，楚康王增加了椒举的俸禄爵位并且让他返回楚国。声子则让椒鸣前去迎接椒举。

向戌弭诸侯之兵（襄公二十七年）

【原文】

宋向戌善于赵文子[1]，又善于令尹子木，欲弭诸侯之兵以为名[2]。如晋，告赵孟。赵孟谋于诸大夫，韩宣子曰："兵，民之残也，财用之蠹[3]，小国之大灾也[4]。将或弭之，虽曰不可[5]，必将许之。弗许，楚将许之，以召诸侯，则我失为盟主矣。"晋人许之。如楚，楚亦许之。如齐，齐人难之。陈文子曰[6]："晋、楚许之，我焉得已。且人曰'弭兵'，而我弗许，则固携吾民矣！将焉用之？"齐人许之。告于秦，秦亦许之。皆告于小国，为会于宋。

【注释】

①赵文子：赵武，晋国大夫。②弭：顺服，安抚。③蠹（dù）：蛀虫，危害国家和人民的人。④灾：灾难。⑤虽曰不可：虽然说不可能实现。⑥陈文子：齐国大夫。

【译文】

宋国向戌和晋国赵文子交好，又和楚国令尹子木交好，向戌想要安抚诸侯之间的战争以此来提高个人的声望。于是他前往晋国，告诉赵文子。

赵文子和诸位大夫商讨，韩宣子说："作战，使百姓受到伤害，使财物受到侵害，是小国家的大灾难。现在有人想要平息这场战争，虽然说是不可能的事情，但也一定要答应他。如果我们不答应，楚国就一定会答应，以此来号召诸侯，那么我们就失去了盟主的地位。"晋国人答应了。向戌又来到楚国，楚国也答应了他的要求。向戌又前往齐国，齐国人对向戌的要求有些为难。陈文子说："晋国、楚国答应了，我们又有什么不能答应的呢。并且人们说停止战争，如果我们不答应，那就是要让百姓和我们不齐心了，又将如何差遣他们呢？"于是齐国人也答应了。向戌又告诉秦国，秦国也答应了。这四个国家便通告各个小国，在宋国会盟。

【原文】

五月甲辰，晋赵武至于宋。丙午，郑良霄至。六月丁未朔，宋人享赵文子，叔向为介①。司马置折俎②，礼也。仲尼使举是礼也③，以为多文辞。戊申，叔孙豹、齐庆封、陈须无、卫石恶至。甲寅，晋荀盈从赵武至。丙辰，邾悼公至④。壬戌，楚公子黑肱先至⑤，成言于晋⑥。丁卯，宋向戌如陈，从子木成言于楚。戊辰，滕成公至⑦。子木谓向戌："请晋、楚之从交相见也⑧。"庚午，向戌复于赵孟。赵孟曰："晋、楚、齐、秦，匹也。晋之不能于齐，犹楚之不能于秦也。楚君若能使秦君辱于敝邑，寡君敢不固请于齐？"壬申，左师复言于子木⑨。子木使驲谒诸王⑩，王曰："释齐、秦，他国请相见也。"秋七月戊寅，左师至。是夜也，赵孟及子皙盟，以齐言。庚辰，子木至自陈。陈孔奂、蔡公孙归生至。曹、许之大夫皆至。以藩为军，晋、楚各处其偏⑪。伯夙谓赵孟曰⑫："楚氛甚恶⑬，惧难⑭。"赵孟曰："吾左还，入于宋，若我何？"

【注释】

①介：随从。②折俎：古代祭祀或者是宴会的时候，杀牲畜并且肢解后将其放在俎上。③仲尼：孔子。④邾（zhū）：古时候的国名，今山东邹县。⑤公子黑肱：楚王的弟弟。⑥成言：约定。⑦滕：古时候的国名，今山东滕县一带。⑧晋、楚之从：晋国、楚国的附属国。⑨左师：指

向戌。⑩谒诸王：报告给楚康王。⑪其偏：晋国地处北面，楚国地处南面。⑫伯夙：晋国卿士，荀盈。⑬氛：情势。⑭惧难：担心楚国会对晋国发起攻击。

【译文】

五月二十七日，晋国赵文子来到宋国。二十九日，郑国的良霄也来到了宋国。六月初一，宋国人摆设享礼接待赵文子，叔向作为随从。司马将煮好的牲畜切碎摆放在俎中，这是合乎礼节的。后来孔子看到了对这次礼仪的记载，认为此次的宾主修辞过多。六月初二，叔孙豹、齐国庆封、陈须无、卫国石恶也来到宋国。初八，晋国荀盈跟随赵文子前来。初十，邾悼公到达。十六日，楚国公子黑肱先到达，并和晋国有了约定。二十一日，宋国向戌前往陈国，和子木商讨与楚国之间的约定。二十二日，滕成公到。子木对向戌说："请晋国、楚国的附属国相互朝见。"二十四日，向戌对赵文子复命。赵文子说："晋国、楚国、齐国、秦国，地位都是一样的。晋国不能差遣齐国，就好像楚国不能差遣秦国一样。如果楚国君主能够让秦国君主光临我们的城池，我们的君主又岂敢不坚持请求齐国前往楚国呢？"二十六日，向戌向子木复命。子木从驿站传车向楚康王报告，楚康王说："先放下齐国、秦国的事情，请其他国家相互朝见。"秋七月初二，向戌到达。当天晚上，赵文子和公子黑肱举行了会盟，并统一了意见。初四，子木从陈国来到。陈国孔奂、蔡国公孙归生来到。曹国、许国的大夫都来了。各国军队用篱笆墙当作分界线，晋国军队地处北面，楚国军队地处南面。荀盈对赵文子说："楚国情势很不好，怕他发兵攻打晋国。"赵文子说："我们从左面返回，进入宋国，又能把我们如何？"

【原文】

辛巳，将盟于宋西门之外，楚人衷甲①。伯州犁曰②："合诸侯之师，以为不信，无乃不可乎？夫诸侯望信于楚，是以来服。若不信，是弃其所以服诸侯也。"固请释甲。子木曰："晋、楚无信久矣，事利而已。苟得志焉，焉用有信？"大宰退，告人曰："令尹将死矣，不及三年。求逞志而弃

卷九 襄公

207

信，志将逞乎？志以发言，言以出信，信以立志，参以定之。信亡，何以及三^③？"赵孟患楚衷甲，以告叔向。叔向曰："何害也？匹夫一为不信，犹不可，单毙其死。若合诸侯之卿，以为不信，必不捷矣。食言者不病，非子之患也。夫以信召人，而以僭济之。必莫之与也，安能害我？且吾因宋以守病^④，则夫能致死^⑤，与宋致死，虽倍楚可也^⑥。子何惧焉？又不及是^⑦。曰弭兵以召诸侯，而称兵以害我^⑧，吾庸多矣，非所患也。"

季武子使谓叔孙以公命^⑨，曰："视邾、滕^⑩。"既而齐人请邾，宋人请滕^⑪，皆不与盟^⑫。叔孙曰："邾、滕，人之私也；我，列国也，何故视之？宋、卫，吾匹也。"乃盟。故不书其族，言违命也。

【注释】

①衷甲：在衣服里面套上铠甲。②伯州犁：伯宗的儿子，晋国贵族，后为楚国太宰。③三：三年。④因宋以守病：依靠宋国来防御楚国所带来的祸患。⑤夫、致死：夫，每一个人；致死，拼命。⑥倍楚：两倍于楚国的力量。⑦又不及是：尚不及此，意思是楚国的力量并不比晋国、宋国的力量大。⑧称兵：兴兵。⑨季武子、公命：季武子，鲁国正卿；公命，鲁襄公的命令。⑩视邾、滕：和邾国、滕国的待遇相比。⑪宋人请滕：宋国人请求将滕国作为他们的附属国。⑫皆不与盟：都不和他结盟。

【译文】

七月初五，准备在宋国西门外会盟，楚国人衣服里面都套着铠甲。伯州犁说："会合诸侯的军队，却做出不守信用的举动，恐怕不可以吧？诸侯都期待着楚国能够讲信用，并以此前来顺服。如若不讲信用，就是抛弃了能够让诸侯顺服的东西。"于是便固执地请求脱掉铠甲。子木说："晋国、楚国已经没有信用很久了，都是做有利于自己的事情而已。如果能够得偿所愿，又哪用得着信用呢？"伯州犁告退，并对人说："令尹将要死了，不出三年。为了达到自己的目的而抛弃信用，志又如何能够达到呢？有目标就能够发展为言语，有言语就要有信用，有信用才能够达成目标，这三者是相互联系的。丢失了信用，又如何活三年呢？"赵文子很担心楚国人外衣穿铠甲的事情，所以便告诉了叔向。叔向说："有何害怕的呢？一个普通的人如果做出了不守信用的事情，犹且是不可以的，都无法得以善终。如若诸侯国的卿士，做了不守信用的事情，一定不会成功的。不守信用的人无法对人带来危害，不是你的祸患啊。用信用来号令他人，却又以虚假来成就此事，必定不会有人来亲附他，又怎能来害我呢？况且我们依靠宋国来抵御楚国所带来的祸患，那么每一个人都能够拼命，和宋国军队同生共死，即便楚国军队比我们多出一倍也是可以抵御的。你又有何惧怕的呢？而且事情又发展不到这一步。说平息战争而把各诸侯国召集此地，而又举兵想要祸害我们，我们就会得到更多的好处，不要为此担心。"

季武子派人向叔孙报告鲁襄公的命令，说："比照邾国、滕国的地位。"不久齐国人请求将邾国作为他们的附属国，宋国人请求将滕作为他们的附属国，这两个国家都不参与结盟。叔孙说："邾国、滕国，是别人的附属国；我们国家是诸侯之国，为何要和他们同等相待呢？宋国、卫国，才是和我们国家地位相等的。"于是便参与结盟。所以《春秋》一书中没有记载叔孙的族名，是因为他违抗了鲁襄公的命令。

【原文】

晋、楚争先①。晋人曰："晋固为诸侯盟主，未有先晋者也。"楚人曰："子言晋、楚匹也，若晋常先，是楚弱也。且晋、楚狎主诸侯之盟也久矣②！岂专在晋？"叔向谓赵孟曰："诸侯归晋之德只，非归其尸盟也。子务德，无争先！且诸侯盟，小国固必有尸盟者。楚为晋细③，不亦可乎？"乃先楚人。书先晋，晋有信也。

壬午，宋公兼享晋、楚之大夫，赵孟为客。子木与之言，弗能对。使叔向侍言焉④，子木亦不能对也。乙酉，宋公及诸侯之大夫盟于蒙门之外。

【译文】

晋国、楚国争着歃血。晋国人说："晋国原本就是诸侯国的盟主，没有在晋国之前的。"楚国人说："你说晋国、楚国的地位相等，如若晋国人经常在前面，那就意味着楚国比晋国弱小。况且晋国、楚国交换着主持诸侯国会盟也很久了！岂能一直专属于晋国？"叔向对赵文子说："诸侯顺服于晋国的德行，并不会顺服于他的会盟。你一心致力于德行，不要争抢先后！况且诸侯国的结盟，原本就是小国来主持会盟的各项事务。楚国为晋国做一些烦琐的小事，不也是可以的吗？"于是便先让楚国人歃血为盟。《春秋》一书中先写晋国，也是因为晋国有信用的缘故。

初六，宋平公同时设享礼来招待晋国、楚国的大夫，赵文子为主宾。子木和他说话，赵文子无法回答。便让叔向在一边帮忙传话，但子木也无法回答。初九，宋平公和诸国大夫在蒙门之外立下盟约。

季札观乐（襄公二十九年）

【原文】

吴公子札来聘①，见叔孙穆子②，说之。谓穆子曰："子其不得死乎③？好善而不能择人。吾闻'君子务在择人'。吾子为鲁宗卿，而任其大政，不慎举④，何以堪之？祸必及子！"

请观于周乐⑤。使工为之歌《周南》、《召南》⑥，曰："美哉！始基之矣⑦，犹未也。然勤而不怨矣。"为之歌《邶》、《鄘》、《卫》⑧，曰："美哉，渊乎！忧而不困者也⑨。吾闻卫康叔、武公之德如是⑩，是其《卫风》乎？"为之歌《王》⑪，曰："美哉！思而不惧，其周之东乎⑫？"为之歌《郑》，曰："美哉！其细已甚，民弗堪也，是其先亡乎！"为之歌《齐》，曰："美哉！泱泱乎！大风也哉⑬！表东海者⑭，其大公乎⑮！国未可量也。"为之歌《豳》⑯，曰："美哉！荡乎！乐而不淫⑰，其周公之东乎⑱？"

【注释】

①吴公子札：季札，吴王寿梦的小儿子。②叔孙穆子：鲁国大夫叔孙豹。③不得死：不得善终。④慎举：慎重举荐。⑤周乐：周室乐曲。⑥《周南》、《召南》：《诗经》十五国风开始的诗歌。⑦始基之：周的教化奠定了基础。⑧《邶》、《鄘》、《卫》：邶，周朝时期的诸侯国，今河南汤阴南；鄘，周朝时期的诸侯国，今河南新乡市南面；卫，周朝诸侯国，今河南淇县地区。⑨忧而不困：忧虑而又不困顿。⑩康叔、武公：康叔，周公的弟弟，卫国的始封君主；武公，卫武公。⑪《王》：《王风》，周平王

迁都洛邑后的乐曲。⑫周之东：周氏东迁。⑬大风：宏大而又高亢的曲子。⑭表东海：做东海各诸侯国的表率。⑮大公：太公，指的是吕尚，也就是姜太公。⑯《豳》：西周刘时的旧都，今陕西郴县。⑰不淫：有节制。⑱周公之东：周公东征。

【译文】

吴国公子季札前来鲁国聘问，见了叔孙豹，很喜欢他。对叔孙豹说："恐怕你会不得善终吧？喜欢美好的事情却又不能选择良才。我听说：'君子的任务就是要选择才人。'你是鲁国的宗卿，又担任着鲁国的国政大权，不慎重选举贤人，又如何担当重任呢？祸患一定会降临到你的身上。"

季札又请求观看周朝的乐曲。于是便让乐工为其演奏《周南》《召南》两首诗歌，季札说："真是太美妙了！这是周室教化的基础，却还没有完善。但百姓已经很勤劳而不埋怨了。"又为他歌唱了《邶》《鄘》《卫》三首乐曲，季札说："很美妙，很深厚！忧愁而又不困顿。我听说卫康叔、武叔的德行就好比这样，这或许就是《卫风》吧？"又为其演奏《王风》，季札说："很美妙！思虑而又不惧怕，是周室东迁之后的乐曲吧？"又为他演奏《郑》，季札说："太美妙了！但它的音节比较烦琐，百姓不能忍受，它或许会先灭亡吧！"又为季札演奏《齐》，季札说："真是太美妙了！气势宏大！这就是大国的乐曲啊！为诸侯国之表率，这就是太公的国家吧！国家前途不能估量。"为他演奏《豳》，季札说："太美妙了！乐曲博大坦荡！欢快而又有节制，是周公东征的乐曲吧？"

【原文】

为之歌《秦》，曰："此之谓夏声①。夫能夏则大②，大之至也③，其周之旧乎？"为之歌《魏》，曰："美哉！渢渢乎④！大而婉，险而易行⑤，以德辅此，则明主也。"为之歌《唐》，曰："思深哉⑥！其有陶唐氏之遗民乎⑦？不然，何其忧之远也？非令德之后，谁能若是？"为之歌《陈》，曰："国无主，其能久乎？"自《郐》以下无讥焉⑧。

【注释】

①夏声：西方的声音。②夏：古时候将西方称为夏。③大之至：宏大高亢到极点。④渢渢：轻飘浮动的样子。⑤险：乐曲的变化。⑥思深：思虑深远。⑦陶唐氏：帝尧。⑧《郐》：东周初期被郑国所灭，今河南郑州南面。

【译文】

为他歌唱《秦风》，季札说："这可以称为西方之声。能够发出夏声并且洪亮自然，声音宏大高亢到了极点，这是周国时期的旧乐吧？"为他演奏《魏风》，季札说："太美妙了！歌曲轻飘浮动！宏大而委婉，乐曲多变而又让人容易吟唱，以美德辅助乐曲，应该是贤明的君主了。"又为他歌唱《唐风》，季札说："思虑深远啊！难道有帝尧时期的遗民吗？不然的话，为何会有如此深远的忧愁呢？如若不是有美德的人的后代，谁又能够如此呢？"又为他歌唱《陈风》，季札说："国家没有君主，又哪能长久呢？"从《郐风》之下季札就没有再评论了。

【原文】

为之歌《小雅》，曰："美哉！思而不贰，怨而不言，其周德之衰乎？犹有先王之遗民焉①。"为之歌《大雅》，曰："广哉！熙熙乎②！曲而有直体③，其文王之德乎？"为之歌《颂》，曰："至矣哉！直而不倨，曲而不屈，迩而不逼④，远而不携⑤，迁而不淫⑥，复而不厌，哀而不愁，乐而不荒⑦，用而不匮，广而不宣，施而不费⑧，取而不贪，处而不底，行而不流⑨，五声和⑩，八风平⑪，节有度，守有序⑫，盛德之所同也。"

【注释】

①先王：指周朝文王、武王等君主。②熙熙：和美融洽。③直体：刚劲有力。④迩：亲近。⑤携：游离。⑥迁：变化。⑦荒：过度。⑧费：耗费。⑨流：流荡。⑩五声：宫、商、角、徵、羽五个音阶。⑪八风：金、石、丝、土、翰、竹、革、本八种乐器。⑫守有序：乐器演奏有次序。

【译文】

为其歌唱《小雅》，季札说："太美妙了！思虑而又没有二心，埋怨而又不倾吐，这难道说的是周王朝德行衰败的乐章吗？尚且还有先王的遗民。"为他歌唱《大雅》，季札说："十分广博啊！音节和美融洽！乐曲抑扬顿挫而又刚劲有力，这说的就是周文王的美德吧？"为他歌唱了《颂》，季札说："到达极点了！正直而不倨傲，婉柔而不卑下，亲昵而不逼近，深远而不游离，多变而又不邪乱，反复而又不厌倦，哀伤而又不忧愁，欢乐而又不过度，常用而又不匮乏，广博而又不张扬，施舍而又不耗费，收取而又不贪婪，安处而又不停滞，前行而又不流荡，五声和谐，八风协调，音节有度，演奏有序，这是盛德之人所相同的地方。"

【原文】

见舞《象箾》、《南籥》者①，曰："美哉！犹有憾。"见舞《大武》者②，曰："美哉！周之盛也，其若此乎！"见舞《韶濩》者③，曰："圣人之弘也，而犹有惭德④，圣人之难也。"见舞《大夏》者⑤，曰："美哉！勤而不德，非禹，其谁能修之？"见舞《韶箾》者⑥，曰："德至矣哉！大矣！如天之无不帱也⑦，如地之无不载也，虽甚盛德，其蔑以加于此矣⑧。观止矣⑨！若有他乐，吾不敢请已！"

【注释】

①《象箾（xiāo）》《南籥（yuè）》：《象箾》，乐舞名，属于武舞；《南籥》，乐舞名，属于文舞。②《大武》：周武王的乐舞。③《韶濩（hù）》：商汤的乐舞。④慙德：遗憾。⑤《大夏》：夏禹的乐舞。⑥《韶箾》：虞舜的乐舞。⑦帱（dào）：覆盖。⑧蔑：没有。⑨观止：到达极点。

【译文】

季札看到《象箾》《南籥》两种乐舞，说："太美妙了！但依然还有缺憾。"又看到《大武》的乐舞，说："美妙极了！周氏兴盛时期，大概就是这样吧！"又见《韶濩》舞，说："有圣人般的宏大，但仍有一些遗憾，圣人也不容易圆满啊！"看到《大夏》舞，说："太美妙了！勤奋而又不以此为德，如果不是夏禹，谁又能够做得到呢？"又看了《韶箾》舞，说："这是仁德的极点了！比较宏大啊！就好比天下间没有不能覆盖的，就如同地上没有不能承载的，即便是再高的美德，也没有比这更美好的了。这已经到达极点了！如果还有其他乐舞，我不敢再欣赏了！"

子产执政（襄公三十年）

【原文】

郑子皮授子产政①，辞曰："国小而逼，族大宠多，不可为也。"子皮曰："虎帅以听，谁敢犯子？子善相之，国无小，小能事大，国乃宽。"

子产为政，有事伯石②，赂与之邑。子大叔曰："国，皆其国也。奚独赂焉？"子产曰："无欲实难。皆得其欲，以从其事，而要其成，非我有成，其在人乎？何爱于邑？邑将焉往？"子大叔曰："若四国何③？"子产曰："非相违也，而相从也，四国何尤焉？《郑书》有之曰^④：'安定国家，必大焉先。'姑先安大，以待其所归。"既，伯石惧而归邑，卒与之。伯有既死^⑤，使大史命伯石为卿，辞。大史退，则请命焉。复命之，又辞。如是三，乃受策入拜。子产是以恶其为人也，使次己位。

子产使都鄙有章^⑥，上下有服，田有封洫，庐井有伍。大人之忠俭者，从而与之。泰侈者，因而毙之。

丰卷将祭，请田焉。弗许，曰："唯君用鲜，众给而已。"子张怒，退而征役。子产奔晋，子皮止之而逐丰卷。丰卷奔晋。子产请其田里，三年而复之，反其田里及其入焉。

从政一年，舆人诵之^⑦，曰："取我衣冠而褚之，取我田畴而伍之。孰杀子产，吾其与之！"及三年，又诵之，曰："我有子弟，子产诲之。我有田畴，子产殖之。子产而死，谁其嗣之？"

【注释】

①子皮：郑国上卿。②伯石：公孙段。③四国：四方的邻国。④《郑书》：郑国的史书。⑤伯有：郑国大夫，被国人所杀。⑥都鄙：城乡。⑦舆人：众人。

【译文】

郑国子皮将政事交给子产，子产推辞说："国家小并且临近大国，公族大而且受宠的人太多，不可以治理啊。"子皮说："我率领众人听取你的命令，谁敢冒犯你？你好好地辅助政事，国家没有大小，小国如果能够侍奉大国，国家也是可以和顺的。"

子产当政，有事需要伯石去做，并赠送给他城邑。子大叔说："国家，是所有人的国家。你为什么独独送给他城邑呢？"子产说："人没有欲望实在很困难，我满足他们的欲望，以此让他们为国做事，并以此命令他们一定要将事情还要办成功，不是我的成功，难道还是其他人的吗？又何必爱惜一座城邑呢？难道城邑会跑吗？"子大叔说："那周围的邻国又如何呢？"子产说："这并不相互违背，而是相互跟随，周围的国家又有什么意见呢？《郑书》中有记载：'安定国家，就一定要先安抚大族。'姑且先安抚大族，以此来等待最终的结果。"不久，伯石畏惧而归还城邑，子产最终还是将城邑送给了他。伯有死了之后，子产让太史任命伯石为卿士。伯石推辞了，太史退下，伯石请求重新下达命令。命令重新下达，伯石又推辞了。这样反复三次，伯石才接受了命令并下跪拜谢。子产也因此讨厌伯石的为人，但还是让他的职位仅次于自己的职位。

子产让都城和乡间的东西都制定出章法，上下各司其职，田地有边界和沟渠，房屋和水井排列有序。忠诚节俭的大夫，便跟随和亲近他。奢侈骄傲的大夫，便因此惩罚他。

丰卷将要举行祭祀，请求去狩猎祭品。子产没有允许，说："只有君主祭祀才能够使用新鲜的猎物，其他人用普通的就可以了。"丰卷由此恼怒，退去后便开始召集兵士。子产准备逃往晋国，子皮制止他并将丰卷逐出。丰卷逃往晋国。子产请求不要将丰卷的田地房舍收回，三年之后又重新将丰卷迎回，并归还了他原本的田地住宅以及收入。

子产执掌政事一年的时间，众人都评议他，说："夺取我的衣冠而藏起来，夺取我的田地而重新编制。谁要杀掉子产，我一定会参与。"等子产执政三年，民间又传诵说："我有子弟，子产教诲他。我有田地，子产提高它的价值。如若子产死了，谁又能够继承他的位置呢？"

子产相郑伯以如晋（襄公三十一年）

【原文】

公薨之月①，子产相郑伯以如晋②，晋侯以我丧故③，未之见也。子产使尽坏其馆之垣而纳车马焉。士文伯让之，曰："敝邑以政刑之不修④，寇盗充斥，无若诸侯之属辱在寡君者何⑤？是以令吏人完客所馆，高其闬闳⑥，厚其墙垣，以无忧客使。今吾子坏之，虽从者能戒⑦，其若异客何⑧？以敝邑之为盟主，缮完葺墙，以待宾客，若皆毁之，其何以共命⑨？寡君使匄请命⑩。"

对曰："以敝邑褊小，介于大国⑪，诛求无时⑫，是以不敢宁居，悉索敝赋，以来会时事⑬。逢执事之不间⑭，而未得见，又不获闻命，未知见时，不敢输币⑮，亦不敢暴露。其输之，则君之府实也⑯，非荐陈之，不敢输也。其暴露之，则恐燥湿之不时而朽蠹⑰，以重敝邑之罪。"

【译文】

鲁襄公去世的那个月，子产辅助郑简公前往晋国，晋平公以鲁国丧事的缘故，没有接见。子产让人将晋国接待外宾馆舍的墙壁全部拆除并收入自己的车马上。士文伯责怪他，说："我们国家因为没有修理好政事刑罚，使得盗贼横行，对于那些屈尊前来的诸侯臣属又能有什么好办法呢？所以才命人修葺宾客所住的馆舍，建造高高的大门，厚厚的围墙，以此来让出使的宾客没有忧虑。而今您却把他毁坏了，虽然您的随从能够随时戒备，但是其他宾客使者呢？我们国家作为诸侯的盟主，修缮房屋修葺城墙，以此来接待宾客，如若都将其毁掉了，又用什么来给宾客提供他们所需要的呢？我的君主派遣匄前来向您请示。"

子产回答说："因为我们国家比较狭小，介于大国之间，大国会随时向我们责求财物，所以并不敢安心居住下来，尽可能地搜尽我们国家的财物，以此来应对随时的朝见。恰巧正逢你们没有空闲，而没能拜见晋平公，又没有得到他的命令，不知道会见的时间，不敢进献财物，也不敢让它暴露在外面。如若进献，那么就是君主府库里的财物，没有经过一定的仪式，不敢进献啊。如若让它暴露在外，又担心它会因为潮湿而腐朽毁坏或被虫蛀而坏，进而加重了我们国家的罪过。"

【原文】

"侨闻文公之为盟主也^①，宫室卑庳^②，无观台榭，以崇大诸侯之馆。馆如公寝，库厩缮修，司空以时平易道路^③，圬人以时塓馆宫室^④。诸侯宾至，甸设庭燎^⑤，仆人巡宫，车马有所，宾从有代^⑥，巾车脂辖^⑦，隶人牧圉^⑧，各瞻其事，百官之属，各展其物^⑨。公不留宾^⑩，而亦无废事，忧乐同之，事则巡之，教其不知，而恤其不足。宾至如归，无宁灾患^⑪？不畏寇盗，而亦不患燥湿。

今铜鞮之宫数里^⑫，而诸侯舍于隶人^⑬。门不容车，而不可逾越。盗贼公行，而天厉不戒^⑭。宾见无时，命不可知。若又勿坏，是无所藏币，以重罪也。敢请执事^⑮，将何以命之？虽君之有鲁丧，亦敝邑之忧也。若获荐币，修垣而行，君之惠也，敢惮勤劳？"

【注释】

①侨：子产。②卑庳：卑小。③司空、以时：司空，掌管土地兼管土木的官名。④圬人：瓦匠。⑤甸：掌管薪火的官名。⑥有代：有人代替服役。⑦巾车：掌管车马的官员。⑧隶人：古时候从事劳役的人。⑨各展其物：各自呈献自己的物品以供应宾客。⑩留宾：不滞留。⑪无宁：怎么会？⑫铜鞮：晋国的离宫名，今山西沁县以南。⑬舍于隶人：诸侯的客舍犹如仆人所住的。⑭天厉：上天降下瘟疫。⑮敢请：斗胆请问。

【译文】

"我听说晋文公做盟主的时候，宫室卑小，没有高大华丽的建筑和房子，但却把诸侯的馆舍修建得高大威武。馆舍就如同现在君主的寝宫一样，库房和马厩都加以修缮，掌管土地的官员也及时将道路填平整修，泥瓦匠会按时粉刷客馆的墙壁。诸侯宾客来到之后，掌管薪火的官员会将庭中照亮，仆人会巡视宫中，车马都有其住所，宾客的随从也都有人替代服役，掌管车马的官员为车轴加好油，有从事劳役的人有牧养牛马的人，各司其职，百官各自呈献自己的物品以供应给宾客。晋文公从来不会让宾客滞留，而且也不会荒废公事，和宾客同忧同乐，有事就会巡查抚慰，教导宾客所不知道的事情，体恤宾客所不足的地方。宾客就好像回到了自己的家一样，怎么会有灾患呢？不惧怕寇盗，也不担心燥湿。

如今贵国铜鞮的行宫绵延几里，而诸侯的馆舍却犹如奴隶居住的房子。门口无法容纳车子，而又无法翻墙进去。盗贼公然行窃，而又无法阻止上天降下来的瘟疫。宾客朝见君主却又没有固定的时候，命令也不知道什么时候可以下达。如若不毁坏墙壁，就没有地方藏财物，这样就会加重我们国家的罪过。斗胆请问您，又将有什么指示呢？虽然君主因为鲁国的丧事，但这也是我们国家所忧虑的事情。如若能够进献财物，我们可以把围墙修缮好之后再离开，君主的恩惠，岂敢害怕勤劳呢？"

【原文】

文伯复命，赵文子曰："信①！我实不德，而以隶人之垣以赢诸侯，是吾罪也。"使士文伯谢不敏焉②。晋侯见郑伯，有加礼③，厚其宴好而归之。乃筑诸侯之馆。

叔向曰："辞之不可以已也如是夫！子

产有辞，诸侯赖之④，若之何其释辞也？《诗》曰：'辞之辑矣，民之协矣。辞之绎矣，民之莫矣。'其知之矣。"

【注释】

①信：确实是这么回事。②谢：道歉。③加礼：加倍礼遇。④赖：受利。

【译文】

文伯回去复命，赵文子说："子产说的确实有理！实在是我们不仁德，而以奴隶的房舍去接待诸侯，是我们的罪过。"于是便派遣士伯为此次的过错而道歉。晋平公接见了郑简公，并对其加倍礼遇，设宴款待又回赠好礼后让他回去了。于是便建筑诸侯的馆舍。

叔向说："辞令不可以废除就好比这样吧！子产有辞令，诸侯也因他而受利，为何要废弃辞令呢？《诗经》中说：'辞令和睦，百姓协调。辞令和畅，百姓安定。'他已经知道这个道理了。"

子产不毁乡校（襄公三十一年）

【原文】

郑人游于乡校①，以论执政。然明谓子产曰②："毁乡校，何如？"子产曰："何为？夫人朝夕退而游焉，以议执政之善否。其所善者，吾则行之。其所恶者，吾则改之。是吾师也，若之何毁之？我闻忠善以损怨，不闻作威以防怨③。岂不遽止，然犹防川，大决所犯④，伤人必多，吾不克救也。不如小决使道⑤。不如吾闻而药之也。"然明曰："蔑也今而后知吾子之信可事也。小人实不才⑥，若果行此，其郑国实赖之，岂唯二三臣⑦？"

仲尼闻是语也，曰："以是观之，人谓子产不仁，吾不信也。"

【注释】

①乡校：乡下的公共场所，既为乡间学校，又为乡人聚会的地方。②然明：郑国大夫。③作威：利用职权滥施刑罚。④大决：河流堵塞会造成大的缺口。⑤小决：开小口让其舒畅。⑥小人：然明的谦称。⑦二三臣：执政的人。

【译文】

郑国人在乡校里聚集，在那里讨论执政者的好坏。然明对子产说："毁掉乡校，怎么样呢？"子产说："为何要这么做？人们完成早晚工作后前往那里游玩，以议论执政事宜的好坏与否。他们所认为好的，我就会施行。他们所认为坏的，我就会更改。是我的老师啊，为何要将它毁掉呢？我听说忠于良善而减少怨恨，没有听说过以职权滥施刑罚而防止怨恨的。运用职权岂能不迅速制止言论，然而这就好比用堤堵水，阻塞河流最后一定会造成大的缺口，也一定会伤害很多人，我无法施救。不如开一个小口让水道慢慢舒畅。不如让我听到的那些变为治病的良药。"然明说："我从今天开始知道您的确是一个可以成就大事的人。我确实没有才能，如若可以施行这种方法，这对郑国确实有利啊，岂止是几个执政大臣能够得到好处？"

孔子听说了这番言语，说："从这些话来看，人们说子产不仁德，我不相信。"

卷十　昭公

子产却楚（昭公元年）

【原文】

元年春，楚公子围聘于郑①，且娶于公孙段氏，伍举为介。将入馆，郑人恶之，使行人子羽与之言②，乃馆于外。

既聘，将以众逆。子产患之，使子羽辞③，曰："以敝邑褊小，不足以容从者，请墠听命④！"令尹命大宰伯州犁对曰⑤："君辱贶寡大夫围⑥，谓围：'将使丰氏抚有而室⑦。'围布几筵⑧，告于庄、共之庙而来⑨。若野赐之⑩，是委君贶于草莽也！是寡大夫不得列于诸卿也！不宁唯是⑪，又使围蒙其先君，将不得为寡君老，其蔑以复矣。唯大夫图之⑫！"

子羽曰："小国无罪，恃实其罪⑬。将恃大国之安靖己⑭，而无乃包藏祸心以图之⑮。小国失恃而惩诸侯⑯，使莫不憾者，距违君命，而有所壅塞不行是惧！不然，敝邑，馆人之属也，其敢爱丰氏之祧？"伍举知其有备也，请垂櫜而入⑰。许之。

【注释】

①公子围：楚康王的弟弟，之后的楚灵王。②行人、子羽：行人，负责接待诸侯以及诸侯卿士的官员；子羽，公孙辉。③辞：拒绝。④墠：为郊外土地除草整治，多用于诸侯会盟或者祭祀。另，古时候，男方从女方的祖庙中接亲，子产不愿意让楚国人马进城，于是便在郊外的土地上做墠，以此替代祖庙。⑤令尹：指公子围，楚国令尹。⑥贶、寡大夫：贶，赏赐；寡大夫，谦称，公子围。⑦丰氏、抚有：丰氏，公孙段氏，后受封为丰氏；抚有，拥有。⑧布几筵：设置祭祀物品。⑨庄、共：庄，楚庄公；共，楚

共公。⑩野赐：在野地赐亲。⑪不宁唯是：不仅如此。⑫图：考虑。⑬特实其罪：依仗大国而没有防备，就是罪。⑭安靖：安定平静。⑮而、无乃：而，代指楚国；无乃，恐怕是。⑯惩诸侯：诸侯警戒。⑰櫜：弓囊。

【译文】

元年春天，楚国公子围聘问郑国，并且迎娶了公孙段氏的女儿，伍举为副使。准备进入郑国馆舍的时候，郑国人非常厌恶他们，让行人子羽婉言拒绝，于是他们便居住在城外。

聘问完毕，公子围准备率众迎接。子产有些担心，便让子玉拒绝了，说："以我们国家的狭小，不足以容纳跟随您的人，还请让我们在郊外土地上为墠听命！"公子围命令太宰伯州犁回答说："承蒙君主赏赐给我的恩惠，对公子围说：'准备把丰氏嫁给你做妻子。'公子围布置好祭祀的物品，告祭了楚庄公、楚共公的庙宇而来。如果在野地赐亲，是把君主的赏赐丢弃在了草莽里！让我无法列于卿士之列！不仅如此，又让公子围蒙骗了自己的先君，将不能再继续做我们君主的卿大夫，也无法回去复命。恳请大夫好好思量。"

子羽说："小国本身没有罪过，但如若依仗大国而不设防备的话就是有罪过了。小国想要依仗大国而图自身的安定，大国（代指楚国）恐怕对我们也包藏祸心而打我们的主意。小国失去了依仗而让诸侯警戒，让小国都怨恨大国，违抗贵国君主的命令，让其无法行通，我们由此而恐惧！不然，我们的国家，就是你们的馆

舍，岂敢爱惜丰氏的祖庙呢？”伍举知道郑国对其有了防备，便请求将弓倒装入弓囊而进入郑国都城。郑国人答应了。

晏子请继室（昭公三年）

【原文】

齐侯使晏婴请继室于晋①，曰：“寡君使婴曰：‘寡人愿事君，朝夕不倦，将奉质币，以无失时，则国家多难，是以不获②。不腆先君之适③，以备内官④，焜耀寡人之望⑤，则又无禄，早世殒命，寡人失望。君若不忘先君之好，惠顾齐国，辱收寡人，徼福于大公、丁公⑥，照临敝邑，镇抚其社稷，则犹有先君之适及遗姑姊妹若而人。君若不弃敝邑，而辱使董振择之⑦，以备嫔嫱⑧，寡人之望也。’”韩宣子使叔向对曰：“寡君之愿也。寡君不能独任其社稷之事，未有伉俪。在缞绖之中⑨，是以未敢请。君有辱命，惠莫大焉。若惠顾敝邑，抚有晋国，赐之内主⑩，岂唯寡君，举群臣实受其贶。其自唐叔以下⑪，实宠嘉之。”

【注释】

①齐侯、继室：齐侯，齐景公；继室，晋国少姜在上一年去世，齐国请求再从晋国迎娶一女以继之。②不获：没有亲自前来。③腆、先君之适：腆，厚；先君之适，少姜是晋庄公嫡夫人所生的女儿。④内官：谦辞，充数于内官。⑤焜（kūn）耀：明照。⑥大公、丁公：大公，姜太公；丁公，太公的儿子。⑦董振：慎重。⑧嫔嫱：天子诸侯的姬妾。⑨缞绖：丧服的名称。⑩内主：正夫人为内官之主。⑪唐叔：晋国的始祖。

226

【译文】

齐景公派遣晏婴前往晋国请求将女子嫁给晋侯做继室，说："我们的君主派遣我说：'我愿意侍奉君主，早晚不知疲倦，并按时交纳礼物，而今我们国家多灾多难，所以才无法亲自前来。区区先君的嫡亲女儿，在您的内宫充数，也明照我的期望，然而她没有这个福分，早早的去世了，我非常失望啊。君主如果没有忘记和先君之间的友好，请施恩于齐国，接纳我，求福于太公、丁公，光辉照耀我们的国家，安定抚慰我们的社稷，那么就还有先君嫡亲的女儿以及遗姑姐妹若干人。君主如果不嫌弃我们国家，而让使者慎重选择，以此来充实君主的姬妾，这是我所希望的。'"韩宣子让叔向回答说："这也是我们君主的愿望。我们的君主无法独自担当国家社稷的事宜，没有伉俪。在丧期之中，所以才不敢有所请求。君主有命令，这是最大的恩惠了。如果恩惠能够顾及我们国家，安抚晋国，并赏赐给晋国做内宫之主，哪里只有我们君臣受到了恩惠。从唐叔之下，都会因受恩惠而赞美。"

【原文】

既成昏，晏子受礼。叔向从之宴，相与语。叔向曰："齐其何如？"晏子曰："此季世也，吾弗知。齐其为陈氏矣！公弃其民，而归于陈氏。齐旧四量，豆、区、釜、钟①。四升为豆，各自其四②，以登于釜。釜十则钟。陈氏三量③，皆登一焉，钟乃大矣。以家量贷④，而以公量收之⑤。山木如市，弗加于山⑥。鱼盐蜃蛤，弗加于海。民参其力⑦，二入于公，而衣食其一⑧。公聚朽蠹，而三老冻馁。国之诸市，屦贱踊贵⑨。民人痛疾，而或燠休之⑩，其爱之如父母，而归之如流水⑪，欲无获民，将焉辟之？箕伯、直柄、虞遂、伯戏，其相胡公、大姬，已在齐矣⑫。"

【注释】

①豆、区、釜、钟：齐国的四种量器。②各自其四：四豆为一区，四区为一釜。以四进位。③三量：指的是豆、区、釜。④家量：陈氏自家用的量器。⑤公量：齐国原本有的量器。⑥弗加于山：价格不高于山中。⑦民参

其力：百姓将自己的劳动成果分为三份。⑧衣食其一：衣食为其中一份。
⑨屦、踊：屦，简陋的草鞋；踊，古时候受过刖刑的人所穿的鞋子。⑩燠
休：体恤。⑪如流水：如流水般自然。⑫已在齐矣：意思陈氏将得到齐国
政权。

【译文】

订婚之后，晏婴接受了晋国的享礼。叔向跟随出席宴会，相互交谈。
叔向说："齐国如何呢？"晏婴说："已经到了末世了，我不知道。齐国可
能要归陈氏了！君主丢弃了他的子民，而归附于陈氏。齐国旧时有四种量
器，豆、区、釜、钟。四升为一豆，以此四进位，一直到釜。十釜为一
钟。陈氏有三种量器（豆、区、釜），都在齐国基础上加一（以五进位），
那么钟的容器就比较大了。陈氏用自己家的量器借出，又用公家的量器标
准收回。山上的树木到了市场上，价格不会高于山中。鱼盐蜃蛤，价格也
不会比海边高。百姓的劳动成果分为三份，两份要归于公家，剩下的一份
便用于百姓自身的衣食。国家聚集的财物都腐朽生虫，而老人们却在挨饿
受冻。国家的各个市场上，草鞋便宜而假足却异常昂贵。百姓们对此痛心
疾首，陈氏便给予他们体恤慰问，他们爱护百姓就如同爱护自己的父母，
百姓也如同流水一样归附于他们，想要得不到百姓的拥戴，又怎么可能
呢？箕伯、直柄、虞遂、伯戏，他们都是跟随胡公、太姬的人，都已经在
齐国了。"

【原文】

叔向曰："然。虽吾公室①，今亦季世也。戎马不驾②，卿无军行③，
公乘无人④，卒列无长。庶民罢敝，而宫室滋侈。道殣相望⑤，而女富溢
尤⑥。民闻公命，如逃寇仇。栾、郤、胥、原、狐、续、庆、伯⑦，降在
皂隶。政在家门⑧，民无所依，君日不悛⑨，以乐慆忧⑩。公室之卑，其
何日之有⑪？《谗鼎之铭》曰：'昧旦丕显⑫，后世犹怠。'况日不悛，其
能久乎？"

宴子曰："子将若何？"叔向曰："晋之公族尽矣⑬。肸闻之，公室将

卑，其宗族枝叶先落^⑭，则公室从之。肸之宗十一族，唯羊舌氏在而已。肸又无子^⑮。公室无度，幸而得死^⑯，岂其获祀？"

【注释】

①公室：王室的政权。②戎马：驾驭兵车的战马。③军行：军事行动。④公乘：诸侯乘坐的战车。⑤殣（jìn）：饿死的人。⑥女：受宠的人。⑦栾、郤、胥、原、狐、续、庆、伯：都是晋国旧臣的族人。⑧家门：卿大夫。⑨日不悛：一日都没有想到悔改。⑩慆：隐藏。⑪何日之有：还能有几天。⑫昧旦：天还没有亮。⑬公族：诸侯的族人。⑭宗族：同祖的宗族。⑮无子：没有能够继承后代的儿子。⑯得死：得以善终。

【译文】

叔向说："是的。即便是我们王室的政权，如今也是到了末世了。没有人驾驭战车的马，没有统率军事行动的卿士，没有人驾驭诸侯的兵车，没有人指挥步兵的行列。百姓疲劳困顿，宫室却奢华有余。路边饿死的人到处都是，而受宠的人其财富却多得溢出来。百姓听到君主的命令，就犹如逃避仇敌一般。栾、郤、胥、原、狐、续、庆、伯这八家的后代，已经成了低贱的奴隶。卿大夫掌权，百姓没有所能依靠的，君主一天都不想悔改，以欢乐来隐藏忧愁。公室的卑微，还能够有几天呢？《谗鼎之铭》说：'天还没有亮就开始励精图治，后世犹且会懈怠。'更何况是每日不知悔改，这能够长久吗？"

晏子说："你准备如何做？"叔向说："晋国的诸侯同族已经完了。我听说，公室将要衰败了，他的宗族会像树叶一般先行衰弱，随后公室完结。我的宗族有十一族，只有羊舌氏还存在。我又没有能够继承后代的儿子。公室没有法度，幸好我可以得以善终，难道还要指望后代的祭祀吗？"

晏子拒更宅（昭公三年）

【原文】

初，景公欲更晏子之宅^①，曰："子之宅近市，湫隘嚣尘^②，不可以居，请更诸爽垲者^③。"辞曰："君之先臣容焉^④，臣不足以嗣之，于臣侈矣。且小人近市，朝夕得所求，小人之利也。敢烦里旅^⑤？"公笑曰："子近市，识贵贱乎？"对曰："既利之，敢不识乎？"公曰："何贵何贱？"于是景公繁于刑^⑥，有鬻踊者^⑦。故对曰："踊贵屦贱。"既已告于君，故与叔向语而称之。景公为是省于刑^⑧。君子曰："仁人之言，其利博哉。晏子一言而齐侯省刑。《诗》曰：'君子如祉，乱庶遄已。'其是之谓乎！"

及晏子如晋，公更其宅，反，则成矣。既拜，乃毁之，而为里室^⑨，皆如其旧。则使宅人反之^⑩，曰："谚曰：'非宅是卜，唯邻是卜。'二三子先卜邻矣^⑪，违卜不祥^⑫。君子不犯非礼，小人不犯不祥，古之制也。吾敢违诸乎？"卒复其旧宅。公弗许，因陈桓子以请^⑬，乃许之。

【注释】

①景公：齐景公。②湫（jiǎo）、隘、嚣尘：湫，低下；隘，狭隘；嚣尘，喧嚣扬尘。③垲：干燥。④先臣：古时候，大臣在君主面前称呼自己已逝的祖先为先臣。⑤里旅：掌管司旅的官员。⑥繁于刑：刑罚过于繁多。⑦鬻（yù）：卖。⑧省：减少。⑨里室：邻居的住宅。⑩宅人：指旧宅住的邻居。⑪二三子：邻居。⑫违卜不祥：违背占卜是不吉利的。⑬陈桓子：齐国大臣。

【译文】

　　起初，齐景公想要更换晏婴的住宅，说："你的住宅靠近市区，地势低下狭隘，喧嚣扬尘，不可以居住，请您更换到干燥高爽的地方。"晏婴辞谢说："君主的先臣就在这里，我不足以继承先人，在这里居住对臣来说已经很奢侈了。况且我的住宅靠近市区，早晚都能够得到自己所需要的东西，这是有利于我的事情。哪敢再劳烦里旅呢？"齐景公笑着说："你靠近市区，知道物品的贵贱吗？"晏婴回答说："既然是有利的条件，我怎么又不知道呢？"齐景公说："什么贵什么贱？"那个时候齐景公频繁使用刑罚，市场上已经有卖假足的人。所以晏婴回答说："假足比较贵，草鞋比较贱。"之前晏婴和齐景公说过，所以在和叔向说话的时候也提到了这件事情。于是齐景公便因此而减少了刑罚。君子说："仁德人的话语，有很大的好处啊。晏婴的一句话便让齐景公减少了刑罚。《诗经》上说：'君子为世人谋取福祉，就能够很快制止祸乱。'这种情况就能够称得上吧。"

　　等到晏婴前往晋国，齐景公更换了他的住宅，晏婴回来的时候，住宅已经建成了。于是晏婴拜谢之后，又把新的住宅毁掉，而修复了邻居的住宅，都和他们旧时住的一模一样。又让人将旧宅的邻居叫了回来，说："谚语说：'不是要占卜住宅，而是要占卜邻居。'你们已经选择为邻居占卜了，违背占卜就是不吉利。君子不做不合礼仪的事情，小人不犯不吉利的事情，这是古时候的制度。我难道敢违背吗？"于是让人恢复自己旧时的住宅。齐景公不允许，后因陈桓子求情，才答应了。

女叔齐论礼（昭公五年）

【原文】

公如晋①，自郊劳至于赠贿②，无失礼。晋侯谓女叔齐曰③："鲁侯不亦善于礼乎？"对曰："鲁侯焉知礼？"公曰："何为？自郊劳至于赠贿，礼无违者，何故不知？"对曰："是仪也，不可谓礼。礼所以守其国，行其政令，无失其民者也。今政令在家，不能取也。有子家羁④，弗能用也。奸大国之盟，陵虐小国。利人之难，不知其私。公室四分，民食于他⑤。思莫在公，不图其终。为国君，难将及身，不恤其所。礼之本末，将于此乎在，而屑屑焉习仪以亟。言善于礼，不亦远乎？"君子谓："叔侯于是乎知礼。"

【注释】

①公：鲁昭公。②郊劳、赠贿：郊劳，到郊外去迎接、犒劳；赠贿，赠送礼物。③女叔齐：晋国大夫。④子家羁：鲁昭公的族人。⑤他人，指鲁国大臣季孙、叔孙、孟孙三家。

【译文】

鲁昭公来到晋国，从来时的郊外迎接、慰劳到去时的赠送礼物，都没有失去礼节。晋平公对女叔齐说："鲁昭公不也很擅长礼仪吗？"女叔齐回答说："鲁昭公哪里知道礼仪呢？"晋平公说："为什么？从来时的郊外迎接、慰劳到去时的赠送礼物，礼仪都没有违背的地方，为何说他不知道礼仪呢？"女叔齐回答说："那只是仪式，不能称之为礼仪。礼是为了能够守卫国家，施行政令，不失去他的百姓。如今鲁国的政权在卿大夫手中，无法夺取过来。有子家羁，也不能加以任用。触犯大国的盟约，欺凌虐待小国。利用别人的危难，却又不知道自己的危难。王室政权一分为四，百姓依靠着其他三大家生活。百姓的心思不在君主身上，君主也不思量其后果。作为国君，灾难即将降临到自己身上，却无法体恤到自己所处的环境。礼仪的根本和末节，就在于这里了，而他却还一直急于学习这烦琐的仪式。说他善于礼仪，不也相差得太远了？"君子认为："在这件事情上看出女叔齐是知道礼的。"

孟僖子说孔丘（昭公七年）

【原文】

九月，公至自楚①。孟僖子病不能相礼②，乃讲学之，苟能礼者从之。及其将死也③，召其大夫曰："礼，人之干也。无礼，无以立。吾闻将有达者曰孔丘，圣人之后也④，而灭于宋⑤。其祖弗父何，以有宋而授厉公。及正考父⑥，佐戴、武、宣⑦，三命兹益共⑧。故其鼎铭云：'一命而偻，再命而伛，三命而俯。循墙而走，亦莫余敢侮。饘于是，鬻于是，以糊余口。'其共也如是。臧孙纥有言曰⑨：'圣人有明德者，若不当世，其后必有达人。'今其将在孔丘乎？我若获没⑩，必属说与何忌于夫子⑪，使事之，而学礼焉，以定其位。"故孟懿子与南宫敬叔师事仲尼⑫。仲尼曰："能补过者，君子也。《诗》曰：'君子是则是效。'孟僖子可则效已矣。"

【注释】

①公至自楚：鲁昭公从楚国回国。②孟僖子：鲁国大夫。③及其将死也：等到他快要死的时候。④圣人之后：此句说孔子为圣人之后。圣人，

指孔子的祖先弗父何和正考父。⑤而灭于宋：孔子六代祖孔父嘉被宋国华父督所杀，五代祖木金父出逃晋国。⑥正考父：弗父何的曾孙。⑦戴、武、宣：宋国的三位君主。⑧三命：三位君主先后任命他为上卿。⑨臧孙纥：臧武仲。⑩获没：得以寿终正寝。⑪夫子：孔子。⑫孟懿子、南宫敬叔：孟懿子，何忌；南宫敬叔，名阅。

【译文】

九月，鲁昭公从楚国回国。孟僖子愧于自己不精通礼仪，于是便开始学习，如若有精通礼仪的人便去跟随他。等到他快死的时候，将大夫召集过来说："礼仪，是人的主干。没有礼仪，就无法立身。我听说将要闻达于世的人名为孔丘，是圣人的后代，他的家族在宋国时灭亡。他的祖先弗父何，应该是宋国的君主却让位给了厉公。等到正考父的时候，辅佐戴、武、宣三位君主，三位君主都先后任命他为卿士。所以他的鼎文是：'第一次任命低下了头，第二次任命微微躬身，第三次任命弯下了腰。倚靠着墙壁而行，也没有人敢欺侮他。浓稠的粥在这鼎里煮，稀粥也在这鼎里煮，只是为了糊口。'他就是这般恭敬。臧孙纥说过：'圣人有昭明的仁德，即便不是君主，他的后代也一定会有闻达于世的人。'如今恐怕就应验在孔丘身上了？我如果能寿终正寝，一定要将说和何忌托付给他，让他们侍奉孔丘，并且从他那里学习礼仪，以此来安定自己的地位。"所以孟懿子何忌和南宫敬叔说都拜了孔子为师。孔子说："能够弥补过错，是君子。《诗》中说：'学会效仿君子。'孟僖子是可以学习效仿的。"

子革谏楚灵王（昭公十二年）

【原文】

楚子狩于州来①，次于颖尾②，使荡侯、潘子、司马督、嚣尹午、陵尹喜帅师围徐以惧吴③。楚子次于乾溪④，以为之援。雨雪，王皮冠，秦复陶⑤，翠被⑥，豹舄⑦，执鞭以出，仆析父从⑧。

右尹子革夕，王见之，去冠、被，舍鞭，与之语曰："昔我先王熊绎⑨，与吕伋、王孙牟、燮父、禽父⑩，并事康王，四国皆有分，我独无有。今吾使人于周，求鼎以为分⑪，王其与我乎？"对曰："与君王哉！昔我先王熊绎，辟在荆山⑫，筚路蓝缕⑬，以处草莽。跋涉山林，以事天子。唯是桃弧、棘矢，以共御王事。齐，王舅也⑭。晋及鲁、卫，王母弟也⑮。楚是以无分，而彼皆有。今周与四国服事君王，将唯命是从，岂其爱鼎？"

王曰："昔我皇祖伯父昆吾，旧许是宅⑯。今郑人贪赖其田，而不我与。我若求之，其与我乎？"对曰："与君王哉！周不爱鼎，郑敢爱田？"王曰："昔诸侯远我而畏晋，今我大城陈、蔡、不羹⑰，赋皆千乘，子与有劳焉⑱。诸侯其畏我乎？"对曰："畏君王哉！是四国者⑲，专足畏也⑳，又加之以楚，敢不畏君王哉！"

【注释】

①楚子、州来：楚子，楚灵王；州来，吴国地名，今安徽凤台。②次、颖尾：次，暂时驻扎；颖尾，今安徽正阳关。③荡侯、潘子、司马督、嚣尹午、陵尹喜、惧：荡侯、潘子、司马督、嚣尹午、陵尹喜，都是楚国大

夫；惧，使……畏惧。④乾溪：吴国地名，今安徽省亳州市东南方向。⑤复陶：用羽毛制作的外衣，能够抵御风雪。⑥翠被：用翡翠羽制成的背帔。⑦豹舄（xì）：用豹皮制作的鞋子。⑧析父：楚国大夫。⑨熊绎：楚国的始封君主。⑩伋、王孙牟、燮父、禽父：伋，吕伋，姜太公的儿子丁公；王孙牟，卫康叔的儿子康伯；燮父，康叔虞的儿子；禽父，周公的儿子伯禽。⑪鼎：夏商周三朝的传国之宝。⑫荆山：楚国人的发源地，今湖北南漳县西面。⑬筚路：柴车。⑭王舅：周成王的母亲是姜太公的女儿，所以有此称呼。⑮母弟：周公旦、卫康叔都是周武王的同母弟弟，唐叔虞是周成王的母弟。⑯旧许：许国，今河南许昌，曾多次迁移，其故地被郑国所占，所以称为旧许。⑰陈、蔡、不羹：陈国、蔡国都是楚国的附属国；不羹，也是楚国的附属国，只是因其有东西两个城邑，所以也将这三国称为四国。⑱子：子革。⑲四国：陈、蔡、不羹。⑳专：独有。

【译文】

楚灵王在州来狩猎，并暂居在颍尾，派遣荡侯、潘子、司马督、嚣尹午、陵尹喜率领军队围困徐国以此来震慑吴国。楚灵王又居住于乾溪，作为他们的后援。天上开始下雨，楚灵王头上戴着皮帽子，身上穿着秦国用羽毛制作的外衣，披着用翡翠羽制成的帔，穿着用豹皮制作的鞋子，拿着鞭子走了出去，仆析父为随从。

晚上右尹子革求见，楚灵王接见了他，去掉帽子、背帔，放下鞭子，和他谈话说："昔日我先王熊绎，和吕伋、王孙牟、燮父、禽父几人，一起侍奉周康王，齐国、晋国、卫国、鲁国都被赏赐了宝物，唯独我们国家没有。如今我让人前往周朝，请求将鼎赏赐给我们，周天子能给我吗？"子革回答说："能给君主！昔日我们先王熊绎，居住在荆山比较僻静的地方，乘坐柴车穿着破烂的衣裳，以开辟丛生的杂草。在山林中跋涉，以侍奉天子。只能进献桃弧、棘矢，以供奉周王朝的大事。齐国，周天子的王舅。晋国以及鲁国、卫国是周天子的母弟。所以楚国才没有得到任何赏赐，而他们却全都有。如今周国和四国都顺服侍奉君主，会对您唯命是听，岂敢爱惜一个鼎呢？"

楚灵王说："昔日我皇族伯父昆吾，居住在许国的旧地。如今郑国人贪婪许国的这些土地，而不把它给我们。我如果向他们请求，他们能够给我吗？"子革回答说："能够给君主！周天子不敢爱惜他的鼎，郑国又岂敢爱惜田地？"楚灵王说："昔日诸侯疏远我而畏惧晋国，如今我大力修筑陈、蔡、不羹的城墙，每一个地方都有千乘战车，你参加了这个事情也是有功劳的。诸侯会因此而畏惧我吗？"子革回答说："会畏惧君主！即便是这四个城邑，也足以让人畏惧了，再加上楚国的力量，谁敢不畏惧君主呢！"

【原文】

工尹路请曰："君王命剥圭以为鏚柲^①，敢请命。"王入视之。析父谓子革："吾子，楚国之望也！今与王言如响^②，国其若之何？"子革曰："摩厉以须^③，王出，吾刃将斩矣^④。"

王出，复语。左史倚相趋过。王曰："是良史也，子善视之。是能读《三坟》、《五典》、《八索》、《九丘》^⑤。"对曰："臣尝问焉。昔穆王欲肆其心^⑥，周行天下，将皆必有车辙马迹焉。祭公谋父作《祈招》之诗^⑦，以止王心，王是以获没于祗宫。臣问其诗而不知也。若问远焉，其焉能知之？"王曰："子能乎？"对曰："能。其诗曰：'祈招之愔愔^⑧，式昭德音。思我王度，式如玉，式如金。形民之力，而无醉饱之心^⑨。'"王揖而入，馈不食^⑩，寝不寐，数日，不能自克，以及于难^⑪。

仲尼曰："古也有志：'克己复礼^⑫，仁也'。信善哉！楚灵王若能如是，岂其辱于乾溪？"

【注释】

①鏚（qī）、柲（bì）：鏚，古时候一种形状类似于斧头的兵器；柲，柄。②响：回响。这里指子革随声附和。③摩厉：磨砺。④斩：斩断楚灵王的贪念。⑤《三坟》、《五典》、《八索》、《九丘》：上古时期的书名。⑥穆王：周穆王。⑦祭公谋父：周公的孙子，谋父是他的名字。⑧愔愔：和悦安舒。⑨醉饱：代指酒食过度。⑩馈：进献饭食。⑪难：子革和楚灵王对

话之后的第二年，楚国发生内乱，拥立新君，楚灵王溃败出逃，后来在乾溪自缢。⑫复礼：恢复礼制。

【译文】

工尹路请示说："君主命令剖开玉制的礼器以装饰铖的手柄，斗胆请命。"楚灵王前去查看。析父对子革说："你是楚国的希望！如今和楚灵王对话时却一直附和他的言语，将来国家该怎么办呢？"子革说："我已经磨砺好了兵器以准备随时行动，等君主出来，我将会斩断他的贪念。"

楚灵王出来，又和子革谈话。左史倚相快速走过。楚灵王说："是个好史官，你要善待他。他能够读《三坟》《五典》《八索》《九丘》。"子革回答说："我曾经问过他。昔日周穆王想要放纵自己的私欲，便周游天下，准备让天下所有地方都有他的车马印迹。祭公谋父作了《祈招》这首诗，以阻止周穆王的私心，周穆王也因此能够在祇宫寿终正寝。我问他这首诗的时候而他却不知道。如若再往远处问，他又哪里可以知道呢？"楚灵王说："你可以吗？"子革回答说："可以。诗中说：'祈招和悦安适，彰显的是有德人的声音。思虑我君主的风度，犹如玉，犹如金。寻求保存百姓的力量，而没有酒食过度的私心。'"楚灵王作揖之后便进去了，不吃进献来的食物，躺在床上无法入眠，这样坚持了几天，还是不能克制自己，由此才惹来了灾难。

孔子说："古时候有记载：'克己复礼，是仁德。'说得很好！楚灵王如果能够这样做，又岂会在乾溪受到侮辱呢？"

韩宣子求玉环（昭公十六年）

宣子有环①，有一在郑商②。宣子谒诸郑伯③，子产弗与，曰："非官府之守器也，寡君不知。"子大叔、子羽谓子产曰："韩子亦无几求④，晋国亦未可以贰。晋国、韩子，不可偷也。若属有谗人交斗其间⑤，鬼神而助之，以兴其凶怒，悔之何及？吾子何爱于一环，其以取憎于大国也，盍求而与之？"子产曰："吾非偷晋而有二心，将终事之，是以弗与，忠信故也。侨闻君子非无贿之难，立而无令名之患。侨闻为国非不能事大字小之难⑥，无礼以定其位之患⑦。夫大国之人，令于小国，而皆获其求，将何以给之？一共一否⑧，为罪滋大。大国之求，无礼以斥之，何餍之有⑨？吾且为鄙邑⑩，则失位矣⑪。若韩子奉命以使，而求玉焉，贪淫甚矣，独非罪乎？出一玉以起二罪，吾又失位，韩子成贪，将焉用之？且吾以玉贾罪，不亦锐乎⑫？"

【注释】

①宣子、环：宣子，韩起，晋国的执政大臣；环，玉环。②有一：和这块玉环配对的一个。③郑伯：郑定公。④无几：没有多少。⑤属：恰好。⑥事大、字小：事大，侍奉大国；字小，安抚小国。⑦定其位：安定保全其地位。⑧一共一否：有时候给，有时候又因无法满足而不给。⑨餍：满足。⑩鄙邑：边境的城邑。⑪失位：失去了独立国的地位。⑫锐：细小。

【译文】

韩起有一个玉环，郑国商人那里有与之匹配的一环。于是韩起便向郑定公请求，子产不给，说："不是公家府库里的器物，我们的君主不知道。"子太叔、子羽对子产说："韩起也没有多少请求，对晋国也不可以有贰心。晋国、韩起，不可以怠慢啊。如若恰好有奸恶小人在其间作祟，再加上鬼神的帮助，以此引发晋国人心中的怨恨，后悔还有什么用呢？你何必因为爱惜一个玉环，却因此得到大国的憎恨，何不把玉环找来给他？"子产说："我并不是怠慢晋国而心怀贰心，我是要终生侍奉他们，所以才不给他，这是忠信的缘故。我听说君子并不为没有财物而担忧，而是忧患于立身无名。我听说治理国家并不怕侍奉大国安抚小国的困难，而是担心没有礼仪来安定他的地位。如今大国的人命令小国的人，如果让他全部得到自己所求的，我们又准备用什么来保证不断地供给呢？有时候给，有时候不给，这是滋生罪过的最大原因。大国的要求，没有礼仪就应该驳斥，他们哪有什么满足的时候？如若我作为边境的城邑，就将要失去独立国的地位了。如果韩起奉命出使，又求得玉环，就会增加他的贪淫邪念，难道这不是罪过吗？送出一块玉环而引起两项罪过，而我们又失去了独立国的地位，韩起变成了贪婪之人，怎么能这样做呢？况且我们用玉环招引罪过，不也太不值了吗？"

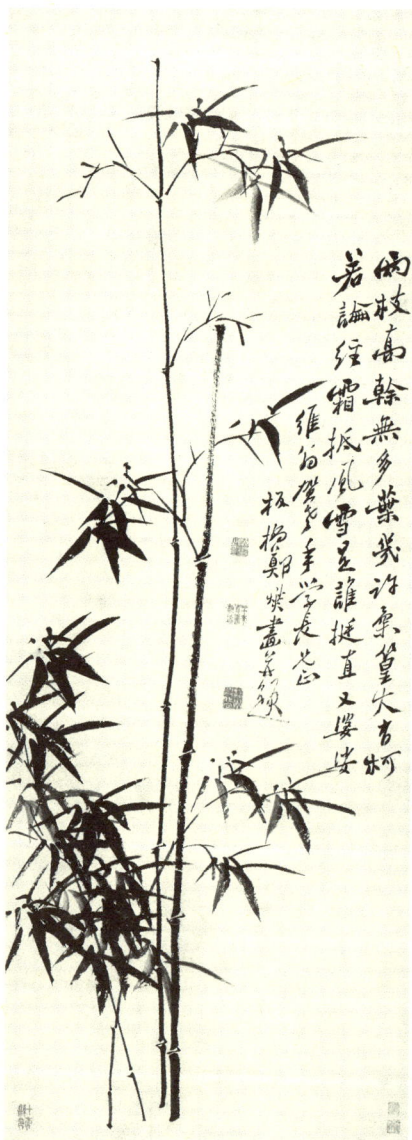

【原文】

韩子买诸贾人，既成贾矣①，商人曰："必告君大夫②。"韩子请诸子产曰："日起请夫环，执政弗义③，弗敢复也。今买诸商人，商人曰，必以闻，敢以为请。"子产对曰："昔我先君桓公，与商人皆出自周④，庸次比耦⑤，以艾杀此地⑥，斩之蓬蒿藜藋⑦，而共处之。世有盟誓，以相信也，曰：'尔无我叛，我无强贾⑧，毋或匄夺。尔有利市宝贿，我勿与知。'恃此质誓⑨，故能相保，以至于今。今吾子以好来辱，而谓敝邑强夺商人，是教弊邑背盟誓也，毋乃不可乎！吾子得玉而失诸侯，必不为也。若大国令，而共无艺，郑，鄙邑也，亦弗为也。侨若献玉，不知所成，敢私布之。"韩子辞玉，曰："起不敏，敢求玉以徼二罪？敢辞之。"

【注释】

①成贾：成交。②君大夫：郑国君主和大夫。③弗义：不符合道义。④皆出自周：郑国封邑原本在周国境内。⑤庸次、比耦：庸次，根据次序；比耦，并肩耦耕。⑥艾杀：割草伐木，整修土地。⑦蓬蒿藜藋：野草。⑧强贾：强行买卖。⑨质誓：守信用的誓言。

【译文】

韩起从商人那里购买了玉环，已经成交了，商人说："一定要告诉君主和大夫。"韩起对子产请求说："往日我请求玉环，执政认为这样不合道义，不敢再次请求了。如今从商人那里买来了玉环，商人说，一定要报告这件事情，斗胆以此作为请求。"子产回答说："昔日我的先君桓公，和商人都出自于周地，有次序地耕种合作，整修土地砍伐草木，斩断野草，而共同居住在这里。世代都会盟宣誓，以此增加彼此的信任，说：'你不能背叛我，我也不会强行买卖你的物品，不要乞求也不能掠夺。你有赚钱的生意和珍贵的宝物，我也不会过多询问。'特此立下守信用的誓言，所以才能够相安无事，直到今天。如今你带着友好前来我们国家，而对我们说要强夺我们国家商人的东西，是叫我们背弃盟誓啊，恐怕不可以吧！你得到了玉环而失去诸侯，也一定不能做的。如若有大国的命令，而要没有限度地进贡，那么郑国就被看成了晋国边境的城邑，我们也是不肯做的。我如果献上了玉环，不知道有什么好处，斗胆私下告诉您。"韩起退回了玉环，说："是我不聪慧，岂敢再因玉环而得到两项罪过？还请退回玉环。"

郯子论命名（昭公十七年）

【原文】

秋，郯子来朝^①，公与之宴。昭子问焉^②，曰："少皞氏鸟名官^③，何故也？"郯子曰："吾祖也，我知之。昔者黄帝氏以云纪^④，故为云师而云名^⑤；炎帝氏以火纪，故为火师而火名；共工氏以水纪^⑥，故为水师而水名；大皞氏以龙纪^⑦，故为龙师而龙名。我高祖少皞挚之立也，凤鸟适至，故纪于鸟，为鸟师而鸟名。凤鸟氏，历正也^⑧；玄鸟氏，司分者也^⑨；伯赵氏^⑩，司至者也；青鸟氏^⑪，司启者也；丹鸟氏，司闭者也。祝鸠氏^⑫，司徒也；鴡鸠氏^⑬，司马也；鸤鸠氏^⑭，司空也；爽鸠氏^⑮，司寇也；鹘鸠氏^⑯，司事也。五鸠，鸠民者也。五雉，为五工正，利器用、正度量，夷民者也。九扈为九农正^⑰，扈民无淫者也。自颛顼以来，不能纪远，乃纪于近^⑱，为民师而命以民事^⑲，则不能故也。"

仲尼闻之，见于郯子而学之。既而告人曰："吾闻之：'天子失官，学在四夷'，犹信^⑳。"

【注释】

①郯（tán）子：郯国君主。②昭子：叔孙婼（chuò）。③少皞（hào）氏鸟名官：少皞氏以鸟来作为官名。④昔者黄帝氏以云纪：根据应劭的记载，黄帝受命有云端之说，所以以云纪事。⑤故为云师而云名：各个部

242

门的官员都会以云来命。⑥共工氏：在神农之前，太皞之后，以诸侯称霸九州。共工以水命名官名。春官为东水，夏官为南水，秋官为西水，冬官为北水。⑦大皞氏：伏羲氏，风姓的祖先，以龙命名官名，春官是青龙氏，夏官为赤龙氏，秋官为白龙氏，冬官为黑龙氏。⑧凤鸟氏，历正也：凤鸟知天时，所以用其命名历正之官。⑨玄鸟氏，司分者也：玄鸟就是燕子，燕子春来冬去，所以用它来命名司分之官。⑩伯赵氏：伯赵就是伯劳。⑪青鸟氏：青鸟，名为黄莺。⑫祝鸠氏：祝鸠就是鹁鸪。⑬鸤鸠氏：鸤鸠为王鸤。⑭鸤（shī）鸠氏：讲究平均。⑮爽鸠氏：爽鸠，为鹰，性情凶猛。⑯鹘（gǔ）鸠氏：鹘鸠，即为鹘鸠，春来冬去，主要掌管农事。⑰九扈：扈鸟有九种。⑱自颛顼（zhuān xū）以来，不能纪远，乃纪于近：从颛顼开始，就不用远物命名官名了，而是只能使用近物来命名官职。⑲为民师而命以民事：颛顼的官名又南正、火正等，不再使用祥瑞当作官名。⑳信：真。

【译文】

秋天，郯子前来朝见，鲁昭公设宴款待他。昭子问他，说："少皞氏用鸟来命名官名，是什么缘故呢？"郯子回答说："我的祖先我知道。以前黄帝是以云来纪事，所以以云来命名各部长官的名字；炎帝以火来纪事，所以便以火来命名各官的名字；共工氏以水来纪事，所以便以水来命名各官的名字；太皞氏以龙纪事，于是便以龙来命名各官的名字。我的祖先少皞挚即位时，正好有凤凰飞过来，于是便以鸟纪事，因此也用鸟来命名各部长官的名字。凤鸟知天时，所以用它来命名历正之官；玄鸟春来冬去，所以用它来命名司分之官；伯赵，执掌冬至夏至；青鸟，执掌立春立夏；丹鸟，则命名立秋立冬。祝鸠性孝，用它来命名司徒之官；鸤鸠威武，用它命名司马之官；鸤鸠讲究平均，用它来命名司空之官；爽鸠凶猛，将它用来命名司寇之官；鹘鸠主农事，所以用它来命名司事之官。这五鸠，是聚集民众的人。五雉，是掌管五种工艺的官，能够改善生活用具，统一度量，让百姓得以平均。九扈主管九项农事，是为了让百姓不要放纵。从颛顼之后，便不以远方的事物命名了，而是以近物来命名，作为百姓长官而以百姓的事情命名，那么就不能再效仿从前了。"

孔子听说之后，便前去拜见郑子并向他学习。不久孔子就对人说："我听说：'天子百官失职，学问就保存在边远的小国'，这是真的。"

子产救火（昭公十八年）

【原文】

夏五月，火始昏见。丙子，风。梓慎曰①："是谓融风，火之始也。七日，其火作乎！"戊寅，风甚。壬午，大甚。宋、卫、陈、郑皆火。梓慎登大庭氏之库以望之②，曰："宋、卫、陈、郑也。"数日，皆来告火。裨灶曰："不用吾言，郑又将火。"郑人请用之，子产不可。子大叔曰："宝，以保民也。若有火，国几亡。可以救亡，子何爱焉？"子产曰："天道远，人道迩，非所及也③，何以知之？灶焉知天道？是亦多言矣，岂不或信④？"遂不与，亦不复火。

【注释】

①梓慎：鲁国大夫。②大庭氏之库：大庭氏，古国名，在鲁国都城曲阜城内。意为大庭氏的库房。③非所及：天道和人道不相及。④或信：偶然言中。

【译文】

夏季五月，黄昏时开始出现大火星。初七，刮起大风。梓慎说："这就是所说的融风，是火灾的开始。七日之后，恐怕就要有大火灾了！"初九，大风更加厉害。十三日，风力更大。宋国、卫国、陈国、郑国都发生了火灾。梓慎登上大庭氏的库房以便于瞭望，说："这是宋国、卫国、陈国、郑国发生的。"几天之后，这四个国家都前来报告火情。郑国占星大师裨灶说："不听我的话，郑国又将要面临火灾了。"郑国人请求听从他的话，子产不愿意。子太叔说："宝物，是为了保护子民的。如果有了火灾，国家都要几近灭亡了。既然能够挽救灭亡，你又为何吝啬它呢？"子产说："天道远，人道近，二者不相及，又如何从天道而知人道呢？他又是如何知道天道的呢？人说话说得多了，难道就没有偶然言中的吗？"于是便没有举行祭祀，也没有再发生火灾。

【原文】

郑之未灾也，里析告子产曰①："将有大祥，民震动，国几亡。吾身泯焉，弗良及也。国迁其可乎②？"子产曰："虽可，吾不足以定迁矣。"及火，里析死矣，未葬，子产使舆三十人，迁其柩。

火作，子产辞晋公子、公孙于东门。使司寇出新客③，禁旧客勿出于宫。使子宽、子上巡群屏摄④，至于大宫。使公孙登徙大龟⑤。使祝史徙主祏于周庙⑥，告于先君。使府人、库人各儆其事⑦。商成公儆司宫⑧，出旧宫人⑨，置诸火所不及。司马、司寇列居火道，行火所焮⑩。城下之人，伍列登城。明日，使野司寇各保其征⑪。郊人助祝史除于国北⑫，禳火于玄冥、回禄⑬，祈于四鄘⑭。书焚室而宽其征，与之材。三日哭，国不市⑮。使行人告于诸侯。宋、卫皆如是。陈不救

245

火，许不吊灾⑯，君子是以知陈、许之先亡也。

【注释】

①里析：郑国大夫。②国迁：迁都。③新客：各诸侯国新来的聘者。④屏摄：祭祀的地方。⑤公孙登：郑国大夫，主占卜。⑥祝史、主祏、周庙：祝史，掌管祭祀的官员；主祏，古时候宗庙里所藏的神主；周庙，周厉王的庙宇。⑦儆：警戒。⑧商成公：郑国大夫。⑨旧宫人：先君的宫女。⑩爨（xìn）：火烧的地方。⑪野司寇：官名。⑫郊人、除于国北：郊人，郊区的百姓；除于国北，在国都的北面。⑬禳、玄冥、回禄：禳，古时候祭祀鬼神以消除灾祸；玄冥，水神；回禄，火神。⑭鄘：城。⑮不市：停止交易。⑯吊灾：慰问受灾的人。

【译文】

郑国没有遭受火灾之前，里析对子产说："将要发生大的灾难，百姓动荡，国家几近灭亡。我自己也要死了，等不到了。迁移国都可以吗？"子产说："即便可以，我也不能够决定迁都的事情。"等到火灾发生，里析死了，还没有安葬，子产便派遣三十个人，把他的灵柩搬走了。

火灾发生时，子产在东门辞别了晋国公子、公孙。派遣司寇送出新来的宾客，禁止早就来的宾客出入客馆的大门。派遣子宽、子上视察诸多祭祀的地方，直到太宫。让公孙登迁走大龟。让祝史迁走宗庙里所藏的神主并放在周庙中，以此告慰先君。让府人、库人警备各自所管辖的地方。商成公戒备司宫，送出先君的宫女，并把她们安置在火烧不到的地方。司马、司寇在火道上排列，在着火的地方扑救。城墙下面的人，排好队伍登城。第二天，又让野司寇管好各自征发的徒役。郊外的百姓在都城北面帮助祝史，清扫土地以向水神、火神请求灭火，并在四城祈祷。登记受灾的人并减免他们的赋税，给他们建造房屋的材料。大哭三天，国家停止交易活动。让行人告诉各诸侯国。宋国、卫国都是这样做的。陈国不救火，许国也不慰问受灾的百姓，君子由此知道陈国、许国必定先行灭亡。

子产授兵（昭公十八年）

【原文】

火之作也，子产授兵登陴①。子大叔曰："晋无乃讨乎②？"子产曰："吾闻之，小国忘守则危，况有灾乎？国之不可小，有备故也。"既，晋之边吏让郑曰："郑国有灾，晋君、大夫不敢宁居③，卜筮走望，不爱牲玉。郑之有灾，寡君之忧也。今执事捆然授兵登陴④，将以谁罪？边人恐惧不敢不告。"子产对曰："若吾子之言，敝邑之灾，君之忧也。敝邑失政，天降之灾，又惧谗慝之间谋之⑤，以启贪人，荐为弊邑不利，以重君之忧。幸而不亡，犹可说也。不幸而亡，君虽忧之，亦无及也。郑有他竟⑥，望走在晋⑦。既事晋矣，其敢有二心？"

【注释】

①授兵、登陴：授兵，发放武器；登陴，登上矮墙。②讨：讨罪。前文中子产在东门辞别了晋国公子、公孙，如今又发兵守护城门，担心晋国因此而误会郑国背叛，所以前来讨罪。③宁居：安居。④捆（xiàn）然：凶猛威武。⑤间谋：趁着这个间隙谋算。⑥他竟：和他国接壤。⑦望走在晋：出逃时所能够指望的还是晋国。

【译文】

火灾发生时，子产登上矮墙为士兵发放兵器。子太叔说："恐怕晋国要来讨罪吧？"子产说："我听说，小国忘记守备就会有危险，更何况是火灾呢？国家之所以不可小觑，是因为有防备的缘故。"不久，晋国的边吏责备郑国说："郑国有火灾，晋国君主、大夫都不敢安居，用蓍草占卜

247

并四处祭祀，不爱惜自己的牲畜和玉器。郑国的火灾，我们君主也非常忧虑。如今你们愤怒地登上矮墙发放武器，是准备向谁问罪呢？边境的人对此很恐惧不敢不报告。"子产回答说："如你所说，我们国家的火灾，是您君主的忧虑。我们国家不修政务，所以上天降下了火灾，又害怕有奸邪小人趁着这个间隙谋算我们的国家，继而打开贪婪的大门，再次给我们国家增添不利，而又加重了您君主的忧虑。幸亏国家并没有因此灭亡，犹且还能够向您解释。如若不幸灭亡了，虽然君主忧虑我们的国家，却也来不及了。郑国虽然和他国接壤，但在逃亡的时候还是期望能够逃到晋国。既然已经侍奉晋国了，哪还敢有贰心呢？"

伍奢二子（昭公二十年）

【原文】

费无极言于楚子曰①："建与伍奢将以方城之外叛②。自以为犹宋、郑也，齐、晋又交辅之③，将以害楚。其事集矣。"王信之，问伍奢。伍奢对曰："君一过多矣④，何言于谗？"王执伍奢。使城父司马奋扬杀大子⑤，未至，而使遣之⑥。三月，大子建奔宋。王召奋扬，奋扬使城父人执己以至。王曰："言出于余口，入于尔耳，谁告建也？"对曰："臣告之。君王命臣曰：'事建如事余。'臣不佞，不能苟贰。奉初以还⑦，不忍后命⑧，故遣之。既而悔之，亦无及已。"王曰："而敢来，何也？"对曰："使而失命⑨，召而不来，是再奸也。逃无所入。"王曰："归。从政如他日⑩。"

【注释】

①费无极、楚子：费无极，楚国大夫；楚子，楚平王。②建、伍奢、

方城：建，楚平王的太子；伍奢，楚国大夫；方城，山名，位于楚国北部边境。③交辅：辅佐左右。④一过：一个过错。指楚平王娶了太子建的妻子。⑤城父：楚国的城邑，太子建居住的地方。⑥遣之：让太子建逃走。⑦奉初：奉最初的命令，也就是辅佐太子。⑧后命：后来的命令。就是杀掉太子。⑨失命：违背耽误了命令。⑩他日：往日。

【译文】

费无极对楚平王说："太子建和伍奢准备统率方城山之外的人叛乱。自认为犹如宋国、郑国，齐国、晋国又左右辅佐他，想要以此危害楚国。这件事情就要成功了。"楚平王相信了，于是便责问伍奢。伍奢回答说："君主有一项过错就已经很严重了，又何必要相信谗言呢？"楚平王执意逮捕伍奢。又让城父司马奋扬去杀太子，奋扬还没有到，就先让人通知太子建逃走。三月，太子建出逃到宋国。楚平王召见奋扬，奋扬让城父的人把自己捆绑起来送到郢都。楚平王说："话是从我的嘴里说出去的，又进入了你的耳朵，是谁告诉太子建的呢？"奋扬回答说："我告诉的。之前君主命令我说：'侍奉太子建如同侍奉我。'我不才，不能想象自己怀有贰心。奉刚开始的命令辅佐太子，便不忍心执行您后来要杀太子的命令，所以让他逃走了。不久之后我就后悔了，也来不及了。"楚平王说："你还敢来，为什么呢？"奋扬回答说："被君主差遣却又违背耽误了君主的命令，召见我又不来，就属于二次违背命令了。没地方可逃也没地方可去。"楚平王说："回去吧。和往日一样执政。"

【原文】

无极曰："奢之子材，若在吴，必忧楚国，盍以免其父召之。彼仁，必来。不然，将为患。"王使召之，曰："来，吾免而父。"棠君尚谓其弟员曰①："尔适吴②，我将归死。吾知不逮③，我能死，尔能报。闻免父之命，不可以莫之奔也；亲戚为戮，不可以莫之报也。奔死免父，孝也；度功而行④，仁也；择任而往⑤，知也；知死不辟，勇也。父不可弃，名不可废，尔其勉之，相从为愈⑥。"伍尚归。奢闻员不来，曰："楚君、大夫其盱食乎^⑦！"楚人皆杀之。

【注释】

①棠君、尚、员：棠君，封号，棠是地名；尚，伍尚，伍奢的儿子；员，伍员，伍尚的弟弟。②适：到……去。③不逮：比不上。④度功：估量能否成功。⑤择任：选择自己适合的任务。⑥相从为愈：听从我的话就好了。⑦盱食：晚食。

【译文】

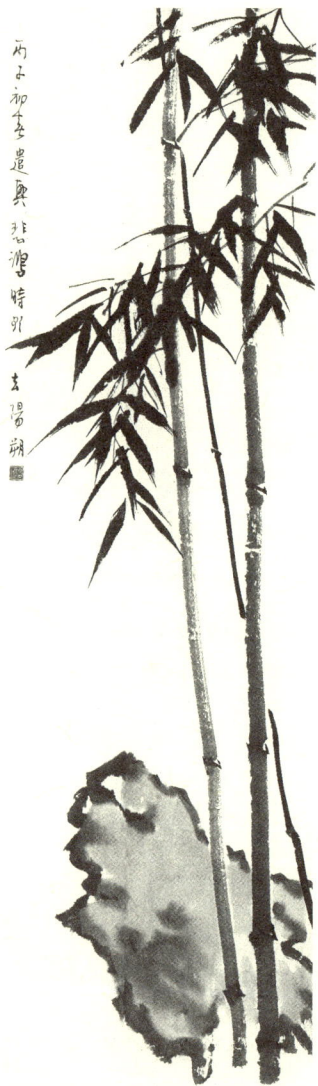

费无极说："伍奢的儿子们都非常有才华，如若在吴国，一定会成为楚国的忧患，何不用赦免他父亲的办法将他们召回。如果他们仁德，就一定会回来。不然的话，将是楚国的祸患。"楚平王让人前去把他们召回，说："你们回来，我就赦免你们的父亲。"棠君尚对他的弟弟伍员说："你到吴国去吧，我准备回去受死。我知道我的才华不如你，我回去受死，而你可以报仇。听到赦免父亲的命令，不可以不回去；亲人被杀戮，不可以不报仇。回去受死而求得赦免父亲，这是孝；估量成功与否再行动，这是仁；选择适合自己的职位并前往，这是智慧；知道死亡而不躲避，这是勇敢。父亲不可以丢弃，名誉也不能够废弃，你自己努力，最好听我的话。"于是伍尚回去了。伍奢听说伍员不回来，说："楚国君主、大夫会担忧得无法按时吃饭了。"楚国人将伍尚、伍奢全都杀了。

晏子论和、同（昭公二十年）

【原文】

　　齐侯至自田①，晏子侍于遄台②，子犹驰而造焉③。公曰："唯据与我和夫！"晏子对曰："据亦同也，焉得为和？"公曰："和与同异乎？"对曰："异。和如羹焉，水、火、醯、醢、盐、梅以烹鱼肉④，燀之以薪。宰夫和之，齐之以味⑤，济其不及⑥，以泄其过。君子食之，以平其心。君臣亦然。君所谓可而有否焉，臣献其否以成其可。君所谓否而有可焉，臣献其可以去其否。是以政平而不干，民无争心。故《诗》曰：'亦有和羹，既戒既平。鬷嘏无言⑦，时靡有争。'先王之济五味⑧，和五声也⑨，以平其心，成其政也。声亦如味，一气，二体，三类，四物，五声，六律⑩，七音⑪，八风⑫，九歌，以相成也。清浊，小大，短长，疾徐，哀乐，刚柔，迟速，高下，出入，周疏，以相济也。君子听之，以平其心。心平，德和。故《诗》曰：'德音不瑕⑬。'今据不然。君所谓可，据亦曰可；君所谓否，据亦曰否。若以水济水，谁能食之？若琴瑟之专一，谁能听之？同之不可也如是。"

【注释】

　　①齐侯、田：齐侯，齐景公；田，狩猎，这里指狩猎的地方。②遄（chuán）台：齐国地名，今山东临淄附近。③子犹：晋国大夫梁丘据。④醯（xī）、醢（hǎi）、梅：醯，醋；醢，肉酱；梅，梅子。⑤齐：通"剂"，调味。⑥济：增加。⑦鬷（zōng）、嘏（gǔ）：鬷，通"奏"，进献；嘏，通"假"。⑧五味：酸、甜、苦、辣、咸。⑨五声：宫、商、角、徵、羽。

⑩六律：黄钟、太簇、姑洗、蕤宾、夷则、无射。⑪七音：宫、商、角、徵、羽、变宫、变徵七种音阶。⑫八风：八方之风。⑬德音：美好的乐曲。

【译文】

　　齐景公从狩猎的地方回来，晏子在遄台侍奉，梁丘据驾驭马车也来到跟前。齐景公说："只有梁丘据和我和谐啊！"晏子回答说："梁丘据也只是相同罢了，又哪来的和谐呢？"齐景公说："和谐和相同不一样吗？"晏子回答说："不一样。和谐就好比羹汤，用水、火、醋、肉酱、盐、梅子来烹饪鱼肉，要用柴木烧火。厨师还要加以调和，将味道调和均匀，味道如若不够就要增添调料，味道过浓便要减少调料。君子喝了这种汤，能够平复其内心。君臣之间也是这样。君主所说的可以中有不可以的部分，臣会指出不可以的部分而成就其中的可以。君主所说的不可以中也包含可以的部分，臣子会指出可以的部分以去掉其中的不可以。所以国政平和而不违背礼仪，百姓没有争夺之意。所以《诗》中说：'有已经调和好的羹汤，已经告诫厨师要把味道调和均匀。进献给神明而不会受到指责，上下也都不会有争夺之心。'先王将五味调和均匀，和谐五声，以此来安定内心，完成其政事。声音也好比味道，一气、二体、三类、四物、五声、六律、七音、八风、九歌，都是相辅相成的。清浊、小大、短长、疾徐、哀乐、刚柔、迟速、高下、出入、周疏，各方相互调和的。君子听了，以平复内心。内心平静，才能够和谐仁德。所以《诗》中说：'美好的乐曲没有瑕疵。'而今梁丘据并不是这样。君主所说的可以，梁丘据也认为可以；君主所说的不可以，梁丘据也认为不可以。如若用水来调和水，谁能够喝得下呢？如若琴瑟一直弹奏一个音节，谁又能听得进去呢？不可以相同的道理也就在这里。"

252

古而无死（昭公二十年）

【原文】

饮酒乐。公曰："古而无死，其乐若何？"晏子对曰："古而无死，则古之乐也，君何得焉？昔爽鸠氏始居此地，季荝因之①，有逢伯陵因之②，蒲姑氏因之③，而后大公因之④。古者无死，爽鸠氏之乐，非君所愿也。"

【注释】

①季荝（cè）：据说为虞、夏的诸侯。②有逢伯陵：殷朝诸侯，姜姓。③蒲姑氏：殷诸侯，今山东博兴县。④大公：姜太公。

【译文】

喝酒喝得正高兴。齐景公说："从古至今如若都没有死去的人，这样的欢乐又将如何呢？"晏子回答说："从古至今都没有人死去，那也只是古时候人的欢乐，君主又能得到什么？以前爽鸠氏最开始居住在这里，季荝继承下来，有逢伯陵继承下来，蒲姑氏继承下来，之后姜太公继承下来。如若从古至今都没有死去的人，爽鸠氏的欢乐，并不是君主所愿意看到的。"

论为政宽猛（昭公二十年）

【原文】

郑子产有疾，谓子大叔曰："我死，子必为政①。惟有德者能以宽服民，其次莫如猛。夫火烈②，民望而畏之，故鲜死焉。水懦弱，民狎而玩之③，则多死焉。故宽难。"疾数月而卒。大叔为政，不忍猛而宽。郑国多盗，取人于萑苻之泽。大叔悔之，曰："吾早从夫子，不及此。"兴徒兵以攻萑苻之盗④，尽杀之，盗少止。

【注释】

①为政：执掌政权。②火烈：火势猛烈。③狎：轻慢。④萑（huán）苻：沼泽名。

【译文】

郑国子产得了疾病，对子太叔说："我死了之后，你一定要执掌政权。只有有仁德的人才能够以宽容来让百姓顺服，其次就莫若严厉了。火势凶猛，百姓看见之后会畏惧它，所以很少有死于火中的。水势微弱，百姓轻慢并玩弄它，所以很多都死于水中。所以宽大是很困难的。"子产得病几个月之后便死去了。太叔执掌政权，不忍心采用严厉的处政方式而采用宽大的处政方式。结果郑国盗贼很多，聚集在萑苻周围。太叔很后悔，说："我如果早点听他的话，也不至于到这一地步。"于是便发兵攻打萑苻的盗贼，并将他们全部杀掉，盗贼才稍有收敛。

【原文】

仲尼曰："善哉！政宽则民慢，慢则纠之以猛。猛则民残^①，残则施之以宽。宽以济猛，猛以济宽，政是以和。《诗》曰：'民亦劳止^②，汔可小康^③。惠此中国，以绥四方。'施之以宽也。'毋从诡随，以谨无良。式遏寇虐，惨不畏明。'纠之以猛也。'柔远能迩，以定我王。'平之以和也。又曰：'不竞不絿^④，不刚不柔。布政优优，百禄是遒^⑤。'和之至也。"

及子产卒，仲尼闻之，出涕曰^⑥："古之遗爱也。"

【注释】

①残：受到伤害。②劳止：辛劳。③汔：差不多。④絿：急躁。⑤遒：聚集。⑥出涕：因伤心而哭泣。

【译文】

孔子说："好！施行宽大的政策百姓就会轻慢，轻慢就要用严厉的措施加以纠正。严厉就会伤害百姓，百姓受到伤害再施以宽大的政策。用宽大调和严厉，用严厉辅助宽大，政事才能够得以和谐。《诗》中说：'百姓也辛劳，差不多可以安康。将这种恩惠施予中原各国，以此来安抚四方。'这就是要施行宽大的政策。'不能放纵有小恶的人，以此来对不良的人加以约束。要制止暴虐的人，因为他们从不畏惧法度。'这就是要用严厉的手段加以纠正。'安抚远方优抚近处，以此来安定我的君主。'这就是要用和来安定国家。又说：'不竞争不急躁，不刚强不柔弱。多施行宽和的政策，就会将百禄聚集过来。'这是和谐的极点了。"

等到子产去世，孔子听到了这个事情，哭着说："古人仁爱的遗风都在他的身上了。"

简子问礼（昭公二十五年）

【原文】

　　子大叔见赵简子，简子问揖让周旋之礼焉。对曰："是仪也，非礼也。"简子曰："敢问何谓礼？"对曰："吉也闻诸先大夫子产曰：'夫礼，天之经也，地之义也，民之行也。'天地之经，而民实则之。则天之明，因地之性，生其六气①，用其五行②。气为五味③，发为五色④，章为五声⑤，淫则昏乱，民失其性。是故为礼以奉之：为六畜、五牲、三牺⑥，以奉五味；为九文、六采、五章⑦，以奉五色；为九歌、八风、七音、六律，以奉五声；为君臣、上下，以则地义；为夫妇、外内⑧，以经二物；为父子、兄弟、姑姊、甥舅、昏媾、姻亚，以象天明；为政事、庸力、行务，以从四时；为刑罚、威狱，使民畏忌，以类其震曜杀戮；为温慈、惠和，以效天之生殖长育。民有好、恶、喜、怒、哀、乐，生于六气。是故审则宜类，以制六志。哀有哭泣，乐有歌舞，喜有施舍，怒有战斗；喜生于好，怒生于恶。是故审行信令，祸福赏罚，以制死生。生，好物也；死，恶物也；好物，乐也；恶物，哀也。哀乐不失，乃能协于天地之性，是以长久。"简子曰："甚哉，礼之大也！"对曰："礼，上下之纪，天地之经纬也，民之所以生也，是以先王尚之。故人之能自曲直以赴礼者，谓之成人。大，不亦宜乎？"简子曰："鞅也请终身守此言也。"

【注释】

　　①六气：阴、阳、风、雨、晦、明。②五行：金、木、水、火、土。③五味：酸、咸、辣、苦、甜。④五色：青、黄、赤、白、黑。⑤五

声：宫、商、角、徵、羽。⑥六畜、五牲、三牺：六畜，马、牛、羊、鸡、犬、猪；五牲，牛、羊、猪、犬、鸡；三牺，牛、羊、猪。⑦九文、六采、五章：九文，龙、山、华虫、火、宗彝、藻、粉米、黼、黻；六采，青白、赤黑、玄黄相见的颜色；五章，青赤称为文，赤白称为章，白黑称为黼，黑青称为黻，五色具备称为绣。⑧为夫妇、外内：夫主外，妇主内。

【译文】

子太叔见赵简子，赵简子询问作揖、周旋的礼仪。子太叔回答说："是仪，而不是礼。"简子说："请问什么称为礼呢？"子太叔回答说："我曾经听先大夫子产说：'礼，是上天的规则，是大地的准则，是百姓的行为准则。'天地间的规则，而百姓从实际上效法。效法上天的昭明，效仿大地的本性，衍生出了六气，又使用五行。气为五种味道，表现出五种颜色，显示出五种声音，过度就会显得混乱，百姓就会失去其本性。因此制定了礼仪准则来遵循：制定了六畜、五牲、三牺，以此让五味有所遵循；制定了九文、六采、五章，以此让五色有所遵循；制定了九歌、八风、七音、六律，以此让五声有所遵循；制定了君臣、上下，以此来遵循大地的准则；制定了夫妇、外内，以此来规范阴阳；制定了父子、兄弟、姑姊、甥舅、昏媾、姻亚，以此来彰显天象；制定了政事、庸力、行务，以此来遵循四时；制定了刑罚、威狱，以此来使百姓畏惧，以此效仿雷电的杀戮；制定了温慈、惠和，以此效仿上天的万物繁育和生长。百姓有好、恶、喜、怒、哀、乐，这是从六气生出。所以要慎重效仿而适中模仿，以此约束六志。哀痛就有哭泣，欢乐就有歌舞，喜欢就会施舍，发怒就有争斗；喜欢生于好，发怒生于恶。所以要谨慎行动守信施行，福祸赏罚，以此来制约生死。生，是人们喜欢的事物；死，是人们厌恶的事物；喜欢的事物，就会感到欢乐；厌恶的事物，就会感到哀伤。哀伤和欢乐不失于礼仪，于是才能够协助天地间的本性，才能够得以长久。"赵简子说："太宏大了，这是礼仪的极点吧！"子太叔回答说："礼，是上下间的纲纪，是天地间的经纬，百姓之所以能够生存就是依靠于它，所以先王非常崇尚它。所以人通过各种途径来到达礼，就称之为成人。宏大，不也是很适合吗？"赵简子说："我将终身遵守这些言论。"

王子朝之志（昭公二十六年）

【原文】

冬十月丙申，王起师于滑①。辛丑，在郊②，遂次于尸③。十一月辛酉，晋师克巩。召伯盈逐王子朝④，王子朝及召氏之族、毛伯得、尹氏固、南宫嚚奉周之典籍以奔楚⑤。阴忌奔莒以叛⑥。召伯逆王于尸，及刘子、单子盟⑦。遂军圉泽⑧，次于堤上⑨。癸酉，王入于成周。甲戌，盟于襄宫⑩。晋师使成公般戍周而还⑪。十二月癸未，王入于庄宫⑫。

【注释】

①王：周敬王，周悼王的同母弟弟。②郊：王子朝的城邑，今河南巩义西南方向。③尸：地名，今河南偃师市西面。④召伯盈、王子朝：召伯盈，召简公，庄公的儿子；王子朝，周景王的庶长子。⑤毛伯得、尹氏固、南宫嚚：王子朝的同党。⑥阴忌：王子朝的同党。⑦刘子、单子：周敬王的大臣。⑧圉泽：周国地名，今河南洛阳市东面。⑨堤上：周国领地。⑩襄宫：周襄王的庙宇。⑪成公般：晋国大夫。⑫庄宫：庄王的宫室。

【译文】

冬十月十六日，周敬王在滑地起兵。二十一日，来到了郊地，随后又到达尸地。十一月十一日，晋国军队攻克巩地。召伯盈将王子朝驱逐，王子朝和召氏的宗族、毛伯得、尹氏固、南宫嚚奉着周朝的典籍逃到了楚国。阴忌出逃到莒国叛变。召伯在尸地迎接周敬王，并和刘子、单子立下盟誓。于是便在围泽驻军，随后又来到堤上。二十三日，周敬王进入成周。二十四日，在襄宫盟誓。晋国军队让成公般在周地驻守，而后班师回朝。十二月初四，周敬王进入庄宫。

【原文】

王子朝使告于诸侯曰："昔武王克殷，成王靖四方^①，康王息民，并建母弟，以蕃屏周。亦曰：'吾无专享文、武之功，且为后人之迷败倾覆，而溺入于难，则振救之。'至于夷王^②，王愆于厥身，诸侯莫不并走其望，以祈王身^③。至于厉王，王心戾虐，万民弗忍，居王于彘^④。诸侯释位^⑤，以间王政。宣王有志^⑥，而后效官。至于幽王^⑦，天不吊周，王昏不若，用愆厥位^⑧。携王奸命^⑨，诸侯替之，而建王嗣，用迁郏鄏^⑩。则是兄弟之能用力于王室也。至于惠王^⑪，天不靖周，生颓祸心，施于叔带^⑫，惠、襄辟难，越去王都。则有晋、郑咸黜不端^⑬，以绥定王家^⑭。则是兄弟之能率先王之命也。在定王六年，秦人降妖，曰：'周其有髭王^⑮，亦克能修其职。诸侯服享，二世共职^⑯。王室其有间王位^⑰，诸侯不图^⑱，而受其乱灾。'至于灵王，生而有髭。王甚神圣，无恶于诸侯。灵王、景王，克终其世。"

【注释】

①成王靖四方：指成王平定武庚、管、蔡之乱。②夷王：厉王的父亲。③诸侯莫不并走其望，以祈王身：诸侯四处祭祀名山大川，以给君王祈福。④彘：今山西霍州。⑤释位：离开职位。⑥宣王：厉王的儿子。⑦幽王：宣王的儿子。⑧天不吊周，王昏不若，用愆厥位：上天不护佑周王朝，君主昏庸不顺和，从而丢失了王位。⑨携王：王子余臣，后被晋文侯所杀。⑩郏鄏：今河南洛阳市。⑪惠王：平王的六世孙。⑫叔带：惠王的儿子，襄王的弟弟。⑬则有晋、郑咸黜不端：晋文公杀叔带，郑厉公杀子颓。⑭定王：襄王的孙子。⑮髭王：有须的王。⑯二世：灵王、景王。⑰有间王位：悼王猛、敬王。⑱诸侯不图：指卫国、鲁国、宋国、晋国等。

【译文】

　　王子朝让人告诉诸侯说："以前周武王攻克殷商，周成王安定四方，周康王安抚百姓，而且都分封了母弟，一起来捍卫周国边境。又说：'我没有办法独享文王、武王的功绩，而且也为了后世人迷败倾覆，而陷入危难时，可以振臂救助他。'到了夷王时，君主疾病产生，诸侯四处奔走祭祀名山大川，为君主的身体祈福。到了厉王，君主戾气暴虐，百姓们对此都无法忍受，便让君主居住在彘。诸侯超越各自的职位，开始参与王朝政事。宣王是个有大志向的人，诸侯便又把君主之位奉还给他。到了周幽王的时候，上天不护佑周王室，君主昏庸无道，所以失去了他的君主位。携王违背了上天的命令，诸侯便将他废弃了，而立了王位继承人，并由此迁都郏鄏。这是因为兄弟的国家能够效力周王室的原因。到了惠王，上天更是不让周王朝安定，王子颓祸心四起，并延续到叔带身上。惠王、襄王外出躲避灾难，都离开了都城。那么就由晋国、郑国来除去这些作乱犯上的人，以此来安定周王朝。这是因为兄弟之国能够奉行君王命令的缘故。在定王六年，秦国人之间流传妖孽之说：'周国有一个君王生来就有胡子，也能修缮自己的本职。诸侯都顺服他，前后两代君主都能够守卫职位。王室中有觊觎王位的人，诸侯也不图谋国家前途，因而受到了祸乱和灾难。'到了灵王，生下来就有胡子。灵王圣明，对诸侯并没有做什么不好的事情。灵王、景王，都得以善终。"

【原文】

"今王室乱，单旗、刘狄①，剥乱天下，壹行不若。谓：'先王何常之有？唯余心所命，其谁敢请之②？'帅群不吊之人，以行乱于王室。侵欲无厌，规求无度，贯渎鬼神，慢弃刑法，倍奸齐盟③，傲很威仪，矫诬先王。晋为不道，是摄是赞，思肆其罔极④。兹不榖震荡播越，窜在荆蛮，未有攸厎⑤。若我一二兄弟甥舅⑥，奖顺天法，无助狡猾⑦，以从先王之命，毋速天罚，赦图不榖，则所愿也。敢尽布其腹心，及先王之经⑧，而诸侯实深图之。

昔先王之命曰：'王后无适，则择立长。年钧以德，德钧以卜。'王不立爱，公卿无私，古之制也。穆后及大子寿早夭即世⑨，单、刘赞私立少，以间先王，亦唯伯仲叔季图之⑩！"

闵马父闻子朝之辞，曰："文辞以行礼也。子朝干景之命⑪，远晋之大⑫，以专其志，无礼甚矣，文辞何为？"

【注释】

①单旗、刘狄：单旗，单穆公；刘狄，刘蚠。②先王何常之有？唯余心所命，其谁敢请之：王子朝转述了单、刘的意思，认为册立天子，古时候并没有成型的法则，唯我所命，无人敢讨。③倍奸：违背而触犯。④罔极：没有限度。⑤厎（dǐ）：止。⑥兄弟、甥舅：兄弟，同姓的诸侯；甥舅，异姓的诸侯。⑦狡猾：作乱的人。⑧先王之经：先王的命令。⑨即世：去世。⑩伯仲叔季：各国诸侯。⑪干景之命：触犯了景王的命令。景王虽然偏爱王子朝，但是当时已经立了王子猛为太子。⑫远：疏远。

【译文】

"如今王室动乱，单旗、刘狄，扰乱了天下秩序，专做不善的事情。认为：'先王又有什么常规呢？只听从我的内心就好了，又有谁敢声讨我呢？'并带领一群不善的人，在王室里行不轨之事。欲望没有满足的时候，索求也没有限度的时候，亵渎鬼神，轻慢并抛弃了刑罚，违背了盟约，蔑视礼仪，污蔑先王。晋国做了无道之事，对他们支持赞助，纵容他们没有限度的行为。如今我正动荡流离，在荆蛮地区游荡，没有安身的地方。如果我的一二兄弟甥舅，能够顺承上天的法则，不帮助作乱的人，以此来顺服先王的命令，不要加快上天的惩罚，消除我的忧患，这正是我所希望的啊。斗胆剖开我内心的声音以及先王的命令，希望你们一定要好好思量一下。"

先王的命令说：'王后没有生下适合的嫡子，那么就选择立长子。年龄相同的便要衡量他们的仁德，仁德相同的就要用占卜的方式来决定。'君主不立自己宠爱的人，公卿也不能心存私欲，这是古时候的制度。穆后以及太子寿早夭离世，单子、刘子却以自己的私心而立年幼的人为君主，以此来违背先王的命令，这也需要各位诸侯好好考量！"

闵马父听说了王子朝的这番话，说："文辞是为了施行礼仪的。子朝违背了景王的命令，和晋国这个大国疏远，一心想着要做君主，很是没有礼仪，文辞又有什么作用呢？"

公子光弑君（昭公二十七年）

【原文】

吴子欲因楚丧而伐之①，使公子掩馀、公子烛庸帅师围潜②。使延州来季子聘于上国③，遂聘于晋，以观诸侯。楚莠尹然④、王尹麇帅师救潜。左司马沈尹戌帅都君子与王马之属以济师⑤，与吴师遇于穷⑥。令尹子常以舟师及沙汭而还⑦。左尹郤宛、工尹寿帅师至于潜，吴师不能退⑧。

吴公子光曰⑨："此时也，弗可失也。"告鲌设诸曰⑩："上国有言曰：'不索何获？'我，王嗣也，吾欲求之。事若克，季子虽至，不吾废也。"鲟设诸曰："王可弑也。母老子弱⑪，是无若我何。"光曰："我，尔身也。"

卷十 昭公

【注释】

①吴子：吴王僚。②公子掩馀、公子烛庸、潜：公子掩馀、公子烛庸，吴王僚的同母弟；潜，楚国地名，今安徽霍山东北三十里。③延州来季子：季子，公子季札；吴王寿梦的儿子，原本封在延陵，后又封在州来，所以称延州来。④莠尹：官名。⑤都君子：由都邑人士组成的亲君。⑥穷：楚国地名，今安徽霍邱县西南面。⑦沙汭：楚国地名，今安徽怀远县东北方向。⑧吴师不能退：吴军受穷地、潜地楚军的夹击，进退两难。⑨公子光：吴国诸樊子。⑩鲟（zhuān）设诸：吴国勇士。⑪母老子弱：母亲年迈儿子年幼。

【译文】

吴王僚想要趁着楚国有丧事的间隙攻打他们，派遣公子掩馀、公子烛庸率军围困潜地。派遣季札前往中原各诸侯国聘问，于是季札先去聘问晋国，以此来观察各诸侯的态度。楚国莠尹然、王尹麇带领军队救援潜地。左司马沈尹戌率领都邑士人组成的部队以及王养马的部署来增援潜地，在穷地和吴国军队相遇。令尹子常带领水上部队到达沙汭之后便返还。左尹郤宛、工尹寿带领军队到达潜地，吴国军队进退两难。

吴国公子光说："这是个好时机，不可以失去。"便告诉吴国勇士鲟设诸说："中原各诸侯国有这么一句话：'不去寻找又哪来的收获？'我是君王的后代，我想要求得王位。如果事情成功，季札即便是回来，也不会再把我废除了。"鲟设诸说："君主是可以杀掉的。只是我上有老母下有幼儿，这样我又该如何做呢？"公子光说："我，就是你。"

【原文】

夏四月，光伏甲于堀室而享王①。王使甲坐于道及其门。门、阶、户、席，皆王亲也，夹之以铍②。羞者献体改服于门外③，执羞者坐行而入，执铍者夹承之，及体，以相授也④。光伪足疾，入于堀室。鲟设诸置

263

剑于鱼中以进，抽剑刺王，铍交于胸，遂弑王。阖庐以其子为卿⑤。

季子至，曰：“苟先君废无祀，民人无废主，社稷有奉，国家无倾，乃吾君也。吾谁敢怨？哀死事生⑥，以待天命。非我生乱，立者从之，先人之道也。”复命哭墓⑦，复位而待⑧。吴公子掩馀奔徐⑨，公子烛庸奔钟吾⑩。楚师闻吴乱而还。

【译文】

夏季四月，公子光在地下室埋伏兵甲并设宴款待吴王僚。吴王僚让兵士列于道路两旁直到公子光的家门前。大门、台阶、内室、酒席边，都是吴王僚的亲兵，两边又站着拿铍的人。上菜的人要在门外把衣服脱光然后再改换衣服，并膝行而入，两边拿着铍的兵士夹着他，剑尖几乎顶到了他的背部，最后再把菜转交给吴王僚的侍者。公子光假装脚痛，便进入地下室。鱄设诸把剑藏在了进献的鱼肚子里，并拔出剑猛然刺向吴王僚，他被两边拿着铍的吴王兵士刺中了胸部，但还是将吴王杀掉了。公子光即位后让鱄设诸的儿子做了卿士。

季札聘问回国，说：“如果不废除先君的祭祀，百姓没有废掉他的君主，有人供奉社稷，不会倾覆国家，那么他就是我的君主了。我又敢埋怨谁呢？为死者哀痛但也要侍奉生者，以此来等待天命。不是因我而生起的祸乱，谁是君主我就跟随谁，这是先人立下的规矩。”于是在吴王僚的坟墓前复命并大声哭泣，后又回到自己的职位上等待新君的命令。吴国公子掩馀出逃到徐国，公子烛庸逃亡到钟吾。楚国军队听说吴国发生了内乱便收兵回国了。

卷十一　定公

蔡昭侯朝楚（定公三年）

【原文】

蔡昭侯为两佩与两裘①，以如楚，献一佩一裘于昭王。昭王服之，以享蔡侯。蔡侯亦服其一。子常欲之②，弗与，三年止之。唐成公如楚③，有两肃爽马④，子常欲之，弗与，亦三年止之。唐人或相与谋，请代先从者⑤，许之。饮先从者酒，醉之，窃马而献之子常。子常归唐侯。自拘于司败，曰："君以弄马之故⑥，隐君身，弃国家，群臣请相夫人以偿马⑦，必如之⑧。"唐侯曰："寡人之过也，二三子无辱。"皆赏之。蔡人闻之，固请而献佩于子常。子常朝，见蔡侯之徒，命有司曰："蔡君之久也，官不共也。明日，礼不毕，将死⑨。"蔡侯归，及汉，执玉而沈⑩，曰："余所有济汉而南者⑪，有若大川。"蔡侯如晋，以其子元与其大夫之子为质焉，而请伐楚。

【注释】

①蔡昭侯：蔡国君主，蔡悼侯的弟弟，蔡成侯的父亲。②子常：楚国令尹。③唐成公：唐国君主。④肃爽：良马的名字。⑤先从者：指唐成公的先行亲随。⑥弄马：玩马。⑦相、夫人：相，帮助；夫人，养马的人。⑧如之：和以前的马一样。⑨将死：礼数不周将要被处死。⑩执玉而沈：把玉沉于汉水以此立誓。⑪济汉、而南：济汉，渡过汉水；而南，朝见楚国。

【译文】

蔡昭侯拿着两块玉佩和两件皮衣，前往楚国，将一块玉佩和一件皮衣献给了楚昭王。楚昭王戴上玉佩并穿上皮衣，设宴款待蔡昭侯。蔡昭侯也穿上另外一件皮衣戴上另外一个玉佩。楚国令尹子常想要蔡昭侯剩下的一件皮衣和一块玉佩，蔡昭侯不给，子常就将蔡昭侯扣留了三年。唐成公前往楚国，带着两匹肃爽马，子常想要，唐成公不给他，子常也把他扣留了三年。唐国人聚在一起商量对策，并请求替代唐成公先去的亲随，楚国应允了。他们给先去的亲随敬酒，将他们灌醉后，偷取了一匹肃爽马献给了子常。于是子常便将唐成公送回去了。偷马的人则将自己拘禁起来并前往掌管司马的人那里领罚，说："君主因为玩马的缘故，而使得自身遭到拘禁，抛弃了国家和臣子，我们恳请帮助养马的人以赔偿马匹，一定会和先前的一样。"唐成公说："这是我的过错，你们就不要羞辱自己了。"唐成公都封赏了他们。蔡国人听说了这件事，执意请求将玉佩献给子常。子常上朝，看见了蔡昭侯的亲随，命令官员说："蔡国君主之所以在我们国

家驻留那么久，就是因为你们做臣子的没有提供其他礼物。明天，如若礼节还是不完备，就等死。"蔡昭侯回去，到了汉水这个地方，把玉佩沉在水中，说："我如若再渡过汉水而前去朝见楚国，就有汉水为证。"蔡昭侯前往晋国，以他的儿子元和他的大夫的儿子当作人质，请求晋国攻打楚国。

祝佗不尚年（定公四年）

左传
全鉴
珍藏版

【原文】

四年春三月，刘文公合诸侯于召陵①，谋伐楚也。

晋荀寅求货于蔡侯，弗得。言于范献子曰②："国家方危，诸侯方贰，将以袭敌，不亦难乎！水潦方降，疾疟方起，中山不服③，弃盟取怨④，无损于楚，而失中山，不如辞蔡侯。吾自方城以来⑤，楚未可以得志⑥，只取勤焉。"乃辞蔡侯。

晋人假羽旄于郑⑦，郑人与之。明日，或旆以会。晋于是乎失诸侯⑧。

【注释】

①刘文公、召陵：刘文公，刘鲞；召陵，地名，今河南郾城东面。②范献子：士鞅。③中山：中山国，也为鲜虞。④弃盟取怨：晋国和楚国是同盟国，征讨楚国会惹来楚国的怨恨。⑤吾自方城以来：襄公十六年，晋国大败楚国，侵占了方城。⑥楚未可以得志：没能在楚国那里得到好处。⑦羽旄：羽毛。⑧晋于是乎失诸侯：襄公十四年，晋国曾经从齐国借羽毛而没有归还，如今又向郑国借羽毛，而且还要立刻使用，又无法归还于郑国，于是晋国便失去了各诸侯国的支持和信任。

【译文】

四年春三月，刘文公在召陵会合诸侯，商讨攻打楚国的计划。

晋国荀寅向蔡昭侯求索财物，蔡昭侯没有给他。于是便对范献子说："国家正处于危难之中，诸侯国也处于游离之中，又准备攻打敌国，不也很困难吗！大雨不停地下，疾疟也肆意危害，中山国不愿顺服，这个时候违背盟约会得到楚国的怨恨，这对于楚国并没有什么害处，而我们却失去了中山国，不如拒绝蔡昭侯的请求。我们自从方城一战之后，就没有从楚国那里得到什么好处，只是劳民伤财罢了。"于是晋国便拒绝了蔡昭侯的请求。

晋国人向郑国借羽旄，郑国人将羽旄借给了他。第二天，晋国人便拿着用羽旄装饰的旌旗前来赴会。于是晋国失去了各诸侯国对他的支持和信任。

【原文】

将会，卫子行敬子言于灵公曰①："会同难②，啧有烦言③，莫之治也。其使祝佗从④！"公曰："善。"乃使子鱼。子鱼辞，曰："臣展四体⑤，以率旧职，犹惧不给而烦刑书⑥，若又共二，徼大罪也。且夫祝，社稷之常隶也。社稷不动，祝不出竟，官之制也⑦。君以军行，祓社衅鼓⑧，祝奉以从，于是乎出竟。若嘉好之事⑨，君行师从⑩，卿行旅从⑪，臣无事焉。"公曰："行也。"及皋鼬⑫，将长蔡于卫⑬。卫侯使祝佗私于苌弘曰⑭："闻诸道路，不知信否。若闻蔡将先卫，信乎？"苌弘曰："信。蔡叔，康叔之兄也⑮，先卫，不亦可乎？"

【注释】

①子行敬子：卫国大夫。②会同难：会盟中很难得到一个适中的答案。③啧、烦言：啧，大喊；烦言，争执。④祝佗：晋国太祝子鱼。⑤展四体：从事工作。⑥不给、烦刑书：不给，没有完成任务；烦刑书，获罪。⑦官之制：职官的法规。⑧祓（fú）社：在宗庙举行除凶的礼仪。⑨嘉好之事：朝会。⑩师：军队编制，二千五百人。⑪旅：军队编制，五百人。⑫及皋鼬：到达皋鼬。⑬长蔡于卫：蔡国先于卫国歃血。⑭苌弘：周国大夫。⑮蔡叔，康叔之兄也：蔡叔，是康叔的哥哥。代指蔡国之所以先于卫国歃血，是按照长幼次序排列的。

【译文】

将要会盟，卫国子行敬子对卫灵公说："会盟上很难得到一个适中的结果，会有无休止的争执，没有什么办法可以解决这个问题。还是让祝佗跟着您前去！"卫灵公说："好。"于是便让祝佗跟着前去会盟。祝佗推辞了，说："臣还有自己的工作，还要继承先人的职务，（即使这样）犹且还担心因完不成任务而获罪，如果又同时供奉两个职位，这就是大罪了。况且我只是国家社稷的一个普通贱职。社稷不动，太祝就不会走出国境，这是职官的法则。君主率领军队出征，在宗庙祭祀并歃血祭鼓，我侍奉君主出征，于是才能够出境。如果是朝见的事情，君主出行会有两千五百人跟随，卿士出行会有五百人跟随，没有我什么事。"卫灵公说："你跟着我出去吧。"到达皋鼬，晋国准备让蔡国先于卫国歃血。卫灵公派遣祝佗私下里问苌弘说："在路上听说，不知道可信不可信。听说蔡国将先于卫国歃血，这是真的吗？"苌弘说："是真的。蔡叔，是康叔的哥哥，先于卫国歃血，不也可以吗？"

【原文】

子鱼曰："以先王观之，则尚德也。昔武王克商，成王定之，选建明德①，以蕃屏周。故周公相王室，以尹天下，于周为睦。分鲁公以大路②、大旆③，夏后氏之璜④，封父之繁弱⑤，殷民六族，条氏、徐氏、萧氏、索氏、长勺氏、尾勺氏。使帅其宗氏，辑其分族，将其类丑⑥，以法则周公⑦，用即命于周⑧。是使之职事于鲁，以昭周公之明德。分之土田陪敦⑨，祝、宗、卜、史，备物、典策，官司、彝器⑩。因商奄之民⑪，命以《伯禽》⑫，而封于少皞之虚⑬。"

【注释】

①选建明德：选拔有明德的人。②鲁公：周公旦的儿子伯禽。③大旆：画有蛟龙的大旗。④夏后氏：夏朝。⑤封父：姜姓国家，夏朝诸侯。⑥类丑：同类，指的是附属六族的奴隶。⑦法则周公：放弃了殷商的法则，服从周公的法则。⑧即命：受命。⑨土田：领地。⑩备物、典策，官司、彝器：备物，所穿所佩戴的物品，还有所用的礼仪等；典策，典籍；官司，百官，代指封鲁时所赐的官员；彝器，常用的器物，包括祭祀所用的物品。

⑪商奄：奄国，商朝的诸侯国。⑫《伯禽》：《周书》的篇目。⑬少皞之虚：少皞的旧地，指曲阜。

【译文】

祝佗说："以先王的标准来看，那么就是要推崇高尚的德行。以前周武王战胜殷商，周成王安定天下，选拔有明德的人，以此作为成周的保护屏障。所以周公辅佐周王室，以此治理天下，天下间的诸侯也都和周朝和睦。将大路、大旂分赐给鲁公，夏后氏的璜玉，封父的良弓，殷商的六族：条氏、徐氏、萧氏、索氏、长勺氏、尾勺氏。让他们带领大宗，并集结小宗，统率六族的奴隶，放弃殷商之法而顺服周公法则，受命于周朝。是让他们在鲁国担任职位，以昭显周公的明德。赏赐给鲁国领地、附属小国，太祝、宗人、太卜、太史，还有所穿所用的服饰礼仪、典籍简册，百官、器物等。以此来安抚商奄的百姓，用《伯禽》加以训诫，而将其封于少皞的旧地。"

【原文】

"分康叔以大路、少帛、綪茷、旃旌、大吕①，殷民七族，陶氏、施氏、繁氏、锜氏、樊氏、饥氏、终葵氏；封畛土略②，自武父以南③，及圃田之北竟，取于有阎之土④，以共王职。取于相土之东都⑤，以会王之东蒐。聃季授土⑥，陶叔授民⑦，命以《康诰》，而封于殷虚⑧。皆启以商政⑨，疆以周索⑩。

分唐叔以大路⑪，密须之鼓⑫，阙巩⑬，沽洗⑭，怀姓九宗⑮，职官五正。命以《唐诰》，而封于夏虚⑯，启以夏政，疆以戎索⑰。"

【注释】

①康叔、少帛、綪（qiàn）茷、旃旌、大吕：康叔，周武王的同母弟弟，卫始封君主；少帛，小白，旗子的名字；綪茷，大红旗；旃旌，帛制的旗子；大吕，钟名。②封畛土略：受封土地的疆界。③武父：卫国的北部边境。④有阎：卫国的朝宿邑，今河南洛阳市周围。⑤相土之东都：今河南商丘。⑥聃季：一作"冉季载，周公的弟弟。⑦陶叔：曹叔振铎。⑧殷虚：朝

歌，今河南淇县。⑨启以商政：因为在殷朝故居居住，所以用商朝的风俗，沿用商朝的政权。⑩疆以周索：用周国的法度疆理土地。⑪唐叔：成王的弟弟，晋国的始封之君。⑫密须：国名，今甘肃灵台。⑬阙巩：地名，盛产铠甲。⑭沽洗：钟名。⑮怀姓九宗：唐国遗民，隗姓的一支。⑯夏虚：大夏，今山西太原市。⑰疆以戎索：因太原靠近戎地，所以疆理土地采用的是戎法。

【译文】

"将大路、少帛、绡筏、旃旌、大吕分赐给康叔，还有殷商的七族奴隶，陶氏、施氏、繁氏、锜氏、樊氏、饥氏、终葵氏；封赏领土制定疆界，从武父以南，一直到圃田以北的边境，得到了有阎氏的疆土，以供奉王室的命令。得到了殷商的土地，以此来辅助天子东巡。授给聃季土地，授给陶叔子民，并用《康诰》训诫他，而后将他封于殷商的故都。鲁公、康叔沿用的都是商朝旧时的政事，并用周朝的法度来疆理土地。

分赐给唐叔大路，密须的鼓，阙巩盛产的铠甲，沽洗钟，还有隗姓的九个宗族以及五正的官职。以《唐诰》训诫他，并封于夏朝的故都，沿用夏朝的政事，并用戎法来疆理土地。"

【原文】

"三者皆叔也①，而有令德，故昭之以分物②。不然，文、武、成、康之伯犹多③，而不获是分也，唯不尚年也。管蔡启商，慅间王室。王于是乎杀管叔而蔡蔡叔^④，以车七乘，徒七十人。其子蔡仲，改行帅德，周公举之，以为己卿士。见诸王而命之以蔡^⑤，其命书云：'王曰：胡^⑥！无若尔考之违王命也。'若之何其使蔡先卫也？武王之母弟八人，周公为大宰，康叔为司寇，聃季为司空，五叔无官^⑦，岂尚年哉！曹，文之昭也；晋^⑧，武之穆也。曹为伯甸，非尚年也。今将尚之，是反先王也。晋文公为践土之盟^⑨，卫成公不在，夷叔^⑩，其母弟也，犹先蔡。其载书云：'王若曰，晋重、鲁申、卫武、蔡甲午、郑捷、齐潘、宋王臣、莒期^⑪。'藏在周府，可覆视也。吾子欲复文、武之略，而不正其德，将如之何？"苌弘说，告刘子，与范献子谋之，乃长卫侯于盟。

【注释】

①三者皆叔：周公、康叔是周武王的弟弟，唐叔是周成王的弟弟，所以他们三位都是周天子的弟弟。②昭之以分物：以分赐物品的方式来昭显仁德。③文、武、成、康之伯犹多：文王、武王、成王、康王的兄弟比周公、康叔、唐叔年长的还有很多。④王于是乎杀管叔而蔡蔡叔：管叔、蔡叔联合商纣王的儿子作乱，周公杀了管叔并将蔡叔流放。⑤命之以蔡：任命他担任蔡侯。⑥胡：蔡仲的名字。⑦五叔：管叔鲜、蔡叔度、成叔武、霍叔处、毛叔聃。⑧晋：唐叔虞刚开始被封于唐国，后世改为晋国。⑨践土之盟：僖公二十八年，晋文公在践土和诸侯会盟。⑩夷叔：武叔，成公的弟弟。⑪晋重、鲁申、卫武、蔡甲午、郑捷、齐潘、宋王臣、莒期：即晋文公、鲁僖公、卫叔武、蔡庄侯、郑文公、齐昭公、宋成公、莒兹丕公。齐昭公、宋成公、莒兹丕公为异姓。

【译文】

"这三个人都是周天子的弟弟，并且都有美好的德行，所以分赐他们以昭显他们的仁德。不然的话，文王、武王、成王、康王的兄弟中比他们三个年长的大有人在，而他们没有获得这样的赏赐，是因为不推崇以年龄分赐的缘故。管叔、蔡叔沿用商朝的旧制度，想要危害周王室。于是周天子便将管叔杀掉并且流放了蔡叔，并赐给蔡叔七辆马车，七十个随从。蔡叔的儿子蔡仲，改掉蔡叔的恶行而行善良的德行，周公举荐他，让他做卿士来辅助自己。又将他引荐给天子而任命他为蔡侯，他的任命书上说：'周天子说：胡！你不可以像你的父亲那样违背天子的命令。'又如何让蔡国先于卫国呢？武王的母弟有八个人，周公是太宰，康叔为司寇，聃季为司空，其他五个人都没有官职，哪里是因为年龄的缘故呢！曹叔，是周文王的后代；唐叔，是周武王的后代。曹国以甸服做诸侯，并不是推崇年龄的缘故。如今准备推崇他，就是违反了先王制定的规矩。晋文公当初在践土会盟诸侯，卫成公没到，夷叔是卫成公的同母弟弟，依然还要先于蔡国。盟书上记载说：'周天子说，晋文公、鲁僖公、卫叔武、蔡庄侯、郑文公、齐昭公、宋成公、莒兹丕公。'盟书也被藏在了周朝府库内，可以拿出来看一下。你想要恢复周文王、周武王的法度，却又不端正自己的仁德，又将要如何做呢？"苌弘听了很高兴，告诉了刘子，并和范献子商量，于是仍然让卫国排在了蔡国的前面。

阖庐入郢都（定公四年）

【原文】

楚自昭王即位①，无岁不有吴师。蔡侯因之，以其子乾与其大夫之子为质于吴。

冬，蔡侯、吴子、唐侯伐楚②。舍舟于淮汭③，自豫章与楚夹汉。左司马戌谓子常④曰："子沿汉而与之上下⑤，我悉方城外以毁其舟⑥，还塞大隧、直辕、冥厄，子济汉而伐之，我自后击之，必大败之。"既谋而行。武城黑谓子常曰⑦："吴用木也，我用革也，不可久也⑧。不如速战。"史皇谓子常⑨："楚人恶而好司马，若司马毁吴舟于淮，塞城口而入⑩，是独克吴也。子必速战，不然不免。"乃济汉而陈，自小别至于大别⑪。三战，子常知不可，欲奔。史皇曰："安求其事⑫，难而逃之，将何所入⑬？子必死之，初罪必尽说⑭。"

【译文】

自从楚昭王即位之后，没有一年不和吴国作战的，蔡昭侯也因为这个原因，让他的儿子乾和他的大夫的儿子在吴国当人质。

冬季，蔡昭侯、吴王阖庐、唐成公联合起来攻打楚国。他们将船停靠在淮汭附近，从豫章出发并隔着汉水和楚国作战。左司马戌对子常说："你沿着汉水一带和吴国联军上下周旋，我率领方城以外的人马毁掉他们的船只，回来的时候再把他们的大隧、直辕、冥厄加以堵塞，你就可以渡过汉水攻打吴国，我从后方夹击，一定能够打败他们。"二人商讨之后便出发了。楚国武城大夫黑对子常说："吴国的战车是木头制作的，我们的战车是用皮革制作的，不适合持久作战，不如速战速决。"史皇对子常说："楚国人厌恶您而喜欢司马。如若司马在淮水边毁掉吴国的船只，堵塞城口而后再回来，战胜吴国的功劳便是他一个人的。您一定要速战速决，不然的话无法免除灾祸。"于是便渡过汉水摆开战列，从小别山一直排到了大别山。三次交战之后，子常明白楚军无法战胜敌军，便想要逃走。史皇说："国家安定的时候您执掌政权，国家有难时您却要出逃，您又将逃往哪里去呢？您一定要拼死作战，就一定能够免除您之前的罪过。"

【原文】

十一月庚午，二师陈于柏举①。阖庐之弟夫概王②，晨请于阖庐曰：“楚瓦不仁③，其臣莫有死志，先伐之，其卒必奔。而后大师继之④，必克。”弗许。夫概王曰：“所谓‘臣义而行，不待命’者，其此之谓也。今日我死，楚可入也。”以其属五千，先击子常之卒。子常之卒奔，楚师乱，吴师大败之。子常奔郑。史皇以其乘广死。吴从楚师，及清发⑤，将击之。夫概王曰：“困兽犹斗，况人乎？若知不免而致死，必败我。若使先济者知免，后者慕之，蔑有斗心矣⑥。半济而后可击也。”从之。又败之。楚人为食⑦，吴人及之，奔。食而从之，败诸雍澨，五战及郢⑧。

【注释】

①二师：楚国军队和吴国联军。②夫概王：阖庐的弟弟。③瓦：子常。④大师：大部队。⑤清发：水名，今湖北安陆。⑥蔑有：没有。⑦为食：做饭。⑧雍澨、郢：雍澨，水名，今河北京山县；郢，楚国都城，今湖北荆州市荆州区北面。

【译文】

十一月十八日，楚国军队和吴国联军在柏举列开阵势。阖庐的弟弟夫概王，早上向阖庐请示说：“楚国的子常不仁德，他的部属也都没有必死之心，我们抢先进攻，他的部下一定会四处奔逃。大军随后出击，一定能够打败他。”阖庐不允许。夫概王说：“所谓‘符合道义的事情下臣就要去行动，不必等待命令’，说的就是这一种了。今天我以死作战，就能够攻入楚国的郢都。”夫概王带领五千部下，先攻击子常所率领的部队。子常的士兵四处逃窜，楚国军队大乱，吴国军队大败楚军。子常逃到郑国。史皇乘着子常留下的战车而战死。吴军追击楚军，一直追到了清发，准备再次发动攻击。夫概王说：“被困住的野兽犹且还要争斗一番，更何况是人呢？若是知道自己难免一死而拼命和我们作战，一定能够打败我们。如果先让渡过河的楚军知道渡河就能免除一死，后面的楚军就一定会羡慕他们，从而丧失了战斗的决心。等他们一半都渡河后才可以进攻。”于是便按照夫概王说的行动，再次打败了楚军。楚国人做饭的时候，吴国军队又追上来，楚国军队四处逃亡。吴国军队吃了他们做的饭继续追击，在雍澨将楚军打败，交战五次后到达楚国都城郢都。

【原文】

己卯，楚子取其妹季芈畀我以出①，涉睢②。鍼尹固与王同舟③，王使执燧象以奔吴师④。

庚辰，吴入郢，以班处宫。子山处令尹之宫⑤，夫概王欲攻之，惧而去之，夫概王入之。

左司马戌及息而还⑥，败吴师于雍澨，伤。初，司马臣阖庐⑦，故耻为禽焉⑧。谓其臣曰："谁能免吾首⑨？"吴句卑曰⑩："臣贱可乎？"司马曰："我实失子⑪，可哉！"三战皆伤，曰："吾不可用也已。"句卑布裳，刭而裹之⑫，藏其身而以其首免。

【注释】

①季芈畀我：楚昭王的妹妹。②睢：水名，今湖北枝江县东北方向。③鍼尹固：鍼尹，官名；固，人名。④执燧象：烧火燧系在象尾。⑤子山：吴王阖庐的儿子。⑥息：古时息国，今河南息县。⑦臣：为……臣下。⑧禽：捉拿。⑨免吾首：保全自己的尸首，以免被吴国得到。⑩吴句卑：吴国人句卑。⑪失子：没有及早赏识你。⑫刭：割脖子。

【译文】

十一月二十七日，楚昭王带着他的妹妹季芈畀我逃出郢都，渡过了睢水。鍼尹固和楚昭王乘坐一条船，楚昭王让他把点燃的火炬系在象尾上以冲向吴国军队。

二十八日，吴国军队进入郢都，按照官爵的大小来入住宫室。子山居住在令尹的宫室，夫概王想要攻击他，子山畏惧而离开了，夫概王便住进了令尹的宫室。

左司马戌到达息国后就收兵返回，在雍澨打败了吴国军队，自己也受了伤。之前，司马是阖庐的臣子，所以耻于被吴国军队抓获。戌便对他的臣子说："谁能够让我的尸首免于落在吴军之手呢？"吴国人句卑说："地位卑微的下臣不知道可以吗？"司马说："我以前竟然没有赏识你，可以的！"后又与吴国军队交战三次，戍三次都受了伤，说："我已经没有什么用处了。"句卑铺开衣裳，将戍的头割下并包裹起来，又藏起戍的身体而后带着他的头颅逃跑了。

【原文】

楚子涉睢，济江，入于云中①。王寝，盗攻之，以戈击王。王孙由于以背受之②，中肩。王奔郧③，钟建负季芈以从④。由于徐苏而从。郧公辛之弟怀将弑王⑤，曰："平王杀吾父，我杀其子，不亦可乎？"辛曰："君讨臣，谁敢仇之？君命，天也，若死天命，将谁仇？《诗》曰：'柔亦不茹，刚亦不吐，不侮矜寡⑥，不畏强御。'唯仁者能之。违强陵弱，非勇也。乘人之约⑦，非仁也。灭宗废祀⑧，非孝也。动无令名，非知也。必犯是，余将杀女。"

【注释】

①云中：云梦泽中。②王孙由于：楚国大夫。③郧：古地名。今湖北安陆县。④钟建：楚国大夫。⑤郧公辛：楚国郧县大夫，其父亲为楚平王所杀。⑥矜（guān）寡：鳏寡。⑦约：处在困境。⑧灭宗废祀：弑君的罪过很大，会有灭族之灾。

【译文】

楚昭王渡过睢水，又渡过汉水，进入云梦泽中。楚昭王睡觉的时候，有盗贼攻击他，并且用戈刺楚昭王。王孙由于用背部去抵挡，被击中了肩部。楚昭王出奔到郧地，钟建背着季芈跟在后面。王孙由于慢慢苏醒后也随之跟上去。郧公辛的弟弟怀准备刺杀楚昭王，说："楚平王杀害了我们的父亲，我杀他的儿子，不也可以吗？"郧公辛说："君主讨伐臣子，又有谁敢仇恨他呢？君主的命令，是上天的旨意，如果死于天命，又将要仇恨谁呢？《诗》中说：'柔弱的也不吞下，刚硬的也不吐出，不欺侮鳏寡，不畏惧强大的外敌。'只有仁德的人才能够做到。逃避强者欺凌弱者，这不是勇。乘人之危，也不是仁。灭宗废祀，不是孝。行动却没有好的名誉，不是智。如果你一定要这么做，我将会把你杀掉。"

【原文】

斗辛与其弟巢以王奔随。吴人从之，谓随人曰："周之子孙在汉川者，楚实尽之。天诱其衷，致罚于楚，而君又窜之①。周室何罪？君若顾报周室，施及寡人②，以奖天衷，君之惠也。汉阳之田，君实有之。"楚子在公宫之北③，吴人在其南。子期似王④，逃王，而己为王⑤，曰："以我与之，王必免。"随人卜与之，不吉。乃辞吴曰："以随之辟小而密迩于楚⑥，楚实存之，世有盟誓，至于今未改。若难而弃之，何以事君？执事之患，不唯一人⑦。若鸠楚竟，敢不听命。"吴人乃退。锱金初宦于子期氏⑧，实与随人要言⑨。王使见，辞，曰："不敢以约为利。"王割子期之心⑩，以与随人盟。

【注释】

①窜：藏匿。②施：延续。③公宫：随国的宫室。④子期：楚昭王的庶兄。⑤己为王：自己假扮楚昭王。⑥密迩：靠近。⑦一人：楚昭王。⑧锱（lǚ）金：子期的家臣。⑨要言：约定。⑩割子期之心：割取子期心口上的血立下盟约。

【译文】

斗辛和他的弟弟巢护送楚昭王逃往随国。吴国人追击他们，对随国君主说："在汉水一代的周朝子孙，楚国将他们都消灭了。上天降下旨意，给楚国降下惩罚，而今君主您却又要藏匿他。周王室有什么罪？君主如果顾及周王室的恩惠，并将这种恩惠延续到我们君主身上，以此来顺承天意，这是君主的恩惠啊。汉阳的田地，您都可以拥有。"楚昭王藏匿在随国宫室的北面，吴国人在随国宫室的南面。子期和楚昭王长得很相似，便让楚昭王逃跑，而自己假扮楚昭王留在宫中，说："把我交给吴军，君主一定能够免于灾难。"随国人为此事占卜，结果不吉利。于是便拒绝吴国说："因随国狭小而亲近楚国，楚国也确实保护了我们，楚国随国之间世世代代都有盟约，直到今天都没有改变。如若把他们抛弃在危难之中，又拿什么来侍奉君主呢？执事的忧虑，并不是楚昭王一个人。如若能够安抚楚国境内，我又哪敢不听从您的命令呢。"于是吴国人便退兵了。起初镦金是子期的家臣，也和随国人做过约定，不能将楚昭王交给吴国。楚昭王让他朝见，他推辞了，说："不敢以困难时候的约定来谋取利益。"于是楚昭王割取子期心口的血，以此来和随国人订下盟约。

申包胥如秦乞师（定公四年）

【原文】

初，伍员与申包胥友①。其亡也②，谓申包胥曰："我必复楚国。"申包胥曰："勉之！子能复之，我必能兴之。"及昭王在随，申包胥如秦乞师，曰："吴为封豕、长蛇，以荐食上国，虐始于楚。寡君失守社稷，越在草莽。使下臣告急，曰：'夷德无厌③，若邻于君④，疆场之患也。逮吴之未定⑤，君其取分焉⑥。若楚之遂亡，君之土也。若以君灵抚之，世以事君。'"

秦伯使辞焉^⑦，曰："寡人闻命矣。子姑就馆，将图而告。"对曰："寡君越在草莽，未获所伏。下臣何敢即安？"立，依于庭墙而哭，日夜不绝声，勺饮不入口七日。秦哀公为之赋《无衣》，九顿首而坐^⑧，秦师乃出。

【注释】

①伍员、申包胥：伍员，伍子胥；申包胥，楚国大夫。②亡：逃亡。③夷：指吴国。④邻于君：吴国灭掉楚国之后，就会和秦国是邻国。⑤逮、定：逮，趁着；定，安定。⑥分：和吴国共分楚国领地。⑦秦伯：秦哀公。⑧顿首：磕头碰到地面，是重礼。

【译文】

当初，伍子胥和申包胥关系友好。伍子胥逃亡的时候，对申包胥说："我一定要灭掉楚国。"申包胥说："你努力吧！你能够消灭它，我也一定能够复兴它。"等到楚昭王逃往随国的时候，申包胥前往秦国请兵，说："吴国就好比大野猪、长蛇，多次吞并中原各诸侯国，并开始残害楚国。我们的君主没有守住国家社稷，流亡于杂草丛林之中，并派遣我前来告急，说：'吴国没有满足的时候，如果它成了君主您的邻国，就是您疆土的祸患啊。趁着吴国还没有安定的时候，君主应该和吴国共分楚国领地。如若楚国因此灭亡了，那便是君主您的领地了。如若以君主的福祉来安抚楚国的子民，楚国将会世代侍奉君主。'"

秦哀公让人辞谢了申包胥的建议，说："我已经听到你的建议了。你姑且在客馆住下，我考虑好以后再告诉你。"申包胥回答说："我的君主还在杂草丛中逃亡，没有得到居住的地方，我作为臣子又哪敢安心住下呢？"说着站起来，倚靠着墙壁大声哭泣，日夜不停止，七天没有进食。秦哀公为此作了《无衣》赋，申包胥顿首九次而坐，于是秦国发兵救援楚国。

孔丘知礼（定公十年）

【原文】

十年春，及齐平①。

夏，公会齐侯于祝其②，实夹谷。孔丘相③。犁弥言于齐侯曰④："孔丘知礼而无勇，若使莱人以兵劫鲁侯⑤，必得志焉。"齐侯从之。孔丘以公退，曰："士，兵之⑥！两君合好，而裔夷之俘以兵乱之⑦，非齐君所以命诸侯也。裔不谋夏，夷不乱华，俘不干盟，兵不逼好⑧。于神为不祥，于德为愆义⑨，于人为失礼，君必不然。"齐侯闻之，遽辟之。

【注释】

①平：谈和。②公、齐侯、祝其：公，鲁定公；齐侯，齐景公；祝其，地名，今山东莱芜市夹谷峪。③相：主持会议。④犁弥：齐国大夫。⑤莱：诸侯国名，今山东黄县。襄公六年被齐国所灭，所以下文中称之为夷俘。⑥兵之：用兵器攻打他。⑦裔夷：华夏地区之外的民族。⑧逼好：逼迫友好。⑨愆：违背。

【译文】

鲁定公十年春天，鲁国和齐国谈和。

夏季，鲁定公在祝其会见齐景公，也就是夹谷。犁弥对齐景公说："孔丘知礼仪而没有勇，如果让莱地人派兵劫持鲁定公，一定能够得偿所愿。"齐景公听从了他的建议。孔丘陪同鲁定公撤退，说："将士们，拿着武器攻打他们！两个国家的君主和谈，而远处的夷俘却派兵捣乱，一定不是齐景公命令诸侯的态度。边远的地方不能图谋华夏地区，夷俘也不能扰乱华人，俘虏更不能干扰盟会，无法以武力逼迫友好。从神明来说是不吉利，从道德来说是违背道义，从人来说是失去礼仪，君主一定不能这么做。"齐景公听到后，便迅速让莱地人撤下了。

【原文】

将盟，齐人加于载书曰①："齐师出竟②，而不以甲车三百乘从我者，有如此盟。"孔丘使兹无还揖对曰③："而不反我汶阳之田④，吾以共命者⑤，亦如之。"齐侯将享公，孔丘谓梁丘据曰："齐、鲁之故⑥，吾子何不闻焉？事既成矣，而又享之，是勤执事也⑦。且牺象不出门，嘉乐不野合。飨而既具，是弃礼也。若其不具，用秕稗也⑧。用秕稗，君辱，弃礼，名恶，子盍图之？夫享，所以昭德也。不昭，不如其已也。"乃不果享⑨。

齐人来归郓、欢、龟阴之田⑩。

【注释】

①加：增加条款。②出竟：出境作战。③兹无还：鲁国大夫。④汶阳之田：汶水北岸的田地，齐国侵占的鲁国领地。⑤共命：满足齐国的要求。⑥故：旧时的事典。⑦勤：让……辛苦。⑧秕稗：秕子和稗子。⑨果：实现。⑩郓、欢、龟阴：都是鲁国地名，在汶水以北。

【译文】

将要立下盟约的时候，齐国人又在盟书上增加了条款说："齐国军队出境作战，而鲁国不用三百乘兵车跟随的话，有这个盟约为证。"孔丘让兹无还作揖回答说："你们不把汶水以北的地方归还给楚国，而让我们满足齐国的要求，也有这个盟约为证。"齐景公准备设宴款待鲁定公，孔丘对梁丘据说："齐国、鲁国的旧时事典，你为什么没有听过呢？事情既然已经成了，并且还设下享礼，这让执事辛苦了。况且牺尊、象尊不能出国门，嘉乐不能在野外弹奏。如若在享礼上全部俱备了这些东西，是丢弃了礼仪的表现。如若没有俱备这些东西，礼节就如同秕子稗子。用秕子稗子般的礼节，这是君主的耻辱，抛弃了礼仪，就会引来不好的名声，你为何不好好考虑呢？享礼，是要昭显仁德的。不昭显，倒不如不举行了。"于是齐国没有举办享礼。

齐国人归还了郓、欢、龟阴的田地。

卷十二　哀公

夫差报父仇（定公十四年，哀公元年）

【原文】

吴伐越①。越子句践御之，陈于槜李②。句践患吴之整也，使死士再禽焉③，不动。使罪人三行，属剑于颈，而辞曰："二君有治，臣奸旗鼓④，不敏于君之行前，不敢逃刑，敢归死。"遂自刭也。师属之目，越子因而伐之，大败之。灵姑浮以戈击阖庐⑤，阖庐伤将指，取其一屦⑥。还，卒于陉，去槜李七里。夫差使人立于庭⑦，苟出入，必谓己曰："夫差！而忘越王之杀而父乎？"则对曰："唯，不敢忘！"三年，乃报越。（定公十四年）

【注释】

①吴伐越：定公五年，趁着吴国空虚的时候，越王允常起带兵攻打吴国。定公十四年，允常死，勾践即位，吴国因此而起兵报复。②句践：越王勾践的古称；槜（zuì）李：越国地名，今浙江嘉兴南。③死士：敢死的将士。④奸旗鼓：违背了军令。⑤灵姑浮：越国大夫。⑥取其一屦：得到了一只草鞋。⑦夫差：阖庐的儿子，也为吴王夫差。

【译文】

吴国攻打越国。越王勾践带兵抵抗，在槜李摆开阵列。勾践因吴国军队齐整而感到担忧，便派遣敢死之士两次冲击吴国军队，没有撼动吴军丝毫。又让获罪的人排成三排，将剑放在脖子上，并致辞说："两个国家的君主用兵，臣子违背了军令，在君主阵列之前显露出了不聪慧，不敢逃避刑罚，斗胆以这样的方式求得一死。"于是自刎而死。吴国的军队都看到了这一场景，越王则趁机攻打他们，大败吴军。灵姑浮用戈攻击阖庐，阖庐伤到了脚趾，灵姑浮得到了阖庐的一只草鞋。吴王阖庐撤兵，死在了陉地，和檇李相距七里。阖庐的儿子夫差让人站在庭院中，夫差出入的时候，他一定对夫差说："夫差！你忘了越王杀掉你的父亲了吗？"夫差便回答说："是，不敢忘记！"三年之后，夫差向越国报仇。

【原文】

　　吴王夫差败越于夫椒①，报檇李也。遂入越。越子以甲楯五千②，保于会稽③。使大夫种因吴大宰嚭以行成④，吴子将许之。伍员曰："不可。臣闻之：'树德莫如滋，去疾莫如尽'。昔有过浇杀斟灌以伐斟鄩⑤，灭夏后相⑥。后缗方娠⑦，逃出自窦，归于有仍⑧，生少康焉⑨，为仍牧正。惎浇⑩，能戒之。浇使椒求之，逃奔有虞⑪，为之庖正⑫，以除其害。虞思于是妻之以二姚，而邑诸纶。有田一成，有众一旅，能布其德，而兆其谋，以收夏众，抚其官职。使女艾谍浇⑬，使季杼诱豷⑭，遂灭过、戈⑮，复禹之绩。祀夏配天，不失旧物。今吴不如过，而越大于少康，或将丰之，不亦难乎⑯？勾践能亲而务施，施不失人，亲不弃劳。与我同壤而世为仇雠，于是乎克而弗取，将又存之，违天而长寇仇，后虽悔之，不可食已。姬之衰也，日可俟也。介在蛮夷⑰，而长寇仇，以是求伯，必不行矣。"弗听。退而告人曰："越十年生聚⑱，而十年教训⑲，二十年之外，吴其为沼乎⑳！"三月，越及

287

吴平。吴入越，不书，吴不告庆，越不告败也。

【注释】

①夫椒：越国地名，今浙江绍兴北面。②甲楯五千：五千名披甲持盾的士兵。③会稽：山名，今绍兴市东南方向。④大夫种：楚平王时期为宛令，楚国南郢人。⑤有过、浇、斟灌、斟鄩（xún）：有过，国名，今山东莱州市西北方向；浇，寒浞的儿子；斟灌，夏朝诸侯国名，今河南范县北；斟鄩，夏朝诸侯国名，今河南偃师市东北方向。⑥夏后相：夏启的孙子。⑦后缗、方娠：后缗，夏后相的妻子；方娠，有身孕。⑧有仍：国名，今山东济宁市。⑨生少康焉：生下了少康。⑩惎（jì）：戒备，痛恨。⑪有虞：国名，今河南虞城县西南。⑫庖正：掌管饮食的官员。⑬使女艾谍浇：派遣女艾到浇那里当间谍。⑭季杼、豷：季杼，少康的儿子；豷，浇的弟弟。⑮戈：豷的国家。⑯不亦难乎：吴国、越国讲和，吴国将很难再制服越国。⑰介在蛮夷：吴国在楚国、越国之间。⑱生聚：繁衍人口积累财富。⑲教训：教导百姓训练士兵。⑳沼：污池。

【译文】

吴王夫差在夫椒打败了越国，报了槜李一战的仇恨。于是攻入越国。越王勾践率领五千披甲持盾的兵士，在会稽山坚守。派遣大夫种通过吴国太宰嚭以向吴王求和，吴王准备答应越国的请求。伍员说："不可以。我听说：'树立德行没有比不断培植更好的，消除毒害也没有比铲尽更好的办法'。以前有过的浇杀掉斟灌以攻打斟鄩国，灭掉夏后相。夏后相的妻子后缗刚好怀有身孕，便从小洞出逃了，回到了有仍国，生下了少康，少康在有仍国为牧正之长。少康对浇极为痛恨，并对他很是戒备。浇让椒去寻找少康，少康出逃到有虞国，做了有虞国掌管饮食的官员，以免除灾患。于是有虞的酋长虞思将两个女儿嫁给少康为妻，并且把纶地封赏给他。有十里见方的田地，五百士兵，少康便广施仁德，并开始施行自己的计划，以聚拢夏朝时期的旧属，并安抚他们的官员。又让女艾前去浇那里做间谍，让季杼引诱浇的弟弟豷，于是灭掉了过、戈，恢复了夏禹时候的功绩。祭祀祖先祭祀上天，没有失去旧时的规模。如今吴国不如过国，而越国却大于少康的国家，如果因求和而让越国不断壮大，那么吴国不就很难再控制越国了吗？越王勾践亲近他人而广施恩惠，广施恩惠不会丢失人心，亲近他人不会抛弃有功之臣。越国和我国接壤而又世代为仇，在这样的前提下吴国战胜了越国却又不占领它，并准备让它继续存留下去，违背上天命令而增长敌人的力量，即便之后后悔，也没有办法补救了。姬姓的衰败，指日可待了。吴国夹在越国和楚国之间，而又滋长敌人的力量，以这种方法来求得霸业，一定是不可行的。"夫差不听。伍员退出来对人说："越国用十年的时间繁衍、聚拢财物，再用十年的时间教导百姓训练士兵，二十年之后，吴国将要沦为沼地了！"三月，越国和吴国讲和。吴国攻入越国，《春秋》一书中并没有记载，是因为吴国没有报告胜利，越国也没有报告失败的原因。

【原文】

吴之入楚也①，使召陈怀公。怀公朝国人而问焉，曰："欲与楚者右，欲与吴者左。陈人从田，无田从党②。"逢滑当公而进③，曰："臣闻国之兴也以福，其亡也以祸。今吴未有福，楚未有祸。楚未可弃，吴未可从。而晋，盟主也，若以晋辞吴，若何？"公曰："国胜君亡④，非祸而何？"对曰："国之有是多矣，何必不复。小国犹复，况大国乎？臣闻国之兴也，视民如伤，是其福也。其亡也，以民为土芥，是其祸也。楚虽无德，亦不艾杀其民。吴日敝于兵，暴骨如莽，而未见德焉。天其或者正训楚也！祸之适吴，其何日之有？"陈侯从之。及夫差克越，乃修先君之怨。秋八月，吴侵陈，修旧怨也。

【注释】

①吴之入楚也：定公四年，吴王阖庐攻入楚国。②从党：从其所党。③逢滑：陈国大夫。④国胜君亡：吴国战胜楚国，楚昭王逃亡。意为国家被别国战胜，而国君也在外逃亡。

【译文】

吴国攻入楚国，让人召见陈怀公。陈怀公聚集国人而问："想要亲附

卷十二 哀公

289

楚国的站在右边，想要亲附吴国的站在左边。有田地的根据田地的方向站立，没有田地的则跟随自己的族人。"逢滑正对着陈怀公并上前，说："我听说国家以福祉兴起，以祸乱灭亡。如今吴国并没有福祉，楚国也没有祸乱。楚国不可以抛弃，吴国也不可以跟随。而晋国，是诸侯的盟主，如果以晋国来推辞吴国，如何呢？"陈怀公说："国家被他国打败而君主逃亡，这不是祸乱是什么？"逢滑回答说："碰到这种情况的国家有很多，为何一定不能恢复。小国犹且还能够恢复，更何况是大国呢？我听说国家兴起的时候，对待百姓就如同对待伤者，这是国家的福祉。国家要衰亡的时候，对待百姓犹如土芥，这是国家的祸乱。虽然楚国没有德行，但也不会残杀他的子民。吴国连年兴兵，尸骨如杂草般暴露在外面，而从来没有看到过它的德行。上天或许正在训诫楚国！祸乱降临到吴国，还能有多久呢？"陈怀公听从了他的意见。等到吴王夫差战胜越国，又将先君之间的恩怨重新提起。秋季八月，吴国入侵陈国，就是为了提起旧时的恩怨。

【原文】

吴师在陈，楚大夫皆惧，曰："阖庐唯能用其民，以败我于柏举。今闻其嗣又甚焉，将若之何？"子西曰："二三子恤不相睦①，无患吴矣。昔阖庐食不二味，居不重席，室不崇坛②，器不彤镂③，宫室不观④，舟车不饰，衣服财用，择不取费。在国，天有灾疠⑤，亲巡其孤寡，而共其乏困。在军，熟食者分，而后敢食。其所尝者，卒乘与焉。勤恤其民而与之劳逸，是以民不罢劳，死知不旷。吾先大夫子常易之，所以败我也。今闻夫差次有台榭陂池焉，宿有妃嫱嫔御焉⑥。一日之行，所欲必成，玩好必从。珍异是聚，观乐是务，视民如仇，而用之日新。夫先自败也已。安能败我？"（哀公元年）

【注释】

①恤不相睦：害怕相互之间不和睦。②室不崇坛：古时候贵族的宫室都会筑坛，在坛上面起屋。③器不彤镂：器具上不刷红色，不雕刻花纹。④不观：不建筑楼台亭阁。⑤疠：疾病流行。⑥妃嫱、嫔御：妃嫱，内宫身份高贵的人；嫔御，内宫低贱的人。

【译文】

吴国军队在陈国，楚国大夫都比较畏惧，说："阖庐能够任用他的百姓，所以才会在柏举将我们打败。如今听说他的继承人比他做得更好，我们将要如何对待呢？"子西说："你们都应该担忧相互之间的不和睦，不用担忧吴国。以前阖庐吃饭的时候不吃两样菜，坐着的时候不铺两层席，起居室内不筑坛，器物不抹红色不雕花纹，宫室不建筑楼台亭阁，舟车不装饰，衣服器物只讲究实用，而不讲究华贵。从国内来说，上天降下流行疾病的时候，他会亲自巡查孤寡的人，并且救济他们困顿的生活。从军中来说，等士兵将熟食分吃后，他才敢食用。他所尝过的佳肴，士兵们都有。他勤恳地体恤自己的百姓而和他们同苦同乐，所以百姓们从来不会感到劳累，为他而死的人也知道会有补偿。我们的先大夫子常正好和他相反，所以我们才失败了。如今听说夫差居住的地方有亭台楼阁、池塘流水，睡觉的时候还有很多嫔妃宫女。一天行程下来，他所想要的东西就一定要成功，好玩的东西就一定要带着。聚集珍奇异宝，把玩乐当作正事，对百姓犹如仇敌，并且不间断地任用他们。这是夫差自己先失败了，又怎能打败我们呢？"（哀公元年）

楚昭王不祭（哀公六年）

是岁也，有云如众赤鸟，夹日以飞，三日。楚子使问诸周大史^①。周大史曰："其当王身乎！若禜之^②，可移于令尹、司马。"王曰："除腹心之疾^③，而置诸股肱，何益？不穀不有大过^④，天其夭诸？有罪受罚，又焉移之？"遂弗禜。

【注释】

①楚子：楚昭王。②禜：祭祀的一种，请求消除灾难。③腹心：楚昭王自喻。④不有：没有。

【译文】

哀公六年，有如同一群红色大鸟的云彩，飘在太阳的两边，足有三天的时间。楚昭王派人问周国太史。周国太史说："这天象要应验在君主您的身上了！如若祭祀，就能够将此天象转移到令尹、司马身上。"楚昭王说："除掉我的疾病，而又将其转移到左右大臣身上，有何好处呢？我没有大的罪过，上天为什么让我折寿呢？有罪就要受罚，还能转移到哪里去？"于是便不祭祀。

【原文】

初，昭王有疾。卜曰："河为祟^①。"王弗祭。大夫请祭诸郊，王曰："三代命祀^②，祭不越望。江、汉、睢、章^③，楚之望也。祸福之至，不是过也。不穀虽不德，河非所获罪也。"遂弗祭。

孔子曰："楚昭王知大道矣！其不失国也，宜哉！《夏书》曰：'惟彼陶唐④，帅彼天常⑤，有此冀方。今失其行，乱其纪纲，乃灭而亡'。又曰：'允出兹在兹⑥。'由己率常可矣。"

【注释】

①祟：鬼神作怪。②三代：夏、商、周。③江、汉、睢、章：都是楚国境内的大川名。④陶唐：唐尧。⑤帅：遵循。⑥允出兹在兹：行善就能够得到福祉，行恶则会得到报应。意思是福祸源于个人的德行修养。

【译文】

当初，楚昭王生了病。占卜的人说："是黄河之神在作怪。"楚昭王不祭祀。大夫请求在郊外举行祭祀活动，楚昭王说："夏、商、周三代制定的祭祀范围，不能超过本国的管辖范围。江、汉、睢、章是楚国的大川。福祸到来，也不过就是这些。我虽然没有德行，也不会从黄河的神灵中获罪。"于是不举行祭祀。

孔子说："楚昭王知道大道理啊！他没有失去国家，是应该的！《夏书》中说：'古时候的帝王唐尧，遵循上天之道，占有中土这个地方。后来失去了德行，扰乱了纲纪，于是便灭亡了。'又说：'祸福都在于自己的德行。'由自己遵循上天之道就可以了。"

仲尼与孔文子（哀公十一年）

【原文】

冬，卫大叔疾出奔宋①。初，疾娶于宋子朝②，其娣嬖③。子朝出，孔文子使疾出其妻而妻之④。疾使侍人诱其初妻之娣，置于犁⑤，而为之一宫，如二妻。文子怒，欲攻之。仲尼止之，遂夺其妻^⑥。或淫于外州，外州人夺之轩以献。耻是二者，故出。卫人立遗^⑦，使室孔姞^⑧。疾臣向魋纳美珠焉^⑨，与之城鉏^⑩。宋公求珠，魋不与，由是得罪。及桓氏出^⑪，城鉏人攻大叔疾，卫庄公复之^⑫，使处巢^⑬，死焉。殡于郧^⑭，葬于少禘^⑮。

【注释】

①大叔疾：世叔齐。②宋子朝：宋国人在齐国任职大夫，名朝。③其娣嬖：大叔疾娶了他的女儿。④孔文子、出其妻、妻之：孔文子，卫国卿士；出其妻，休掉妻子与娣；妻之，将女儿嫁给他。⑤犁：卫国地名，今河南范县。⑥遂夺其妻：孔文子把自己的女儿接回来。⑦遗：太叔疾的弟弟。⑧孔姞：孔文子的女儿，大叔疾的妻子。⑨臣向魋（tuí）：做了宋国向魋的臣子。⑩城鉏：今河南滑县东面。⑪桓氏：向魋。⑫复之：让他返回卫国。⑬巢：卫国地名。⑭郧：卫国地名。⑮少禘：卫国地名。

【译文】

冬天，卫国太叔疾出逃到宋国。起初，太叔疾迎娶了宋子朝的女儿为妻，对他的妹妹也非常宠爱。子朝逃亡后，孔文子让太叔疾休掉自己的妻子而迎娶自己的女儿。太叔疾让下人引诱前妻的妹妹，并且将她安置在了犁地，而且还为她建筑了一座宫室，就好比有两个妻子一般。孔文子知道后很生气，想要攻打太叔疾。仲尼阻止了他，于是孔文子便将他的女儿接了回来。太叔疾又和外州的一个女人私通，外州人夺掉他的车子并进献上来。这两件事情是太叔疾的耻辱，所以他出逃了。卫国人立了太叔疾的弟弟遗，并让他迎娶了孔姞。太叔疾成了宋国向魋的臣子并向他进献珍珠，向魋便将城鉏赏赐给他。宋公也要珍珠，向魋不给他，因此便得罪了君主。等到向魋出逃之后，城鉏人攻打太叔疾，卫庄公又让他回到卫国，让他居住在巢地，直到死去。在郧地出殡，葬在了少禘。

【原文】

孔文子之将攻大叔也，访于仲尼。仲尼曰："胡簋之事，则尝学之矣。

甲兵之事，未之闻也。"退，命驾而行，曰："鸟则择木，木岂能择鸟？"
文子遽止之，曰："圉岂敢度其私，访卫国之难也。"将止。鲁人以币召
之，乃归。

季孙欲以田赋①，使冉有访诸仲尼。仲尼曰："丘不识也。"三发，卒
曰："子为国老②，待子而行，若之何子之不言也？"仲尼不对③。而私于
冉有曰："君子之行也，度于礼，施取其厚，事举其中，敛从其薄。如是
则以丘亦足矣。若不度于礼，而贪冒无厌④，则虽以田赋，将又不足。且
子季孙若欲行而法，则周公之典在。若欲苟而行，又何访焉？"弗听。

【注释】

①季孙欲以田赋：季孙想要改为田
赋。原本为丘赋。②国老：国家的尊者。
③不对：没有正式回答。④贪冒：贪婪。

【译文】

孔文子准备攻打太叔疾，便前去拜
访仲尼。仲尼说："关于祭祀的事情，我
曾经也学习过。关于作战的事情，我从
未听说过呀。"退出后，便命令人驾车而
行，说："鸟要选择树木，树木岂能选择
鸟呢？"孔文子急忙阻止他，说："我岂
敢以自己的私心谋划，我是要询问卫国
的灾难啊。"于是仲尼便准备不走了。鲁
国人用礼物召他回国，他便回去了。

季孙想要把丘赋改为田赋，便让冉
有前去拜访仲尼。仲尼说："我不知道这
种事情。"冉有去了三次，最后说："你
作为一个国家的尊者，就想要根据您的
意见来施行，您为什么不愿意说呢？"
仲尼没有正式回答。而私下里对冉有

说："君子做事，要在礼的范畴内，施舍要丰厚，做事要适中，征税要轻薄。按照这样来说丘赋也就足够了。如果不依据礼仪来做事，反而贪得无厌，那么虽然以田赋收税，将来也会有所不足的。况且季孙想要根据法则办事，那么有周公的典册在。如果想要凭借自己的私心行事，又何必要来问我呢？"季孙不听。

黄池会盟（哀公十三年）

【原文】

夏，公会单平公、晋定公、吴夫差于黄池①。

六月丙子，越子伐吴，为二隧②。畴无余、讴阳自南方③，先及郊。吴大子友、王子地、王孙弥庸、寿于姚自泓上观之④。弥庸见姑蔑之旗⑤，曰："吾父之旗也。不可以见仇而弗杀也。"大子曰："战而不克，将亡国。请待之。"弥庸不可，属徒五千，王子地助之。乙酉，战，弥庸获畴无余，地获讴阳。越子至，王子地守。丙戌，复战，大败吴师，获大子友、王孙弥庸、寿于姚。丁亥，入吴。吴人告败于王，王恶其闻也，自刭七人于幕下⑥。

【注释】

①公、单平公、黄池：公，鲁哀公；单平公，周国卿士；黄池，今河南封丘县南。②二隧：兵分两路夹击。③畴无余、讴阳：都是越国大夫。④吴大子友、王子地、王孙弥庸、寿于姚：吴大子友，吴王夫差的儿子，后被立为太子；王子地，吴王夫差的儿子；王孙弥庸，吴王阖庐的孙子；寿于姚，吴国大夫。⑤姑蔑：越国地名，今浙江龙游县北面。⑥七人：前后报信的七个人。

【译文】

夏季，鲁哀公和单平公、晋定公、吴夫差在黄池订下盟约。

六月十一日，越王勾践攻打吴国，兵分两路夹击。越国大夫畴无余、讴阳从南面出发，先行到达吴国都城郊外。吴国太子友、王子地、王孙弥庸、寿于姚从泓水地区观察越国军队。弥庸看见了姑蔑的旗子，说："我父亲的旗子。我做不到看到仇敌而不杀死他。"太子友说："作战而没有胜利，国家就将要灭亡，还是再等一下。"弥庸不愿意，便率领五千步兵出战，王子地在一旁协助他。二十日，两军作战，弥庸捕获了越国大夫畴无余，王子地捕获了大夫讴阳，越王勾践带兵到达，王子地负责防守。二十一日，两军再次交战，越国军队大败吴国军队，捕获了太子友、王孙弥庸、寿于姚。二十二日，越军进入吴国。吴国人向吴王报告了战败的事情，吴王担心这个消息会被诸侯听到，便亲自将前后来报信的七个人杀死在帐幕里面。

【原文】

秋七月辛丑，盟，吴、晋争先。吴人曰："于周室，我为长。"晋人曰："于姬姓，我为伯。"赵鞅呼司马寅曰[1]："日旰矣[2]，大事未成[3]，二臣之罪也。建鼓整列，二臣死之[4]，长幼必可知也。"对曰："请姑视之。"反，曰："肉食者无墨。今吴王有墨，国胜乎？大子死乎？且夷德轻[5]，不忍久，请少待之。"乃先晋人。

【注释】

①赵鞅、司马寅：赵鞅，晋国卿士；司马寅，晋国大夫。②旰：晚。③大事：指订立盟约的事情。④死之：战死。⑤夷、德轻：夷，古时候称东方各族为夷，有点鄙夷的意味。这里是晋国对吴国的称呼；德轻，性情不沉着。

【译文】

秋季七月初六，举行会盟，吴国、晋国争着先歃血。吴国人说："从周王室的角度来说，我是长者。"晋国人说："从姬姓来说，我是长者。"赵鞅对司马寅说："天色已经晚了，订立盟约的事情还没有完成，这是我们两个人的罪过。整顿军队竖立旗帜，我们两个人就作战到死，这样就能够知道长幼次序了。"司马寅回答说："请你暂且让我去查看一番。"司马寅回来后，说："高贵的人脸上气色不晦暗。如今吴王的气色晦暗，他的国家被其他国家打败了吗？太子死了吗？并且夷人性情浮躁，不会忍太久的，请稍微等一等吧。"于是吴国人便先让晋国人歃血。

孔丘请伐齐（哀公十四年）

【原文】

甲午，齐陈恒弑其君壬于舒州①。孔丘三日齐②，而请伐齐三。公曰："鲁为齐弱久矣，子之伐之，将若之何？"对曰："陈恒弑其君，民之不与者半。以鲁之众，加齐之半，可克也。"公曰："子告季孙③。"孔子辞。退而告人曰："吾以从大夫之后也，故不敢不言。"

【注释】

①陈恒：陈成子，齐国大夫。②齐：通"斋"，斋戒。③季孙：季康子，掌管鲁国政权。

【译文】

六月初五，齐国陈成子在舒州杀掉了他的君主壬。孔丘斋戒三天，而又三次请求讨伐齐国。鲁哀公说："齐国削弱鲁国已经很长时间了，你如果攻打齐国，又将要怎么做呢？"孔丘回答说："陈成子杀了他的君主，齐国百姓不支持他的有一半人。以鲁国全部的力量，再加上齐国一半的力量，可以战胜。"鲁哀公说："你去告诉季孙。"孔丘辞谢。退出来对别人说："我曾经排在大夫的末位，所以不敢不说。"

白公胜作乱（哀公十六年）

楚大子建之遇谗也①，自城父奔宋。又辟华氏之乱于郑②，郑人甚善之。又适晋，与晋人谋袭郑，乃求复焉。郑人复之如初。晋人使谍于子木，请行而期焉。子木暴虐于其私邑③，邑人诉之。郑人省之④，得晋谍焉。遂杀子木。

其子曰胜，在吴。子西欲召之，叶公曰⑤："吾闻胜也诈而乱，无乃害乎？"子西曰："吾闻胜也信而勇，不为不利，舍诸边竟，使卫藩焉⑥。"叶公曰："周仁之谓信，率义之谓勇。吾闻胜也好复言⑦，而求死士，殆有私乎？复言，非信也。期死⑧，非勇也。子必悔之。"弗从。召之使处吴竟，为白公。请伐郑，子西曰："楚未节也⑨。不然，吾不忘也。"他日，又请，许之。未起师，晋人伐郑，楚救之，与之盟。胜怒，曰："郑人在此，仇不远矣。"

【注释】

①大子建：楚平王的儿子。②华氏之乱：指宋国华定、华亥等杀害宋群公子，劫持了宋元公这件事情。③子木：太子建。④省：查看。⑤叶公：楚国大夫。⑥卫藩：保卫国境。⑦复言：实践诺言。⑧期死：不怕死。⑨未节：一切还没有走上正轨。

【译文】

楚国太子建遇到诬陷的时候，从城父逃到了宋国。又在郑国躲开了宋国的华氏之乱，郑国人对他非常好。后又前往晋国，和晋国人一起谋划攻打郑国的事情，于是便要求再次回到郑国。郑国人和当初一样对待他。晋国人让间谍前往太子建那里，间谍请求返回晋国并和太子建商定好了攻打郑国的时间。太子建在他自己的封邑中很暴虐，封邑的人将他告发。郑国人前来查看，并抓到晋国的间谍。于是杀死了太子建。

太子建的儿子叫胜，在吴国。子西想要把他召回国，叶公说："我听说胜这个人既奸诈又喜作乱，恐怕会是个祸害？"子西说："我听说胜这个人守信而又勇敢，不做不利的事情，把他安置在边境上，让他保卫国家吧。"叶公说："亲近仁德为诚信，遵守道义为勇敢。我听说胜喜好实践诺言，而又遍地寻求死士，恐怕是有他自己的私心吧？实践诺言，并不是守信。不怕死，并不是勇敢。你一定会后悔现在的决定。"子西不听从他的建议。于是召回胜并让他驻扎在和吴国接壤的边境处，称之为白公。胜请求出兵攻打郑国，子西说："楚国现在还没有安定。不然的话，我也不会忘记这件事情的。"过了一段时间，胜又请求出兵攻打郑国，子西答应了。还没有出兵，晋国人已经攻打了郑国，楚国则派兵救援，并和郑国订下盟约。胜很生气，说："郑国人在这里，仇人已经不远了。"

【原文】

　　胜自厉剑，子期之子平见之，曰："王孙何自厉也①？"曰："胜以直闻，不告女，庸为直乎？将以杀尔父。"平以告子西。子西曰："胜如卵，余翼而长之。楚国，第我死，令尹、司马，非胜而谁？"胜闻之，曰："令尹之狂也！得死，乃非我。"子西不悛②。胜谓石乞曰③："王与二卿士④，皆五百人当之，则可矣。"乞曰："不可得也。"曰："市南有熊宜僚者，若得之，可以当五百人矣。"乃从白公而见之⑤，与之言，说。告之故，辞。承之以剑，不动。胜曰："不为利谄，不为威惕⑥，不泄人言以求媚者，去之。"

【注释】

①王孙：胜是楚平王的孙子，所以称之为王孙。②悛：察觉。③石乞：白公胜的同党。④王、二卿士：王，楚惠王；二卿士，令尹子西和司马子期。⑤从白公：跟随白公胜。⑥惕：害怕。

【译文】

胜亲自磨砺剑，子期的儿子平看到之后，说："王孙何必要亲自磨剑呢？"胜说："我以直爽著称，不告诉你，又如何称得上直呢？我准备杀死你的父亲。"平将这件事告诉了子西。子西说："胜就如同一颗卵，在我的翅膀下长大。在楚国，我死之后，令尹、司马，不是胜的还是谁的呢？"胜听说之后，说："令尹很狂妄啊！如若他能够善终，就不是我了。"子西并没有察觉。胜对石乞说："君主和两位卿士，都用五百个人来抵挡，就可以了。"石乞说："这样的人不容易得到啊。"胜说："市南有一个名为熊宜僚的人，如果可以得到他，就可以抵五百个人。"于是石乞便跟着胜去见这个人，和他交谈之后，心里很高兴。石乞将来意告诉他，熊宜僚推辞了。又把剑架在他的脖子上，他也一动不动。胜说："不为利益而心动，不为威严而惧怕，不泄露他人语言而讨好别人，你还是走吧。"

【原文】

吴人伐慎①，白公败之。请以战备献②，许之。遂作乱。秋七月，杀子西、子期于朝，而劫惠王③。子西以袂掩面而死。子期曰："昔者吾以力事君，不可以弗终。"抉豫章以杀人而后死④。石乞曰："焚库弑王，不然不济。"白公曰："不可。弑王，不祥，焚库，无聚，将何以守矣？"乞曰："有楚国而治其民，以敬事神，可以得祥，且有聚矣，何患？"弗从。

叶公在蔡，方城之外皆曰："可以入矣⑤。"子高曰："吾闻之，以险侥幸者⑥，其求无餍，偏重必离⑦。"闻其杀齐管脩也，而后入⑧。

【注释】

①慎：楚国城邑名，今安徽颍上西北方向。②战备：缴获的武器。③惠王：楚昭王的儿子。④扰：拔起。⑤入：进入国内征讨白公胜。⑥以险侥幸：依靠冒险而侥幸成功。⑦偏重：不公平。⑧管脩：楚国大夫。

【译文】

吴国人征讨楚国慎地，白公胜将他们打败了。白公胜请求向郢都进献缴获的兵器，楚惠王答应了。于是白公胜便趁机发起动乱。秋七月，白公胜在朝中杀了子西、子期，又劫持了楚惠王。子西用袖子遮住脸而死去。子期说："以前我以勇力来侍奉君主，不能有始无终啊。"于是便拔起樟树杀掉敌人而后死去。石乞说："烧掉府库弑杀君主，不然不会成功的。"白公胜说："不可以。弑杀君主，不吉利，焚烧府库，就无法积累财富，又将要拿什么守卫楚国呢？"石乞说："有了楚国而治理百姓，以恭敬来侍奉神灵，可以得到吉祥的，并且还能够积累财富，又有什么忧患呢？"白公胜不听。

叶公在蔡地，方城山外的人都说："可以进攻都城了。"叶公说："我听说，依靠冒险而侥幸成功的人，他会贪求无厌，处事不公平就会让百姓离心。"听说白公胜杀了齐国管脩之后，才进入郢都。

【原文】

白公欲以子闾为王①，子闾不可，遂劫以兵。子闾曰："王孙若安靖楚国，匡正王室，而后庇焉②，启之愿也，敢不听从？若将专利以倾王室，不顾楚国，有死不能。"遂杀之，而以王如高府③，石乞尹门④，圉公阳穴宫⑤，负王以如昭夫人之宫⑥。

叶公亦至，及北门，或遇之，曰："君胡不胄⑦？国人望君如望慈父母焉⑧。盗贼之矢若伤君，是绝民望也。若之何不胄？"乃胄而进。又遇

302

一人曰："君胡胄？国人望君如望岁焉，日日以几。若见君面，是得艾也。民知不死，其亦夫有奋心，犹将旌君以徇于国，而又掩面以绝民望，不亦甚乎？"乃免胄而进。遇箴尹固帅其属⑨，将与白公。子高曰："微二子者⑩，楚不国矣。弃德从贼，其可保乎？"乃从叶公。使与国人以攻白公。白公奔山而缢，其徒微之。生拘石乞而问白公之死焉，对曰："余知其死所，而长者使余勿言⑪。"曰："不言将烹。"乞曰："此事克则为卿，不克则烹，固其所也，何害？"乃烹石乞。王孙燕奔颍黄氏⑫。诸梁兼二事⑬，国宁，乃使宁为令尹⑭，使宽为司马⑮，而老于叶⑯。

【注释】

①子间：楚平王的儿子。
②庇：庇护。③高府：除正宫之外的宫室。④尹门：守门。
⑤围公阳：楚国大夫。⑥昭夫人：楚昭王的妻子，楚惠王的母亲。⑦胄：戴上头盔。⑧望君：盼望君主。⑨箴尹固：楚国大夫。⑩二子：子西和子朝。⑪长者：白公胜的同党。⑫王孙燕、颍（kuí）黄氏：王孙燕，白公胜的弟弟；颍黄氏，吴国地名，今安徽宣城境内。⑬二事：令尹和司马两个官职。⑭宁：子西的儿子子国。⑮宽：子朝的儿子。⑯叶：叶公的采邑，今河南叶县。

【译文】

白公胜想要立子闾为楚王，子闾不答应，于是便以武力威逼他。子闾说："你如果能够安定楚国，匡扶正室，然后再庇护百姓，这就是我的愿望了，岂敢不听从？你如果因自己的利益而颠覆楚国王室，不顾及楚国，那么我就算死也是不能答应的。"于是白公胜杀了他，又把楚惠王带到了高府，石乞负责守门，圉公阳在宫墙上挖开一个洞，将楚惠王背到了昭夫人的宫中。

叶公也来到了，到达北门，有人碰到了他，说："您为何没有戴头盔呢？国人期盼您就如同期盼自己慈爱的父母一般。盗贼的箭如果伤到了您，就是断绝了百姓的期望啊。您为何不戴上头盔呢？"于是叶公便戴上头盔而进城。又遇到一个人说："您为何要戴上头盔呢？国人盼望您就好比盼望丰收一般，每天都盼望您的到来。如果能够看到您的颜面，就能够安心了。百姓知道您不会有生命危险，便会有继续奋战的决心，并且还把您的名字写在旌旗上来向国人宣示，而您反倒把颜面遮掩起来而断绝了百姓的期望，不是太过分了吗？"于是叶公便摘下头盔而行进。遇到了箴尹固正带着自己的部下，想要帮助白公胜。叶公说："如果没有子西和子常，楚国将不国了。丢弃仁德而跟随盗贼，你可以保全自己吗？"于是箴尹固便跟随了叶公。叶公派他和国人一起攻打白公胜。白公胜出逃到山上而自缢，他的下属掩埋了他的尸体。叶公活捉石乞并询问白公胜的尸体，石乞回答说："我知道他尸体所在的地方，但白公胜让我不要多言。"叶公说："如果不说就把你煮了。"石乞说："这件事情胜者就是卿，失败的人就要被煮，原本就应该是这样的，又有什么妨碍呢？"叶公于是便把石乞煮了。王孙燕逃到颇黄氏。叶公兼任司马和令尹两个官职，国家安定之后，他便让宁做令尹，让宽做司马，而他则在叶地养老。

勾践灭吴（哀公十七、十九、二十、二十二年）

【原文】

三月，越子伐吴。吴子御之笠泽^①，夹水而陈。越子为左右句卒^②，使夜或左或右，鼓噪而进。吴师分以御之。越子以三军潜涉，当吴中军而鼓之，吴师大乱，遂败之。（哀公十七年）

十九年春，越人侵楚，以误吴也^③。夏，楚公子庆、公孙宽追越师，至冥^④，不及，乃还。（哀公十九年）

吴公子庆忌骤谏吴子，曰："不改^⑤，必亡。"弗听。出居于艾^⑥，遂适楚。闻越将伐吴。冬，请归平越^⑦，遂归。欲除不忠者以说于越，吴人杀之。

【注释】

①笠泽：水名，今吴淞江。②左右句卒：左右迂回。③误吴：麻痹吴国，让它放松戒备。④冥：越国地名，今安徽广德和浙江长兴之间。⑤不改：不改变当时的决定。⑥艾：吴国地名，今江西修水西面。⑦平越：和越国和解。

【译文】

三月，越王勾践攻打吴国。吴王在笠泽率兵抵御，两军在河两岸摆开阵列。越王兵分两路，让他们在夜间或左或右，轮流击鼓呐喊并进攻。吴国军队分兵以抵抗。越王勾践带着三军偷偷渡过河，并对着吴国中军击

鼓，吴国军队大乱，于是便打败了吴军。（哀公十七年）

十九年春天，越国人入侵楚国，以此来麻痹吴国。夏季，楚国公子庆、公孙宽追击越国军队，到达冥地，没有追赶上，便带兵回去了。（哀公十九年）

吴国公子庆忌多次进谏吴王，说："如果不改变当时的决定，一定会灭亡的。"吴王不听。庆忌出居于艾地，后又前往楚国。听说越国将要攻打吴国，冬季，他又请求回去和越国讲和，于是返回吴国。公子庆忌想要除掉不忠的人以此来取悦楚国，吴国人便杀了他。

【原文】

十一月，越围吴。赵孟降于丧食①。楚隆曰②："三年之丧，亲昵之极也。主又降之，无乃有故乎！"赵孟曰："黄池之役，先主与吴王有质③，曰：'好恶同之。'今越围吴，嗣子不废旧业而敌之④，非晋之所能及也，吾是以为降。"楚隆曰："若使吴王知之，若何？"赵孟曰："可乎？"隆曰："请尝之。"乃往。先造于越军，曰："吴犯间上国多矣，闻君亲讨焉，诸夏之人莫不欣喜，唯恐君志之不从⑤。请入视之。"许之。告于吴王曰："寡君之老无恤，使陪臣隆敢展谢其不共。黄池之役，君之先臣志父得承齐盟⑥，曰：'好恶同之。'今君在难，无恤不敢惮劳。非晋国之所能及也，使陪臣敢展布之。"王拜稽首曰："寡人不佞，不能事越，以为大夫忧，拜命之辱。"与之一箪珠，使问赵孟，曰："句践将生忧寡人，寡人死之不得矣。"王曰："溺人必笑，吾将有问也，史黯何以得为君子？"对曰："黯也进不见恶，退无谤言。"王曰："宜哉。"（哀公二十年）

【注释】

①赵孟、降于丧食：赵孟，赵襄子，又名赵无恤，赵鞅的儿子，晋国人；降于丧食，赵孟为父亲简子守丧，降低了自己的饮食标准，后又因无法解救吴国被围之困境，再次把自己的饮食降低了一个标准。②楚隆：赵孟的家臣。③先主：指先大夫，赵孟的父亲赵鞅。④嗣子：赵孟自称。⑤不从：无法实现。⑥先臣志父：赵鞅。

【译文】

十一月，越国围困吴国。赵襄子此前因为父亲守丧而降低了饮食标准，后又因无法救援吴国降低了自己的饮食标准。楚隆说："三年的守丧日期，已经让哀思达到了极点。您如今又降低了自己的饮食标准，恐怕是有原因的吧！"赵襄子说："黄池之战，先父和吴王曾经立誓，说：'好恶一起承担。'如今越国围困吴国，我不能废弃昔日的誓言而想要帮助吴国抵抗越国，但这又不是晋国所能够做得到的，我也只能降低饮食标准了。"楚隆说："如果让吴王知道这些，如何呢？"赵襄子说："可以吗？"楚隆说："请尝试一下。"于是便前去，先是到了越国军中，说："吴国多次冒犯中原诸国，听说君主您亲自征讨他，中原的诸侯国没有不欣喜的，只是担心君主的愿望无法实现，还请让我前往吴国视察一番。"越军同意了。楚隆对吴王说："我们君主的卿士赵无恤，让我为了他的不恭敬前来请罪。黄池之战，君主的先臣赵鞅得以参加盟誓，说：'好恶都一同承担。'而今君主处于困难之中，赵无恤也不敢担心辛劳。只是这并不是晋国所能够做到的，所以派人前来告诉这一情况。"吴王拜谢稽首说："我不才，无法侍奉越国，才让大夫担忧了，拜谢他的好意。"吴王给了楚隆一盒珍珠，让他送给赵襄子，说："勾践准备让我生活在担忧之中，我是没有办法得

以善终了。"吴王又说："溺水的人一定会强作笑颜，我还有问题要问，史黯凭什么能够成为君子呢？"楚隆回答说："史黯做官的时候没有人厌恶他，退隐的时候也没有人诽谤他。"吴王说："说得正是啊。"（哀公二十年）

【原文】

冬十一月丁卯，越灭吴。请使吴王居甬东①，辞曰："孤老矣，焉能事君？"乃缢。越人以归②。（哀公二十二年）

【注释】

①甬东：今浙江定海的翁山。②以归：带着吴王的尸体回去。

【译文】

冬十一月二十七日，越国灭掉吴国。让吴王居住在甬东，吴王推辞说："我已经老了，又怎能侍奉君主呢？"于是自缢。越国人带着吴王的尸体回去了。（哀公二十二年）

参考文献

［1］张宗友.左传［M］.郑州：中州古籍出版社，2010.

［2］陈世铙.左传选译［M］.南京：凤凰出版传媒集团，凤凰出版社，2011.

［3］王珑燕.左传译注［M］.上海：上海三联书店，2013.

［4］高士奇.历代纪事本末：左传纪事本末［M］.北京：中华书局，2015.

［5］杨伯峻.春秋左传注［M］.北京：中华书局，2009.

［6］杜预.左传（全二册）［M］.上海：上海古籍出版社，2015.